Alois Mailänder

und der Theosoph Wilhelm Hübbe-Schleiden

Briefe
Notizen
Aufzeichnungen
aus dem Hauskreis

1885 - 1900

Erarbeitet ohne Einsatz künstlicher Intelligenz.

Veröffentlichung mit freundlicher Genehmigung des Rudolf Steiner Archivs in Dornach, Schweiz.

Detaillierte bibliografische Daten sind im Internet über http://dnb.dnb.de abrufbar.

Verlag: BoD · Books on Demand GmbH,
In de Tarpen 42, 22848 Norderstedt,
bod@bod.de
Druck: Libri Plureos GmbH, Friedensallee 273,
22763 Hamburg
ISBN: 978-3-7693-8884-8

FSC
www.fsc.org

MIX
Papier aus verantwortungsvollen Quellen
Paper from responsible sources
FSC® C105338

Inhaltsverzeichnis

Einleitung

Alois Mailänder (1843-1905) war ein christlicher Mystiker aus dem Allgäu, der in Kempten lebte. Im Herbst 1886 zog er mit seiner Hausgemeinschaft, zu der sein Schwager mit dessen Familie und dem verheirateten Sohn gehörte, nach Grotenbeck bei Wuppertal. Auf eine Anregung der Theosophin Marie Gebhard hatten sie in der Fabrik der Familie Gebhard aus Elberfeld eine Anstellung bekommen. Im September 1890 zog man nochmals um nach Dreieichenhain, das zwischen Frankfurt/M und Darmstadt liegt. Die Schüler Mailänders hatten es ihm ermöglicht, dort ein Haus zu erwerben, in dem Mailänder und seine Hausgemeinde lebte und wo Gäste empfangen werden konnten.

Als geistlicher Begleiter von Wilhelm Hübbe-Schleiden, Mary Gebhard, Franz Hartmann, Friedrich Eckstein, Baron von Hoffmann, Carl Kellner und über fünfzig weiteren bedeutenden Theosophen der Anfangszeit hatte Mailänder von 1885 an eine zentrale Stellung in der Theosophischen Bewegung Deutschlands und darüber hinaus auch in England, Frankreich und Nordamerika.

In der vorliegenden Schrift lernen wir Alois Mailänder als spirituellen Lehrer von Wilhelm Hübbe-Schleiden (1846-1916) kennen.

Wilhelm Hübbe-Schleiden war von Anfang an Präsident der Theosophischen Gesellschaft in Deutschland. München war damals das Zentrum einer recht überschaubaren Bewegung von Menschen, die sich für Mystik, Spiritismus und die Werke der englisch- amerikanischen Theosophen interessierten.[1] Hübbe-Schleiden lebte rund zehn Jahre lang in

---

1   In München lebten damals folgende Mitglieder der theosophischen Bewegung: Prof. Gabriel Max und seine Frau Emma, Mimmi Kitzing, Carl Freiherr du Prel (Vice-Präsident) und seine Frau, Albertine Freifrau du Prel, Adolf Graf von Spreti sowie Franz

München.[2] Auf welche Weise hat Mailänder Kontakt gehalten zu seinem Schüler? Wie hat er ihn angeleitet? Hat er ihm spezielle Inhalte vermittelt? Sieben Jahre lang, von Januar 1885 bis zum Sommer 1892, also schon kurz nach der Gründung der Theosophischen Gesellschaft in Deutschland,[3] und wiederum im Sommer 1896 war Alois Mailänder für Hübbe-Schleiden ein Mentor von herausragender Bedeutung.

Die Frage nach lebendiger, gelebter Mystik führte Hübbe-Schleiden und Alois Mailänder zusammen.

Bald nach der Gründung der Theosophischen Societät, in den Weihnachtstagen von 1884, gab es eine Versammlung in dem repräsentativen Salon der Theosophen Graf Albert und Caroline von Spreti in München. -- Gräfin von Spreti war eine Halbschwester des Theosophen Franz Hartmann, welcher damals im Zentrum der Theosophical Society in Indien (Adyar) lebte. Hartmann war also ein enger Mitarbeiter von Madame Blavatsky, jener Persönlichkeit, welche die Gemüter

Hartmann und seine beiden Schwestern Caroline Gräfin von Spreti und Sophie Sprenger.

2 Mitglieder der Theosophischen Societät Germania (1884-1886) waren:
1. Marie Gebhard (Vice-Präsident), 2. Consul Gustav Gebhard (Schatzamt), 3. Arthur H. Gebhard, 4. Rudolf E. Gebhard, 5. Dr. Wilhelm Hübbe-Schleiden (Präsident), 6. Franz Gebhard (Secretair), 7. Alme Gebhard, 8. Oskar von Hoffmann, 9. Evelina von Hoffmann, 10.Theodor Diesel, 11. Ernst von Weber, 12. Prof. Gabriel Max, 13. Emma Max, 14. Mimmi Kitzing, 15. Carl Freiherr du Prel (Vice-Präsident), 16. Albertine Freifrau du Prel, 17. Adolf Graf von Spreti, 18. Caroline Gräfin von Spreti, 19. Franz Urban, 20. Baron Adolf von Hoffmann, 21. Dr. Hermann Urban, 22. Dr. Franz Hartmann, 23. Prof. Carl Wilhelm Sellin, 24. Otto Neuburg, 25. Albrecht Wilhelm Sellin, 26. Caroline Sellin, 27. Bernhard Hubo, 28. August Niemann, 29. Dr. Carl von Bergen, 30. Sophie von Bergen, 31. Franziska Lacher, 32. Marie von Schneeweiss, 33. Julius Gillis, 34. Carl Kiesewetter, 35. Sophie Sprenger, 36. Anna S.E. Conrad.

3 Die Theosophische Sozietät Germania bestand von August 1884 bis Dezember 1886.

der Theosophen bewegte. Durch persönliche, verwandtschaftliche Beziehungen war man in München also direkt mit dem Zentrum der Theosophie in Indien verbunden.

Es ist nicht überliefert, wer zu dem weihnachtlichen Treffen der Theosophen von München Nikolaus Gabele, Alois Mailänders Schwager aus Kempten, geladen hatte. Vielleicht war es Caroline von Spreti oder ihre Schwester Sophie Spahn, die sich bei den Vorbereitungen des Treffens an einen Kreis mystisch arbeitender Menschen in Kempten erinnert hatte. Franz Hartmann schrieb darüber in einem Aufsatz:[4]

Die Familie von Nikolaus Gabele *„war mir nicht ganz fremd; meine Eltern hatten schon zwanzig Jahre früher mit ihr in Beziehungen gestanden. Seine Mutter war unter den Eingeweihten schon damals bekannt als eine Frau, die besondere okkulte Kräfte (Siddhis) besaß, durch die sie kranke oder besessene Menschen und Tiere heilte und viel Gutes stiftete."*

Gleichsam aus erster Hand wollte man sich von einem Vertreter dieses mystischen Kreises darüber berichten lassen. Und in der Tat, Nikolaus Gabele hatte vermutlich allerhand Interessantes berichtet. Denn kurz nach dem weihnachtlichen Treffen, von Januar 1885 an, suchte der Präsident der theosophischen Bewegung in Deutschland, Wilhelm Hübbe-Schleiden, einen Kontakt zu dem Kreis von Mystikern um **Alois Mailänder** in Kempten. Daraus entwickelte sich eine Freundschaft. Mehr noch: Hübbe-Schleiden wurde ein persönlicher Schüler von Alois Mailänder. Eine rege Korrespondenz entfaltete sich, wie man in der Dokumentation nachlesen kann, welche hier zum ersten Mal veröffentlicht wird. Die Briefe von Alois Mailänder an Wilhelm Hübbe-Schleiden sind erhalten geblieben. Umgekehrt: Die Briefe von Hübbe-Schleiden an Mailänder sind mit Ausnahme eines Briefes, der in Abschrift

---

4 Hartmann, Franz; Denkwürdige Erinnerungen aus dem Leben des Verfassers der „Lotusblüthen". Lotusblüthen Oktober 1897 S. 603

erhalten ist[5], nach Aussage von Mailänder, alle vernichtet worden[6].

Der Tatsache, dass Hübbe-Schleiden akribisch alles aufbewahrt hat, haben wir es zu verdanken, dass über hundert Briefe, viele Notizen, einige Mitschriften aus internen Versammlungen des Haus- Kreises und Tagebucheinträge von Hübbe-Schleiden erhalten geblieben sind.[7] Der Aufmerksamkeit von Emil Bock, der nach 1949 den Nachlass von Hübbe-Schleiden sichtete, haben wir es zu verdanken, dass die wertvollen Mailänder Dokumente erhalten wurden. Nach dem Tod von Emil Bock wurde dieser Corpus dem Rudolf Steiner Archiv in Dornach übergeben, wo er erst wieder 2021 durch die Aufmerksamkeit von Martina Maria Sam neu entdeckt wurde. Im Jahr 2024 wurden diese Texte von Christine Eike und Erik Dilloo-Heidger Seite für Seite nach dem Vier-Augen Prinzip aus den Handschriften in Maschinenschrift übertragen. Das Ergebnis sorgfältiger Dokumentation halten Sie hiermit in Händen. Diese Texte werden hier zum ersten Mal vollständig veröffentlicht. Einzelne Abschnitte daraus wurden zuvor schon von Emil Bock[8] und Martina Maria Sam[9] zitiert. Beide hatten einen Zugang zu den Originalen dieser Texte.

5   Der Brief vom 2.Juli 1891
6   Im Brief vom 23t Dez. 1897 schrieb Mailänder an Hübbe-Schleiden: «Meine Briefe, die ich erhalte, gehen alle in's Feuer, u. mithin sind die Sachen auch vergessen.»
7   Die Briefe von Hübbe-Schleiden an Alois Mailänder müssen, bis auf wenige Abschriften, als verschollen gelten.
8   Bock, Emil; Rudolf Steiner. Studien zu seinem Lebensgang und Lebenswerk 1956, Vortrag über Alois Mailänder; überarbeitet und später in sein 1961 veröffentlichtes Buch eingefügt.
9   Sam, Martina Maria; Alois Mailänder und die frühe theosophische Bewegung. In: Archivmagazin. Beiträge aus dem Rudolf Steiner Archiv Nr. 11 / 2021.

I

BRIEFE
an
Wilhelm
Hübbe-Schleiden

1885 – 1900

Abbildung 1: Kempten um 1920

Im Jahr 1885

Brief von N. Gabele - Kempten, 4. Januar 1885

Wohlgeboren Herr Hübbe-Schleiden! [10]

Indem ich mein Versprechen erfülle, das ich gegeben, will ich, soweit es in Ihrem Interesse ist und meinem Führer möglich, Ihnen auf folgende Fragen antworten.

1. Ist es meinem Führer offenbar, daß Sie die Anlage haben, den Weg der Unsterblichkeit zu betreten, und dies kann nur in Ihrem Interesse geschehen, weil auf diesem Wege die echte Wahrheit der Selbsterkenntnis und durch diese zur Gotteserkenntnis gelangt werden kann, und dem, der ausharrt, die Krone des Lebens werden wird. Er ist geborgen für Zeit und Ewigkeit und ihm werden die tiefsten Geheimnisse Gottes offenbar.

2. Auf dieser geistigen Bahn ist für Ihn, der sie betritt, nur erforderlich:

(I) der gute Wille, den Sie schon besitzen, weil Sie die Wahrheit suchen,

(II) Gehorsam für sich selbst und die Aufgaben des Führers zu lösen in der Übung durch das Wort. Es erfordert wenig Zeitaufwand, aber Mut und Ausdauer.

3. Ist Ihre Ansicht wahr, daß Ihr körperlicher Zustand zuerst gekräftigt werden muß, um geistig arbeiten zu können; und zu diesem Zwecke ist meinem Führer durch den Geist ein Mittel für Sie geboten worden (wodurch zugleich Ihre

4. Frage beantwortet wird): Sie sollen morgens und abends, auch untertags so es Ihnen die Zeit erlaubt das hier folgende tun:

---

10 Abschrift nach dem Original durch Hübbe-Schleiden.

Legen Sie die Fingerspitzen der rechten Hand in die Herz-grube und sprechen Sie folgendes Wort dabei: In Gottes Namen! Es ist meinem Führer gesagt worden, wenn Sie solches befolgen, täglich eine Zeitlang üben, z.b. eine halbe Stunde morgens und abends, so Sie noch nicht zu Bette sind, wird Ihnen nach drei Wochen große Kräftigung und Hilfe werden. Nach dieser Zeit schreiben Sie uns wieder, und weitere Schritte werden dann getan durch meinen Führer, wenn Sie die geistige Bahn betreten wollen.

Auf die übrigen Fragen 5, 6 und 7 kann ich Ihnen nur sagen, daß es nicht im Bereiche meines Führers liegt, durch Hellsehen Ihnen die indische Brüderschaft zu enthüllen, weil sein Hellsehen vorderhand nur auf persönliche Führung und die Führung der Personen, mit denen er seelisch verbunden ist, Bezug hat. Wir können über die indische Brüderschaft nur so viel Klarheit geben, daß sie von Geburt einen ungebrochenen Willen haben, Dinge zu vollbringen, die der ganz gewöhnliche Mensch nicht kann. Dieses ist Magie, noch weit entfernt die höchste geistige Stufe des Menschen zu bezeichnen; denn die höchste Stufe des Menschen ist Unsterblichkeit. Durch sie erlangt man Alles: Weisheit, volles Hellsehen der Vergangenheit, Gegenwart und Zukunft. Hier ist alles zu schauen in geistigem Sonnenlicht.

Leben Sie wohl und schreiben Sie uns wieder nach der gebotenen Frist.

Ihr aufrichtig ergebener

Nikolaus Gabele und dessen Ihnen noch unbekannter Führer.

Umwenden!

[Es folgt ein Zusatz, der nur in Hübbe-Schleidens Abschrift des Briefes vorhanden ist:]

Ich muss noch bemerken, wenn Sie dieses Mittel wirklich in kindlichem Glauben anwenden, daß Sie schon in einigen Tagen eine Kräftigung verspüren werden. Bei der Ausübung dieses geistigen Mittels müssen Sie die Worte immer still im Munde wiederholen und fest denken. Wenn es Ihnen möglich ist, halten Sie sich während dieser Übung der drei Wochen vor innerer Erregung und äußerer Zerstreuung, so viel wie möglich, zurück.

Wagen Sie es, es ist für Sie im eigenen Interesse Ihrer Wiedergenesung.

Es wurde schon mehreren Personen auf diese geistige Weise geholfen, wo Ärzte nicht mehr helfen konnten. Ich ersuche Sie, dieses Schreiben nur für sich selbst zu behalten. Bis auf Weiteres.

Brief von N. Gabele - Kempten, 15.Februar 1885

Wohlgeboren Herr Hübbe-Schleiden.

Mit Freuden vernehme ich, daß Sie einige Versuche gemacht haben mit dem geistigen Mittel das wir Ihnen anrieten, so wie es meinem Führer vom Geist gegeben wurde. Nun muß ich aber bemerken, daß dieses Verfahren wirklich zu ihrer Gesundheit u. körperlichen Kräftigung dient u. wohl auch wie sie in Ihrem Schreiben bemerken zur Konzentration des Gedankens helfen u. daß Sie mit dieser Übung welche geistiger Art ist, schon den Weg der Führung betreten! Haben Sie Mut u. Vertrauen u. üben Sie das Verfahren ganz u. vollkommen wie es Ihnen gegeben ist u. Sie werden bald Zeugnis davon geben daß es bedeutend besser geworden mit Ihnen. Über die magnetische Chur die Sie machen kann ich Ihnen nur sagen daß sie wenige Erfolge davon zu erwarten haben.

Darum muß ich Ihnen berichten, daß Sie entweder mit

dem Verfahren, das wir Ihnen anrieten, ernstlich beginnen oder wenn Sie noch länger mit dem Magnetismus fortfahren wollen das andere vorderhand beiseiten lassen; denn beides zugleich rate ich ihnen nicht, weil kein Vollkommenes daraus zu erkennen wäre. Auch will ich Ihnen über die Anfrage Ihrer Ernährungsweise den besten Rat erteilen. Greifen Sie zu kräftigen Fleischspeisen die Ihnen am besten schmecken u. Sie werden sehen, daß sie Ihnen viel dienlicher sind und dadurch erleiden Sie keine Einbuße im geistigen Fortschritt denn dieses ist auch unsere Ernährungsweise u. wir schreiten vorwärts ohne Aufenthalt auf geistiger Bahn. Nur eines nehmen wir aus, den Genuß von Spirituosen u. auch zu starke Weine taugen nicht zur geistigen Entwicklung, weil sie das Blut des Menschen zu stark aufregen. Ich kann Ihnen über das letzte Verlangen, das Sie uns stellen nur freudige Antwort geben. Wir schreiten voran im geistigen Gesetze ohne Aufenthalt u. stehen am Eingange wo wir für uns großer Errungenschaft entgegensehen. Bald schlägt für uns die Stunde wo wir sagen können wir sind auferstanden u. haben den Menschen gefunden, d.h. unser geistiges Ich, u. haben den Namen „Christ" errungen.

Mit herzlichen Grüßen schließt das Schreiben

N. Gabele

Brief von Nikolaus Gabele – Kempten, 29. 3. 1885

Wohlgeboren Herr Hübbe-Schleiden!

Da sie uns ausführlichen Bericht über ihr Befinden erstattet haben, so will ich Ihnen in jedem Punkt, wo es nötig ist, die klarste Auskunft mitteilen. Für jetzt lassen sie die erste Übung beiseite und tun sie künftig, wo sie Schmerzen am Körper fühlen, mit den Fingerspitzen beider Hände die Stellen bestreichen, und sprechen sie dabei im Innern das Wort: <u>König</u>, tun sie solches 14 Tage lang, je öfter desto besser, es ist gleich im Liegen, Gehen oder Sitzen, wie es ihnen am besten beliebt, tun sie dies im kindlichen Glauben und Gottvertrauen. Er ist der Helfer wir sind bloß die Werkzeuge, und geben ihnen nur das was meinem Führer vom Geiste gegeben wurde. Ich bemerke noch, daß sie die Fingerspitzen auflegen auf bloßem Körper wenn sie liegen, oder in den Kleidern dies hat nichts zu sagen, denn das Wort und die Kraft die aus den Fingerspitzen strömt verliert die Wirkung nicht dringt überall durch. Wenn sie ein halbes Jahr das gleiche üben würden, würde die Kraft immer wirkender sein. Wenn sie dies 14 Tage geübt haben, berichten sie uns wieder über ihren Zustand. Bei dieser Übung können sie die Augen schließen oder offen halten, und atmen wie es ihnen Gott gibt. Dies hat nichts zu sagen.

Sie stellen an uns die Frage ob wir Bier trinken. Wir genießen solches abends nach der Arbeit, 1/2 Liter oder auch ein ganzer je nach dem. Ich Gabele kann die Milch nicht ertragen, hingegen frisches Wasser trinke ich oft. Ihnen rate ich Bier zu trinken so ihnen dasselbe mundet, besonders Münchner Bier ist sehr kräftig und gesund.

Lieber Herr Hübbe Schleiden! Ich kann ihnen berichten, daß wenn wir diesen Schritt noch getan, was nahe an der Zeit ist, wir leichter zu helfen im Stande sind, denn wir wissen wessen Kraft wir dann besitzen, weil sie uns offenbar ist und wirkend auf die Mitmenschen. Weil sie mich fragen, berühre ich auch diesen Punkt. Von meinen äußeren Verhältnissen können sie sich einen Begriff machen was es heißt wenn man von der Hand in den Mund leben muss, weiter nichts hat als ein Verdienst von täglich 2 Mk wenns gut geht in Akkordarbeit wo 4 Personen leben müssen, jedoch ich bin zufrieden in meinen Verhältnissen in die mich Gott gesetzt hat. Ich sage Ihnen die Sorge um die Existenz hat mir den geistigen Weg schon oft erschwert.

Herzlich Grüßen wir sie

Ihr aufrichtiger   Nikolaus Gabele

Vom
HYLEALISCHEN,
Das ist /

Pri=materialischen Catholischen

Oder
Allgemeinen Natürlichen
CHAOS,
Der Naturgemäßen ALCHYMIAE
Und ALCHYMISTEN,
Wiederholete / verneuerte und wolver-
mehrete Naturgemäß - ALCHYMISCH-
und Rechtlehrende Philosophische
CONFESSIO
Oder
Bekandtniß
HENRICI KHUNRATH LIPS.
Göttlicher Weißheit Liebhabers / und beyder
Artzney Doctoris.
O HHOCHMAH-EL!
Deme beygefügt ist eine Treuhertzige

Wahrnungs - Vermahnung

An alle wahre ALCHYMISTEN,
sich vor den betrügerischen Arg-Chymi-
sten zu hüten.

Franckfurt /
Verlegts Georg Heinrich Oehrling.
An. M. DCC. VIII.

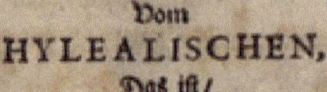

Abbildung 2: Heinrich Khunrats Alchemie, Ausgabe 1708

Brief von Nikolaus Gabele – Kempten, 3. 4. 1885

Geehrter Herr Hübbe Schleiden!

Für das Geschenk das sie mir sandten spreche ich ihnen meinen tief gefühlten Dank aus, sage mit dem Apostel Paulus: Ich nehme das Geschenk an von dem edlen Geber mit der Bitte daß es ihm tausendfältige Frucht bringe und hohe Zinsen trage für das Himmelreich.

Bemerkung. Wenn sie die Übung, welche ihnen im letzten Brief gegeben wurde ausführen, diene zum Verständnis, daß sie jedesmal wenn sie anfangen die schmerzhaften Stellen mit den Fingerspitzen bestreichen, also nicht während der ganzen Übung. Im Übrigen sprechen sie das Wort / König:/ im Innern, wann u. wo sie Gelegenheit haben. Als ich auf dem Papierbogen ihres letzten Briefes das Theosophische Sonnenzeichen: Sechseck bemerkte, erinnerte ich mich einiger alter Bücher die ich von einem alten Mann erbte. Ich nenne hier den Tittel eines solchen:

Alchemisch philosophisches
Bekenntnis
vom universellen
Chaos
der naturgemässen Alchemie
von
Heinrich Khunrath
beider Arzneigelahrtheit Doktor u Liebhaber göttlicher
Weisheit.
Mit
beigefügter Warnung und Vermahnung an alle wahre
Alchemisten.
Leipzig 1786.

Diese Bücher handeln über die Gottweisheit wie sie die alten Meister praktisch ausübten. Darinnen sprechen:

Aristoteles, Hermes, Plato, Bako[11] Paracelsus und viele andere weise Männer. Im Falle, dass Sie solche Bücher nicht besitzen und Interesse haben, stehen sie ihnen zur Verfügung. Herzlichen Gruß.

Ihr dankbarer   N. Gabele

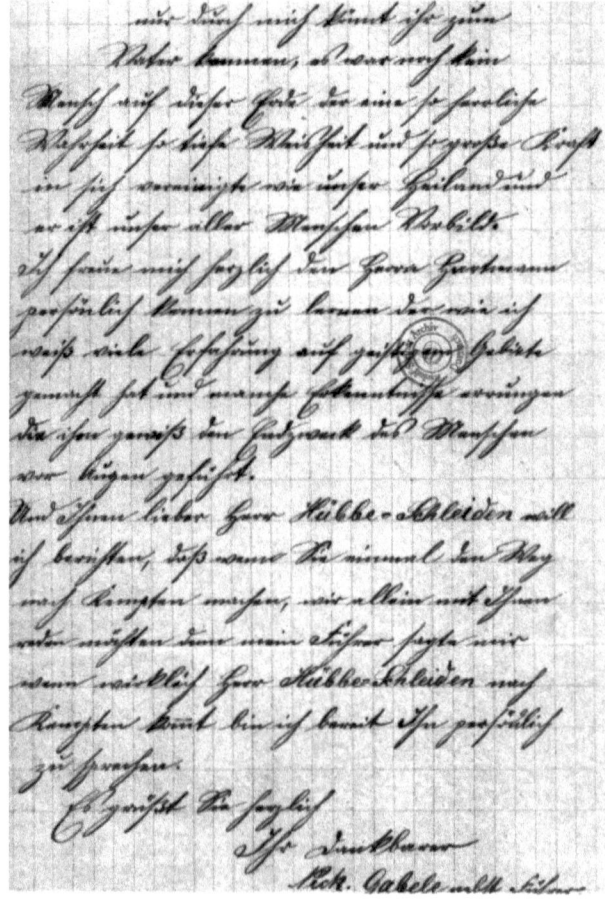

11   Vielleicht meint er hier Bacon

Brief von Nikolaus Gabele – Kempten, 13.4.1885

Geehrter Herr Hübbe Schleiden!

Ihre Mitteilung über ihren Gesundheitszustand war meinem Führer bekannt bevor wir ihren werten Brief erhielten, mein Führer sah im Gesicht das Hindernis, von dem sie uns mitteilen, nämlich daß sie die Übung nicht voll und ganz wie es verlangt wird ausüben können, weil sie mit ihrer geistigen Arbeit zu stark angestrengt sind. Mein Führer hat Sie schon im ersten Briefe darauf aufmerksam gemacht, daß es sehr gut wäre für ihren körperlichen Zustand sich einige Zeit lang von anstrengender geistiger Arbeit zu enthalten. Dann wären wir sicher gewesen, wenn nicht sogleich vollständig geholfen, jedoch merkliche Besserung an ihrem Körper sich vollzogen hätte. Wir wissen daß die Übel die körperlichen Leiden tiefe Wurzeln haben. Wir sind vorderhand ihrer Meinung, nicht mehr weiter auf die körperlichen Leiden zu wirken, wenn sie ihnen nicht gar zu lästig fallen. Zweifeln sie jedoch nicht daran, ihre Gesundheit wieder zu erlangen, wenn wir den geistigen Prozeß der bei uns begonnen hat vollständig errungen, dann ist für Sie Hilfe bei uns sicher. Wir können jetzt sagen die Hände sind lebendig geworden, aber noch nicht versiegelt, was aber geschehen wird an uns. Dann wissen wir, daß wir die Kraft in uns haben Sie und andere Menschen von ihren Leiden zu befreien. Dann können wir, wie unser göttliches Vorbild Jesus Christus die Hände auflegen und sagen: sei gesund. Bester Herr Hübbe Schleiden! Wir dienen Ihnen nach Kräften und stehen Ihnen bei, weil wir wissen daß sie Verlangen nach geistiger Wahrheit haben, daher mache ich Sie darauf aufmerksam im Auftrage meines Führers mit einer geistigen Übung in Geduld zu warten bis sie, wie sie es im Sinn haben im Herbst zur Erholung in die Berge gehen. Doch wäre es sehr wünschenswert, wenn es Ihnen möglich wäre ehe sie sich zur Erholung begeben persönlich nach Kempten zu kommen und selbst mit meinem Führer über den Zweck des Geistigen zu sprechen. Es ist rein unmöglich in Briefen klar zu legen, wie auf geistigem Wege zur Unsterblichkeit gestrebt werden muss denn er ist zu einfach und kindlich.

Der Weg an und für sich wäre nicht schwer, nur die Vielseitigkeit des Menschen ist ein großes Hindernis besonders zu Anfang weil verlangt wird zur Einfachheit herab zu steigen, doch hören sie: mein Führer setzt großes Vertrauen in Sie, weil Sie ihm nicht ganz unbekannt sind. Er weiß: Wenn Sie diese Bahn betreten und ausharren bis es offenbar wird, werden Sie noch Großes vollbringen. Es wäre daher mir u. meinem Führer recht lieb von Zeit zu Zeit wieder zu schreiben, wenn Sie mit rein geistigen Fragen in der Gotterkenntnis an meinen Führer zu richten haben, werden sie auch den richtigen und wahren Aufschluß erhalten, oder kommen sie in ernsthafte Lage, wo sie selbst nicht klar sind ob sie dies oder jenes tun sollen, so werden sie auch die Wahrheit empfangen, indem mein Führer so weit geistig ausgebildet ist. Unter dem Vorbehalt, nicht daß sie hier missverstehen, immer tun zu können was sie wollen. Ins weitere wünschen wir ihnen Glück und Gottes Segen zum Fortschritt auf geistigem Wege.[12]

Mit Gruß und Hochachtung Ihr dankbarer
N Gabele.
Auch grüßt sie mein Führer unter dem <u>Geistesnamen</u>
<u>Johannes</u>.

---

12 am unteren Blattrand hat Hübbe-Schleiden „1877" notiert

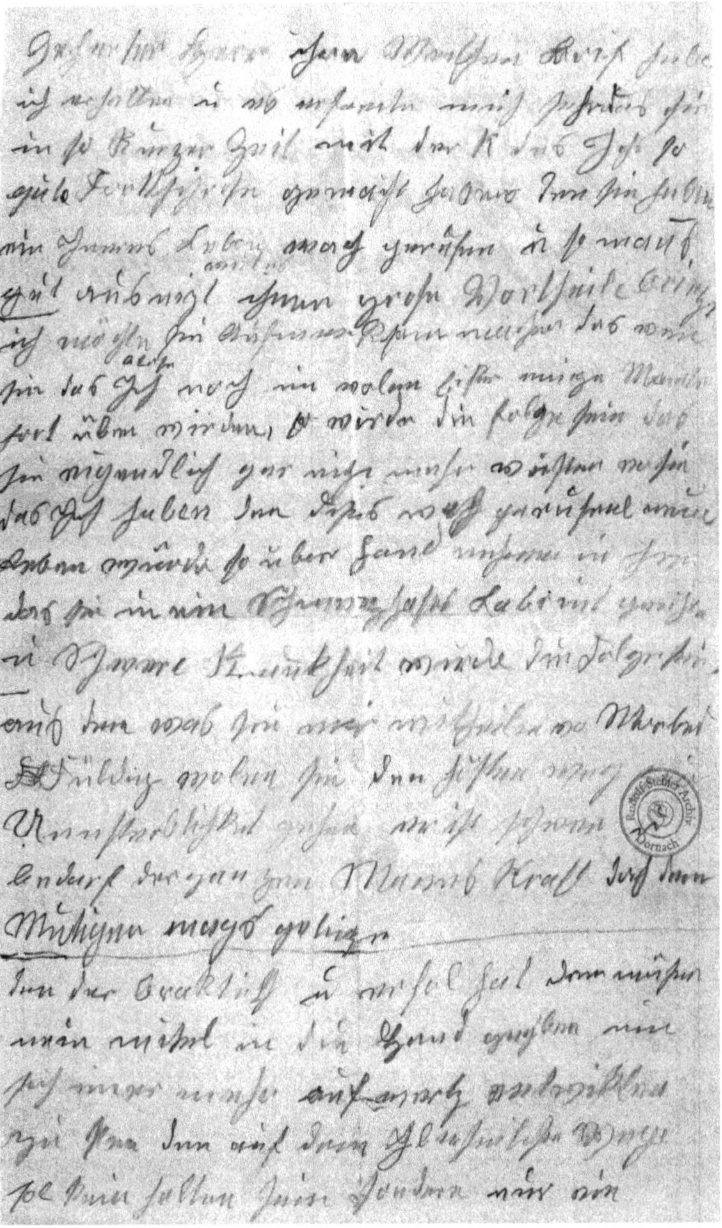

[Handschriftliches Brieffragment, nicht lesbar]

Abbildung 3: undatiertes Brieffragment

undatierter Brief – vermutlich Frühjahr 1885

Geehrter Herr[13]

Ihren werten Brief habe ich erhalten und es erfreute mich sehr, dass Sie in so kurzer Zeit mit der K des Ichs[14] so gute Fortschritte gemacht haben. In sich haben Sie ein Inneres Leben wach gerufen u. so man's gut ausnutzt, wird es Ihnen große Vorteile bringen.

Ich möchte sie darauf aufmerksam machen, dass wenn Sie das Ich noch in vollem Eifer einige Monate fort üben werden, so wird die Folge sein, dass Sie eigentlich gar nicht mehr wüssten, wo sie das Ich haben, denn dieses wach gerufene neue Leben würde so überhand nehmen in Ihnen, dass Sie in ein schmerzhaftes Labyrinth gerieten und schwere Krankheit würde die Folge sein.

Aus dem, was Sie mir mitteilen, [wo Füldig[15]] wollen sie den höchsten Weg zur Unsterblichkeit gehen; er ist schwer u. bedarf der ganzen Manneskraft. Doch den Mutigen mags gelingen.In der Praxis und zum Erfolg müssen ihm ein Mittel in die Hand gegeben werden, um sich immer mehr aufwärts entwickeln zu können; denn auf dem übersinnlichen Wege soll kein Halten sein sondern nur ein Vorwärtswalten. Zum Beispiel ein neugeborenes Kind kann nur die leichteste Nahrung ertragen. Sobald es aber ein halbes Jahr alt ist, wird ihm eine stärkere gegeben; das gilt im geistigen Vorwärtsschreiten.

---

13 Die zwei folgenden Blätter lagen in den Notizen vom August 1886. Es scheint aber, dass es sich hier um einen „unvollständigen Brief" von Mailänder handelt, der in das Jahr 1885 gehört, vielleicht April oder Mai 1885? Zugleich weist dieser Brief Merkmale auf, die vermuten lassen, dass er von Mailänder selbst geschrieben wurde.

14 Vielleicht ist mit dieser Abkürzung eine „Konzentration des Ichs" gemeint?

15 Der Sinn ist unklar

In der Praxis und zum Erfolg müssen ihm ein Mittel in die Hand gegeben werden, um sich immer mehr aufwärts entwickeln zu können; denn auf dem übersinnlichen Wege soll kein Halten sein sondern nur ein Vorwärtswalten. Zum Beispiel ein neugeborenes Kind kann nur die leichteste Nahrung ertragen. Sobald es aber ein halbes Jahr alt ist, wird ihm eine stärkere gegeben; das gilt im geistigen Vorwärtsschreiten.

Brief von Nikolaus Gabele – Kempten, 27.4.1885

Geehrter Herr Dr. Hübbe-Schleiden!

Vor allem spreche ich sowie mein Führer Ihnen unsern herzlichsten Dank aus für das Büchlein: Licht auf dem Wege.[16] Wir hatten uns sehr gefreut, denn es war meines Führers schon längst gehegter Wunsch über die Theosophische Gesellschaft oder die indische Brüderschaft u. deren geheime Gottweisheit Näheres zu erfahren. In diesem kleinen Büchlein haben wir gefunden, daß es genau in Übereinstimmung mit unserer Lehre steht. Das Werkchen ist von A. bis Z. von Wahrheit u. Tiefer Gottweisheit erfüllt. Wir arbeiten schon 7 Jahre praktisch auf geistigem Wege, haben 3 Jahre gebraucht bis sich bei uns die inneren Sinne vollständig geöffnet haben, erkannten deshalb den tiefen Sinn dieses Büchleins und geben der Wahrheit die Ehre, daß in ihm der Weg angegeben ist, die Kunst des Lebens zu erlernen und sein Selbst wieder zu finden. Verzeihen sie uns wenn wir sagen, daß es für Anfänger eine starke Speise ist; wer nicht schon tiefer ins Praktische eingedrungen ist, kann es schwer oder gar nicht erfassen. Lieber Herr Dr. Hübbe-Schleiden! Nun will ich

16 Das Buch „Licht auf dem Weg", original „Light on the Path" von Mabel Collins, wurde von Oskar von Hoffmann ins Deutsche übersetzt.

klarer über die Inneren Sinne mit Ihnen sprechen.
1. Das Gesicht. Wenn wir eine ~~Fahne~~ Form sehen, die der
Geist uns zeigt, z.b. eine Fahne (schwarz, weiß, rot, grün,
blau), so hat jede Form seine eigene Bedeutung die der Geist
Gottes zu uns spricht. Diese Sprache müssen wir verstehen,
sonst nützt uns die Offenbarung nichts.

2. Das Gehör, in welchem ebenfalls der Geist zu uns
spricht in verschiedenen Tönen, auch in Worten, wo wir keine
Persönlichkeiten sehen, auch Stimmen verschiedener Tiere
und Gesang der Vögel, wo keine vorhanden sind (z.b. Lerche,
Fink, Rabe, Wachtel, Kuckuck und andere mehr). Das Gehör
ist die Krone der inneren Sinne.

3. Der Geruch. Zum Beispiel riechen wir Balsam, haben
den Geruch verschiedener Blumen, auch tun sich üble Gerüche kund. In diesem Sinn spricht wieder der Geist Gottes zu
uns. Dies alles nehmen wir wahr ohne daß im Äußeren derartiges vorhanden ist.

4. Der Geschmack. Wir schmecken im Gaumen süß, sauer,
bitter, ohne daß wir derartiges genossen haben; sogar Feuer
tut sich im Gaumen kund. Auch dies ist die Sprache des Geistes, die wir verstehen.

5. Das Gefühl. Dies ist der Baum des Lebens, aus dem
Gefühl muß alles keimen. Wir müssen im Gefühl den Weg
des Erlösers dadurch kennen, daß wir die Backenstreiche
fühlen, die Geißelung erfahren, die Dornenkrone auf unserem
Haupte wahrnehmen, das Kreuz muß uns drücken, die
Nägelmale uns schmerzen. So ist es möglich zum höchsten
Ziele zu gelangen auf geistigem Weg und das verlorene
Paradies wieder zu erlangen, statt Knecht wieder Herr zu
werden der Natur, gebieten über Feuer, Luft, Wasser und
Erde. Wir haben gesät und Gott hat das Gedeihen gegeben;
gesät in uns d.h. wir haben das Wort Gottes in uns
aufgenommen und zur Frucht gebracht. Mit David können

wir ausrufen: „Dein Wort o Herr ist Honig süß in meinem Munde."

Hier habe ich Ihnen, Lieber Herr Dr. Hübbe-Schleiden, über unsre geistige Arbeit eine Grund-Wahrheit angegeben, welche auch bei den Theosophen, so sie den praktischen Weg betreten, als Grundwahrheiten gelten werden. Ohne praktische Arbeit ist es auf geistigem Weg unmöglich das Ziel zur Unsterblichkeit zu erringen – dies aus eigener Erfahrung und Überzeugung.

Ich mache dankbarst Gebrauch von ihrem Anerbieten, dies Büchlein zu behalten und freue mich ihrer Güte, sowie mein Führer. Sollten Sie uns noch näheres mitteilen wollen über den Zugang der indischen Brüderschaft – auf welchem Wege sie ihre Jünger einführen in die Geheime Weisheit Gottes – so würden wir uns recht freuen und Ihnen dankbar sein. Sollte Ihnen nichts weiteres dazu gegeben werden, so bitten wir in Demut, dies, was wir Ihnen mitgeteilt haben, zu prüfen.

Nehmen Sie nicht an, daß wir uns Ihnen als Lehrer aufdrängen.

Herzlich grüßt Sie Ihr dankbarer

Nikolaus Gabele

nebst Führer.

Weil wir Ihnen hier einen rein geistigen Brief schreiben, so benützen wir unser Siegel. Es ist ein einfaches, schmuckloses Kreuz. Ein Brief nach Ihrem Belieben ist uns stets willkommen.[17]

---

17 Hübbe-Schleiden bezeichnete diesen Brief mit: Poststempel vom 12./13.Mai, 1885

Brief von Nikolaus Gabele – Kempten, 12./13. V. 1885

Geehrter Herr Dr. Hübbe-Schleiden!

Es freute uns herzlich, daß sie unseren letzten Brief nicht gleichgültig beiseite gelegt haben. Es war ein schwacher Versuch, an den Menschen zu dringen. Da das Wort Mensch die Welt im kleinen umfaßt, so werden sie es uns gestatten, daß wir in diesem Brief den Menschen näher zu beleuchten versuchen. Vor allem soll der Mensch innersinnlich sterben, d.h. sich abtöten, aber nicht mit äußeren Waffen, sondern mit den lebendigen Geistern oder Kräften, die wir durch das Übungswort wach gerufen haben.

Und so, geehrter Herr Dr., müssen wir in Einfalt u. Kindlichkeit das wahre Leben gleichsam aus dem Toten heraus nehmen, sofern wir die Fähigkeit dazu erlangt haben. Es ist eben das Geistige kein Wunder, sondern es geht seinen gesetzlichen Naturgang. Welches endliche Geschöpf könnte auf die Geistesbahn treten oder in den Geist kommen, sofern es nicht zuerst natürlich geworden wäre. Wir legten in unsrer Schwachheit Ihnen im letzten Brief eine Probe vom Natürlichen ab; jetzt wollen wir auf den Geist des Menschen übergehen. Was ist der Geist des Menschen im göttlichen Sinn? Fürs erste die Offenbarung, fürs zweite die Weisheit fürs dritte in Summa die Wahrheit: „Gott in uns." So ich mit Gott aufhöre folglich beginnt dann wiederum der Mensch, denn er – das geoffenbarte Wort aus Gott – soll wiederum in der Vollkommenheit dahin zurückkehren, von wo er ausgegangen ist. Wenn wir uns erlauben dürfen die Behauptung auszusprechen aus Erfahrung, so ist der Mensch gleichsam nicht mehr natürlich, sondern widernatürlich geworden, der Gebildete sowohl wie der Pöbel, denn jeder Mensch im allgemeinen verleugnet sein Gefühl und trägt eine falsche Maske zur Schau. Darum ist es ihm sehr schwer, wenn er wirklich in wahrem Geist den Eingang suchen will. Seine eigenen Werke versperren ihm den Weg. Wir haben in unserer Unwissenheit wenig und vieles erkennen gelernt.

Geehrter Herr Dr., nehmen sie an, daß sie mit ungebildeten Menschen zu tun haben, denn zu unserer Zeit lernte man in der Schule kaum den Namen recht schreiben. Was wir gelernt in geistiger Beziehung wurde uns gleichsam aus Gnade vom lieben Gott gegeben, der die ewige Liebe ist. Darum besteht insofern ein Unterschied zwischen der Deutschen u. Indischen Theosophie; die letztere spricht, werter Herr, über Feuer Luft Wasser u. Erde. Wir haben die Verheißung durch Jesus Christus, das geoffenbarte Wort, verkörpert hervorgegangen durch die Gedankensprache des Wortes im All. Es werde in Liebe geboren, in Schwachheit auserkoren, und doch ein mächtig offenbarer Friedensfürst, dessen Kräfte uns stärken durch sein Kleid, ein Gesalbter und gesandt, um viele Seelen zu gewinnen. Es muß das alte Evangelium bestätigt werden. Dies geschieht durch ein neues geistiges Wort, ausgestattet mit Tatkraft u. Wahrheit. Das große Tier, das auf den sieben Hügeln wie ein sinnloser General die Menschenseelen kommandiert, muß mit Geisteswaffen gestürzt werden durch die königlichen Priester und priesterlichen Könige, wie das Evangelium lehrt: dass sie ausgesandt werden. Nehmen Sie dieses von uns wortgetreu, wie wir es geben.

Verzeihen sie die derbe Sprache, bedenken Sie, dass es doch Wahrheit ist. Ergebens hoffen wir, daß Sie ein Urtheil geben der Wahrheit gemäß. Der Herr Jehova segne unsern Ausgang und Ihren Eingang. Herzlichen Gruß.

Gabele unter dem Namen Salomonus.

Johannes sein geringer Führer

Brief von Nikolaus Gabele - Kempten, 14. Juni 1885.

Geehrter Herr Hübbe-Schleiden!

In dem letzten Brief, den wir an Sie geschrieben, haben wir gesagt, daß ein Unterschied sei zwischen indischer und deutscher Theosophie. Wir meinten dieses nur insofern als unsere Lehre sich auf die heilige Schrift gründet, in welcher der praktische Weg zur Unsterblichkeit durch unsern höchsten Meister Jesus Christus gezeigt ist, die indische hingegen hat nur den Urschöpfer Brahma, der in Verbindung mit den höchsten Geistern Vishnu und Shiwa die oberste Stufe der Macht besaß; das Weltall entstand, als Brahma das Wort sprach „Ich will Welten schaffen." Wir aber bekennen, daß von dem Urschöpfer das Wort ausging und Fleisch annahm in dem Sohn Gottes, der durch sein Erlösungswerk, das er vollbrachte, der Menschheit wieder den Weg zum Vater zeigte. So müssen wir infolgedessen auch sagen, daß der Mensch nur durch Jesum wieder zum Vater kommen kann. Wir haben den Kreuzigungsweg betreten und können den Geist, der sich in uns offenbart, nicht verleugnen, wenn wir nicht die Sünde wider den Geist haben wollen welche nicht vergeben werden kann weder hier noch in der Geisterwelt.

Sie haben in dem Brief,den wir erhalten haben, sehr Vieles gesagt. Wir haben ihn doch genau geprüft und darum muß ich Ihnen auch schreiben: Wenn Sie Ihre indischen Brüder Jesus Christus gleich stellen, dann müssen erstens die indischen Brüder den Tod überwunden haben im Fleisch, zweitens müssen sie sein Zeugnis an sich tragen. Dann können wir anerkennen, daß sie göttliche Menschen und seine Brüder sind.

Es ließe sich über dieses ein ganzes Buch schreiben, aber wir fassen hier nur ins Kurze zusammen: Wer den Weg geht, den Jesus gegangen ist, nur der kann sein Bruder sein; denn Jesus spricht: nur durch mich könnt ihr zum Vater kommen.

Es war noch kein Mensch auf dieser Erde, der eine so herrliche Wahrheit, so tiefe Weisheit und so große Kraft in sich vereinigte wie unser Heiland und er ist unser aller Menschen Vorbild.

Ich freue mich herzlich den Herrn Hartmann persönlich kennen zu lernen, der wie ich weiß viele Erfahrung auf geistigem Gebiete gemacht hat und manche Erkenntnisse errungen, die ihm gewiß den Endzweck des Menschen vor Augen geführt.

Und Ihnen lieber Herr Hübbe-Schleiden will ich berichten, daß, wenn Sie einmal den Weg nach Kempten machen, wir allein mit Ihnen reden möchten, denn mein Führer sagte mir: wenn wirklich Herr Hübbe-Schleiden nach Kempten kommt bin ich bereit ihn persönlich zu sprechen.

Es grüßt sie herzlich
Ihr dankbarer
Nick. Gabele nebst Führer

Brief von Nikolaus Gabele - den 19.Juli 1885

Wohlgeboren Herr Hübbe-Schleiden!

Das Buch der „esoterischen Lehre oder Geheimbuddhismus"[18] welches Sie die Güte hatten uns zuzusenden, hat uns recht herzlich gefreut und wir werden es, sobald wir es durchgelesen, Ihnen unsere Ansichten darüber mitteilen. Soviel wir jetzt schon gesehen gleich zu Anfang können wir sagen, daß es in Übereinstimmung mit unserem praktischen Weg steht.

---

18 Sinnett, Alfred Percy; Esoterische Lehre oder Geheimbuddhismus. Leipzig 1884, ins Deutsche übersetzt von Oskar von Hoffmann.

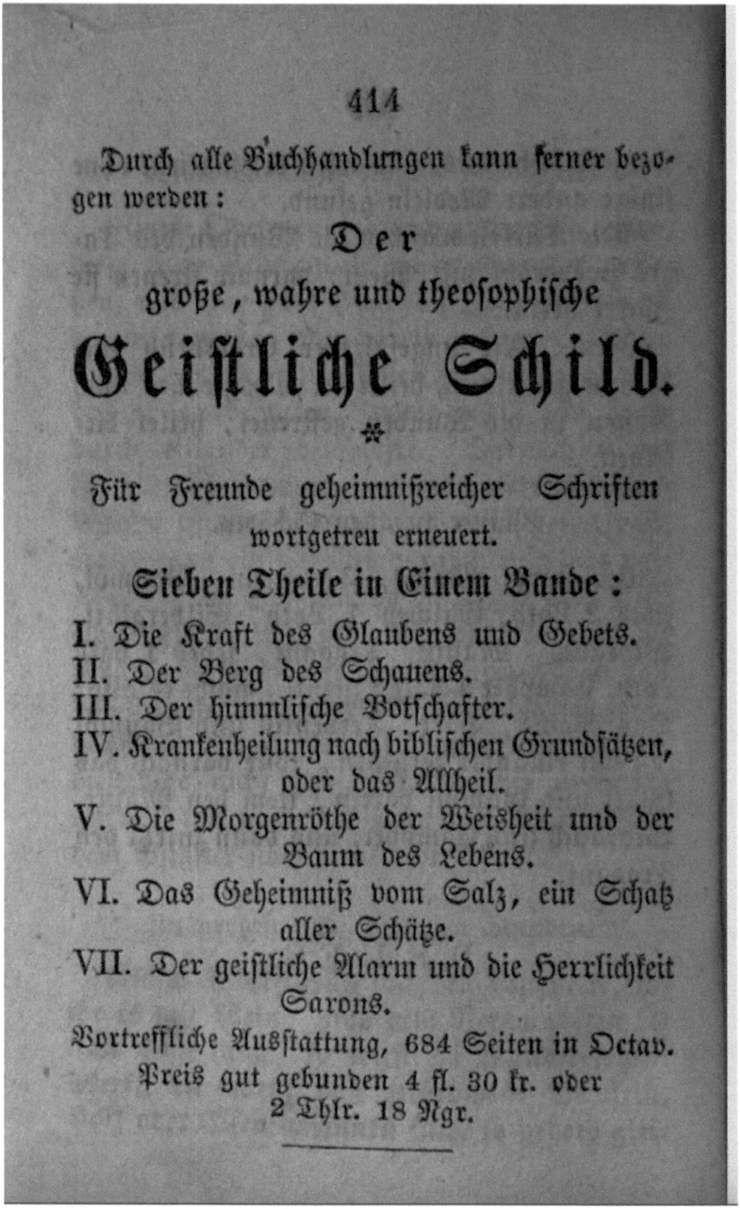

414

Durch alle Buchhandlungen kann ferner bezogen werden:

Der

große, wahre und theosophische

Geiſtliche Schild.

⁂

Für Freunde geheimnißreicher Schriften
wortgetreu erneuert.

Sieben Theile in Einem Bande:

I. Die Kraft des Glaubens und Gebets.

II. Der Berg des Schauens.

III. Der himmliſche Botſchafter.

IV. Krankenheilung nach bibliſchen Grundſätzen,
oder das Allheil.

V. Die Morgenröthe der Weisheit und der
Baum des Lebens.

VI. Das Geheimniß vom Salz, ein Schatz
aller Schätze.

VII. Der geiſtliche Alarm und die Herrlichkeit
Sarons.

Vortreffliche Ausstattung, 684 Seiten in Octav.
Preis gut gebunden 4 fl. 30 kr. oder
2 Thlr. 18 Ngr.

Abbildung 4: Inhalt des von Mailänder oft erwähnten Buches
„Der große, wahre und theosophische Schild"

Geehrter Herr Dr., es ist nur unsere Bitte an Sie gemäß unserer Verabredung, die Aufgabe, die Ihnen mein Führer gegeben, praktisch zu lösen und nicht nachzulassen bis Sie Ihr Ich fühlen. Wie werden Sie selbst am besten erfahren und dann wissen wir auch, daß Sie den nun einmal betretenen Weg weiter verfolgen werden. Dazu kann ich Sie nur aufmuntern und sagen: „Gott gebe Ihnen den Segen dazu!" denn ohne Ihn können wir auch nichts vollbringen.

Geehrter Herr Dr. das Buch,[19] welches wir Ihnen sandten, werden Sie auch schon erhalten haben: „Geistlicher Alarm"[20] und „der Weisheit Morgenröthe."[21] Letzteres ist für den, der die Wiedergeburt erlangen will, von großem Wert, weil in ihm die Stufenleiter in seiner dreifachen Weise genau angegeben ist. Das erstere, der Geistliche Alarm, ist ebenso von großer Wichtigkeit, weil es die Kämpfer der Wahrheit genau bezeichnet.

Lesen Sie beides! Der Geist Gottes erleuchte Sie! Bemerkung: Seien Sie, lieber Herr Dr., ohne Sorgen! Man hat uns, als wir bei Herrn Dr. Hartmann waren, weiter nicht gefragt wie wir zu Ihnen und Sie zu uns in geistige Beziehung getreten sind; und die Äußerung, die mein Führer getan hat, haben der Herr Dr. Hartmann und Gräfin Spreti nicht verstanden. Somit werden Sie nichts zu fürchten haben, denn von unserer

19 Gemeint ist wohl der Sammelband „Der große, wahre und theosophische Geistliche Schild. Für Freunde geheimnisreicher Schriften wortgetreu erneuert." Johann Schelble Verlag Stuttgart 1862.

20 Leade, Jane; Ein geistlicher Alarm an des Lammes heilige Streiter: die Glorie oder Herrlichkeit Sarons in der Erneuerung der Natur. 1762 Nachdruck Stuttgart 1862.

21 „Die Morgenröthe der Weisheit und der Baum des Lebens; Grund und Schlüssel zum wahrhaftigen Erkennen Gottes, des Menschen, der ganzen Welt und Offenbarung des Geheimnisses der dreieinigen Weisheit. Den auserwählten Gläubigen und Heiligen zu Christo Jesu, die da berufen sind zum Abendmahl der Hochzeit des Lammes, nach der Herrlichkeit des neuen Jerusalems. Getreu nach der Ausgabe von 1762. Stuttgart 1862.

Seite wurde bei Herrn Dr. Hartmann in dieser Beziehung über Sie nichts mehr erwähnt.

Lieber Herr Dr. Hübbe-Schleiden! Möge unsere Jericho Rose für Sie im Glück erblühen! Es war uns eine Freude Ihnen eine solche geben zu können. Glück auf zur Kunst des Lebens.

Es grüßt Sie herzlich, Ihnen zu Dank verpflichtet,
Ihr
Nik.Gabele und mein Führer Johannes sowie
Alle die Meiningen, die Sie kennen gelernt.

Abbildung 5: Kempten um 1920

Kempten, 22. 7. 1885

Lieber Herr Hübbe-Schleiden[22]

Ihr werter Brief vom 21. des Monats haben wir erhalten u. mit Freuden darin vernommen, daß sie die Aufgabe mit Ernst und Eifer ausüben. Ich will nun den ersten Punkt ihres Briefes erwähnen. Das Buch, welches wir ihnen gesandt haben, ist für den praktischen Arbeiter sehr nützlich – ob lateinisch oder griechisch ins Deutsche übersetzt, für das haben wir zu wenig Gelehrsamkeit, das verstehen wir nicht. Das Buch, welches Sie für uns gesandt haben, so weit wir es bis jetzt gelesen haben, gefällt uns sehr   gut, obwohl manches darin vorkommt, das wir nicht verstehen.

Jetzt zur Hauptsache, was Ihre Übung betrifft: Ich muss Sie darauf aufmerksam machen, daß zur Sommerzeit die Übungen viel schwerer auszuüben sind, aus dem Grund, weil der Einfluß der Natur den Menschen mehr nach außen zieht; im Winter dagegen wenn die Natur tot ist, wendet sich der Mensch mehr nach innen, d.h. zum Geist. Darum vollbringt er dann leichter seine Aufgabe. In dem Punkt haben Sie vollkommen recht, daß das seelische Ich im Herzen seinen Sitz hat; jedoch ist es tot im gewöhnlichen Menschen.

Mit ihrer Übung rufen sie es zum Leben. Wenn es lebendig geworden ist, so strahlen seine Kräfte aus über den ganzen Körper durch das Gefühl. Das nennen wir in der geistigen Sprache: Offenbarung, also da wo sie ungewöhnliche Wahrnehmungen machen im Gefühl am Körper haben Sie Ihr Ich gefunden. Ich will ihnen ihre Übung dadurch erleichtern , daß Sie nicht mehr das bloße Ich denken. Üben sie von jetzt an: /Ich Daniel/[23] dies ist ihr geistiger Name, u. es wird ihnen eine Kraft sein auf geistigem Wege. Er ist schwer und bedarf

---

22 Hübbe-Schleiden notierte zu diesem Brief:
    „Höchstwahrscheinlich am 22.Juli 1885 geschrieben, also 22.VII, 85"
23 Unterstrichen von Hübbe-Schleiden.

die ganze Manneskraft, doch sie können es vollbringen; darum mutig vorwärts! Ihre Hände dürfen Sie bei der Übung anwenden nach Belieben zu ihrer Erleichterung. Auch über das geistige Ich möchte ich ein Wort reden. Gewöhnliche Menschen wissen nicht ob sie dasselbe am Kopf oder über dem Kopf haben. Der geistige Arbeiter aber weißt sehr gut, daß er dasselbe im Haupt hat. Wir bezeichnen es mit dem Namen „Licht" – wie das natürliche, sinnliche Licht aus dem Gefühl[24] hervorgeht, so muß das geistige Ich als Licht seine Strahlen im Menschen in der Offenbarung strömen; dann wird erkannt, was die Offenbarung ist. Wir bezeichnen es mit dem Wort: Selbsterkenntnis.

Bemerken muß ich noch, daß ein Anfänger mit dem besten Willen den Gedanken bei der Übung nicht festhalten kann. Trotzdem ist die Übung nicht nutzlos. Wenn wir das Wort sprechen ohne den Gedanken, ist der Wille die Kraft. Wenn aber beide Teile vereinigt sind (Gedanke mit dem Wort), wird Größeres hervorgebracht.[25] Noch eines: Legen Sie Ihre Fingerspitzen und Hände dahin, wo es Ihnen beliebt. Im übrigen wünschen wir Ihnen in Gottes Namen ein segensreiches Vollbringen.

Herzlichen Gruß
Johannes in Liebe
Führer

Brief von Nikolaus Gabele – Kempten, 8. 8. 1885

Lieber Herr Dr. Hübbe-Schleiden!

Der Besuch von Herrn Dr. Hartmann mit seinem Freund Professor Sellin hat uns sehr erfreut. Wir sind auch ihrer Meinung daß wirklich diese beiden Männer geistig veranlagt sind. Nur fragt man sich, es sich ob sie die Mühe nicht scheuen, um ins Praktische einzugreifen. Lieber H. Dr. Hübbe-

---

24 Er meint wohl: aus der Wahrnehmung
25 „Größeres hervorgebracht": von Hübbe-Schleiden unterstrichen

Schleiden Ich muss mich in diesem Briefe kurz fassen, denn in den Wochentagen haben wir sehr wenig Zeit.

Ich kann Ihnen mitteilen, daß wir hoch erfreut waren über Ihr wertes Schreiben. Es hat gezeigt, daß Sie arbeiten und das Wort der Übung schon wirkend auf den Körper übergeht. Es ist dies von großer Wichtigkeit für den Anfänger; wir können ihnen mit Bestimmtheit versichern, daß Müdigkeit und Abgespanntheit sich am ganzen Körper zeigt; auch wissen wir, daß dann körperliche Schwächen besonders stark hervortreten. Dies ist ein Zeichen, daß die Kraft des Geistes angeregt ist in ihnen durch die Übung, die ihnen gegeben wurde von Johannes dem Führer. Ich warne Sie, dass Sie zu der gegenwärtigen Übung weder etwas hinzu noch hinweg tun. Glauben sie nicht, daß dies Menschenwerk sei, auch nicht, daß der Mensch etwas ändern kann. Es würde sie später gereuen, abgewichen zu sein vom Gesetz des Geistes. Es wurde Ihnen nun das gegeben durch den Geist, der in Johannes als Führer wirkt, was Sie am schnellsten u. sichersten zur Überzeugung bringen wird. Ich mache Sie nochmals darauf aufmerksam, mit der Übung im gleichen Sinn so fortzufahren wie sie Ihnen gegeben wurde, bis sich gezeigt hat, was sich zeigen muss. Gerade in dieser Übung liegt eine Hauptkraft, die in Ihnen zur Überzeugung werden wird, daß es nicht leere Worte, sondern eine schaffende Kraft ist. Ich sage ihnen als treuer Freund: Weichen sie nicht ab von der Führung! Falls Sie in die Berge gehen, üben sie wie bisher das Gleiche. Wenn sich Neues in ihrem inneren Sinn kund tut, ist es notwendig uns solches zu berichten damit man Ihnen das Nötige der Führung mitteilen kann.

Lieber Herr Doktor Hübbe-Schleiden. Über das Verlangen, das Sie an uns stellten in Bezug auf die Namen der Mitglieder des Bundes, bitten wir noch zu warten, bis Sie tiefer in die Wahrheit eingedrungen sind; es ist dies gewiß nicht Falschheit von uns, sondern sogar nötig, zu gegebener Zeit Sie ganz über den Endzweck des Bundes, den der Herr mit uns geschlossen, über seinen Anfang u. sein Ende ausführlich zu verständigen. Zum Schluss danken wir ihnen für ihren guten Willen. Es wäre auch unser Wunsch, daß sich der Bund eng in Liebe und Eintracht schließen würde, denn Einigkeit macht stark. Wir wünschen Ihnen zu Ihrem Vorhaben, in die Berge zu fahren, viel Vergnügen und guten Fortschritt im Geistigen.

Viele Grüße von uns allen an Sie sowie an Freund Professor Sellin, Herrn Dr. Hartmann, Herrn Graf und Frau Gräfin

Salomon.

Kempten, 2. Sept. 1885

Lieber Herr Dr. Hübbe-Schleiden!

Mit freudigem Herzen grüßen wir Sie, bester Freund, und loben Ihren Fleiß. Sie haben bewiesen, daß es Ihnen Ernst ist. Ihre geistige Übung war nicht umsonst. Sie, Lieber Freund, zweifeln noch; wir können Ihnen sagen, daß Sie den geistigen Weg eingeschlagen haben, denn das natürliche seelische Ich haben Sie zum Leben erweckt, und es ist offenbar geworden an Ihrem Körper durch die Schmerzen, welche Sie empfinden. Dadurch sind Sie gleichsam eingetreten durch die erste Pforte des geistigen Stadiums. Sie haben das erste Tor eröffnet und werden auch festen Fuß halten, einen neuen Schritt tun ins Innere des geistigen Heiligtums. Durch diese neue Übung werden Sie auch größere Resultate erzielen. Üben Sie von jetzt an: „Dank sei dir du ewige Urkraft".[26] Sie, lieber Freund, werden sehen, daß da Dinge aus dem Gefühle hervorgehen, die gewiß nicht erblich sind aus Ihrer Familie; darum bitten wir Sie, gelehrter Grübler, nicht neuem Zweifel Raum zu geben. Sie würden sich selbst dadurch den Weg erschweren und immer mehr in Irrtümer fallen; nehmen Sie es wie es Ihnen gegeben wird, der Menschheit gemäß, von uns aus

---

26 „Dank sei dir du ewige Urkraft": von Hübbe-Schleiden unterstrichen.

praktischer Erfahrung. Über Ihre Ansichten zwischen dem geistigen Daniel und dem H. Dr. Hübbe-Schleiden haben Sie vollkommen recht; es ist eben nur der Unterschied, daß der geistige Daniel die Kräfte aus dem inneren Menschen schöpft und Dr.Hübbe-Schleiden seine Gelehrsamkeit von der Welt.

Über das In-Sich-Versenken teilen wir Ihnen mit, daß dieses nur einem solchen Menschen möglich ist, der sein Inneres schon eröffnet hat, denn solange im Inneren Finsternis ist, ists begreiflich unmöglich, daß man sich im Sonnenschein baden kann. Wir machen Sie auf den Brief aufmerksam, welchen Sie direkt von Johannes dem Führer erhalten haben, in welchem Ihnen die Kräfte und Wirkungen klar auseinander gelegt wurden. Sie haben diesen Brief erhalten mit der Unterschrift: Johannes Führer in Liebe. Auch ist in demselben gesagt, daß, so man das Wort mit dem Gedanken vereint übt, es die beste Wirkung hat, so man aber das Wort übt ohne Gedanken, so ist es nicht wirkungslos, denn der Wille ist dann die Kraft, die da zeugt. Wir wissen aus eigener Erfahrung, daß es eine reine Unmöglichkeit für einen Anfänger ist, den Gedanken mit dem Wort bei der Übung immer zu vereinigen. Das ist erst möglich, wenn man einige Jahre auf diesem Wege praktisch arbeitet, und dann braucht es noch alle Mühe und Anstrengung.

Lieber Freund, es freut uns herzlich Sie wieder persönlich begrüßen zu können, denn ein solch wackerer Kämpfer in der Kunst des Lebens ist uns immer ein willkommener Bruder im Bunde der Verheißung. Wir können dann manches klar besprechen, was im Briefwechsel unmöglich ist. Auch dürfen Sie zu jeder Zeit uns um Rat fragen, denn es ist unsere Pflicht, dem, der Licht sucht, Zeugnis zu geben von dem Licht, das in uns ist.

Johannes u. Salomonus.

Viele Grüße von allen Ihnen bereits Bekannten im <u>Bunde der</u>

Verheißung.[27]

Abbildung 6: Kempten, Burgstraße 60 V; heutige Ansicht.
Im obersten Geschoss, wo heute Mansarden eingebaut sind,
wohnte die Familie Gabele, vielleicht auch Mailänder.

---

27 „Bunde der Verheißung": von Hübbe-Schleiden unterstrichen.

Kempten, den 11. Okt. 1885

Lieber Bruder Daniel!

Dein Brief war für uns von großer Wichtigkeit, weil er Zeugnis gibt von der Wahrheit, die zwar hart geboren wird, aber sicher zu aller Menschen Wohl das Vollkommenste u. Großartigste Werk des Geistes zustande bringen[28] wird. Denn wir wissen, daß eine neue Ära am geistigen Horizonte aufsteigt, die[29] noch nie gewesen ist u. auch nie wieder kommen wird. Denn die Erlösung ist für die geistig entwickelten Menschen eine Vollkommene und Ganze, denn die da empfangen den hl Geist, denen wird das Bild klar werden welches heißt: Der Stein, der vor Josua gelegt ist, hatte sieben Augen, welches sind die sieben Geister Gottes, die da ausgehen in alle Welt.[30]

Lieber Bruder, was Dich selbst betrifft, so wäre es gut, daß Du von jetzt an übst: / Ich rufe Dir, mein Erlöser:/ Auch muß ich Dich ermahnen, daß ich Dir vorausgesagt habe, zum Zeichen, daß ich die Wahrheit rede; als Du bei uns warst, werden bald Deine Schultern dich drücken, als hättest du eine Last darauf. Nun haben sich die Zeichen u. Spuren bereits an Deiner linken Schulter gezeigt.

Was Deinen üblen Geruch anbelangt, so ist er, wie ich dir bereits schon gesagt habe, geistiger Art. Die ihn wahrgenommen haben in deiner Nähe, sind eben auch geistig entwickelt. Übrigens wird er mit der Zeit sich verlieren u. dafür vielleicht ein noch üblerer kommen. Auch, lieber Freund, würde ich dich darum bitten, daß Du mir die Uhr, die Du mir schenken wolltest, aufbehalten u. wann du wieder zu uns kommst

---

28 Im Text steht "kommen," Hübbe-Schleiden hat darüber geschrieben: „bringen."

29 Hübbe-Schleiden ergänzte hier „für uns."

30 Buch Josua Kapitel 23 und 24. Diese Kapitel beziehen sich auf Sacharja 9. Eine christliche Deutung findet man in der Apokalypse des Johannes 4,5

dieselbe mitbringen möchtest, weil ich keine habe u. es mir erst nachher eingefallen ist, daß wir hier einen ausgezeichneten billigen u. Guten Uhrmacher haben, der sie gewiss zum ordentlichen Gehen bringt u. für mich wäre es ein brauchbares Andenken von Dir.

Herzliche Grüße von Salomonus u. Johannes u. allen den Übrigen im Bunde.

Solltest Du uns noch etwas Interessantes mitzuteilen haben von dem hoch erleuchteten Inder,[31] so bitten wir Dich um baldige Nachricht.

Johannes   Schriftführer Noah.

Kempten, den 18. Okt. 1885.

Lieber Bruder Daniel!

Deinen werten Brief vom 15.des Monats sowie die darin enthaltenen Geschenke haben wir erhalten und sagen Dir herzlichen Dank dafür. Besonders die Uhr bereitet mir viele Freuden u. geht bis jetzt ganz gut u. wenn das auch nicht der Fall wäre, so würde sie mich nicht ärgern, denn sie ist mir ein kostbares Andenken von Dir. Deine werte Photographie erregte große Freude unter allen, denn das Bild ist gut gearbeitet u. Dir sprechend ähnlich. Also noch einmal im Namen Aller herzlichen Dank. Unsere Photographien, die Du Dir so gerne gewünscht hättest, können wir Dir vorderhand noch nicht schicken, denn wir waren wirklich noch nicht in

---

31 Das Tagebuch von Hübbe Schleiden [Cod_Ms_Huebbe-Scheiden_1012_4] enthält auf Seite 33 Bemerkungen der Art: „Mohini fragen." Auszüge aus Briefen in englischer Sprache folgen. Mohini Mohun Chatterji (1858 - 1936) aus Bengalen, gehörte von 1882 bis 1887 der indischen Theosophical Society an. Auch Babaji Dharbagiri Nath, der in der Folgezeit zum Mailänder kam, wird im Tagebuch von 1885 erwähnt.

der Lage, uns abbilden zu lassen. Sollten wir jedoch einmal dazu kommen, so sollst Du von jedem ein solches erhalten.

Was die Gräfin Spreti anbelangt, sind wir Dir sehr dankbar, daß du so tüchtig für unsere Sache eintrittst u. Zeugnis gibst. Gott möge es Dir lohnen durch praktische Selbsterkenntnis. Was Dr. Hartmann anbelangt so müssen wir annehmen: entweder er versteht die Sache noch zu wenig oder hält sich gerne etwas verschlossen seinen Nächsten gegenüber zurück. Auch freut es uns herzlich, daß du als wahrer Geistessucher das Glück hattest in Würzburg sehr viel Weisheit zu lernen u. Deine Reisebeschwerden sich gelohnt haben. Wir selbst hoffen u. bitten bei Gott für Dich sowie für alle im Kreise, daß Sein Geist in jedem möge offenbar werden, denn der Mensch, der um des Wortes willen aus Gott ist, kann nur wiederum durch das Übungswort zu seiner wahren Würde gelangen, denn das Wort Mensch heißt Freiheit. Als freie, reine Geschöpfe gingen die ersten Menschen aus der Hand Gottes hervor, jedoch sind die Menschen durch sinnliche Begierden, wie dir selbst bekannt ist, immer tiefer u. tiefer gesunken, u. Sklaven ihrer eigenen Leidenschaft geworden. Und mit dem Fall der Menschen ist auch die Natur von Stufe zu Stufe herabgesunken. Der Mensch, der den Geist sucht, kann daher nur durch die Kraft des Ichs seine inneren Iche oder geistigen Kräfte zur Offenbarung bringen u. zwar vor allem hauptsächlich im Gefühl oder in der Empfindung, wie ihr zu sagen pflegt. Denn aus demselben muß alles keimen; was nützt es dem Menschen, wenn er angestopft ist voller Erkenntnisse, die von der Welt sind, währenddessen das innergeistige Leben, welches nur aus dem Gefühl hervorgehen kann, tot für ihn bleibt. Indem du nun Zeit u. Gelegenheit hast u. auch keine Mühe scheust für die geistige Entwicklung, so kannst Du z. B. den einen Tag das dir bereits Gegebene üben u. den anderen Tag übe die Worte: „Innere Natur"; wiederhole es immer im Munde u. trachte so viel wie möglich danach, diese Worte nicht nach oben, sondern gleichsam ins

Herz hinein zu sprechen.

Glaube ja nicht, daß ich meine, Du solltest innerhalb weniger Zeit, z. B. 1 - 3 Wochen, schon Erfolge Deiner geistigen Arbeit haben, denn ich weiß, daß die geistige Entwicklung langsam geht u. daß Du fleißig bist. Und wenn Du jemals wieder nach Kempten kommen solltest, so bist Du uns zu jeder Zeit als lieber Bruder willkommen gleichsam einem eigenen Gliede unter uns.

Herzliche Grüße von allen Dir Bekannten im Bunde! Gott der Herr werde stark u. lohne Deine geistige Arbeit in Dir.

Johannes u. Salomonus.

Noah. Schreiber

Kempten, den 25. Okt. 1885

Lieber Bruder Daniel!

Deinen Brief vom 23. des Monats haben wir erhalten u. er hat uns sehr erfreut indem wir sehen, daß Du fleißig übst u. so in das Geistige des inneren Menschen Dich hinein findest. Was die Übung anbelangt, so soll man jede nicht nach oben, sondern gleichsam in das Herz hinein denken u. sprechen. Daß ich besonders bei der letzten Übung Dir diese neue Anleitung gab, das hab ich nur darum getan, damit Du deine ganze Aufmerksamkeit auf das Innere wendest.

Behalte also beide Übungen u. übe sie aus je nachdem es Dich antreibt; nur nicht nach oben sprechen, sondern jede gleichsam ins Herz hinein. Die Wirkung ist viel großartiger; aber es bedarf etwas Kraft, die Du ja besitzt. Auch wäre es gut für Dich, wie ich Dir früher schon gesagt habe, so viel wie möglich sich von den äußeren Gesellschaften zurückzuhalten, denn jeder Mensch ist sich selbst der Nächste; wenn diese Kräfte in dir einmal Wurzeln gefasst haben u. zur Lebenskraft geworden sind, dann kannst Du auch wieder besser hervortreten in die Kreise der Gesellschaften, ohne daß es Dir schadet. Denn wisse: das nun aufkeimende Leben in Dir ist einer schwachen Pflanze zu vergleichen u. darum mußt Du sie selbst vor Sturmwind zu bewahren trachten, damit sie nicht geknickt wird u. am Boden bleiben möchte.

In dieser Beziehung, wie im Evangelium Johannes zu lesen ist, hast Du ganz recht: Christus, der Erlöser, muß Gestalt gewinnen in Dir u. muß Dir gleichsam Führer werden in Dir selbst; denn was an Christus in den letzten drei Tagen vorüber gegangen ist, das muß auch innersinnlich an Dir vorübergehen, d.h. durch den Geist, der durch die Übung lebendig gemacht wird. Durch denselben müssen wir gekreuzigt werden, was nicht ohne Schmerzen geschehen kann; so müssen wir durch diesen Geist absterben im Fleisch, um nach vielen Jahren endlich als neugeborener Mensch auf zu erstehen. Und dann kommt der Mensch zum höheren Glaubensgefühl, zu wahrem Hellsehen, zuerst in Dir u. dann nach außen zu allen verborgenen Dingen der Zukunft u. der Völker. Bleibe standhaft u. treu! Es wird Dich nicht gereuen.

Wir grüßen Dich herzlich

Johannes u. Salomonus

u. alle die Übrigen im Bunde.

Schreibe so oft es Dir beliebt, denn jeder Brief von Dir ist uns willkommen u. wir geben Dir gerne Antwort. Wir bedanken uns herzlich für die beigelegten Briefmarken, welche wohl nicht nötig gewesen wären, denn Du hast uns schon genügend beschenkt. Gott lohne es Dir.

Abbildung 7: Kempten und die Allgäuer Berge

Kempten, November 1885.

Lieber Bruder Daniel![32]

Dein lieber Brief vom 7. des Monats. hat uns wie immer herzlich erfreut; wir haben daraus vernommen, daß Du nicht nur ein Freund von schönen Worten bist, sondern auch in der Tat dich bemühst uns wenn möglich zu einer besseren d.h erträglicheren Existenz zu verhelfen. Das zeugt von einer wahren Nächstenliebe, für welche wir dir den herzlichsten Dank aussprechen. Deine Gesinnung ist aufrichtig, du hast Edelmut, sonst würdest du dich nicht um solche Menschen kümmern, welche das Sklavenjoch drückt; doch niederdrücken kann es uns nicht! Wir stehen immer wieder auf u. denken, ja wissen, daß einer ist der uns emporhebt und spricht: Ich bin mit euch!

Lieber Bruder! Den ersten Antrag haben wir erwogen und angefragt beim Geist. Wir erhielten das Resultat, nicht eilig zu sein, sondern in Geduld noch abzuwarten, da sich in Bälde der Zeit etwas Neues bieten wird, welches mit weniger Schwierigkeiten durchzuführen sei wie das Erstere. Darum tritt vorderhand in keine weiteren Unterhandlungen, denn wir wollen abwarten nach dem Geist; wir können ja nicht wissen, was uns von Ihm im Späteren vorbehalten ist. Darüber hinaus sind wir bereits im Winter, haben uns eingerichtet auf denselben mit Brennmaterialien und dergleichen; wir wollen uns gedulden, bis wir mit Gottes Hilfe das Frühjahr erreichen. Deinen zweiten Vorschlag betreffend würde es uns wohl besser gefallen, wenn die Kluft nicht wäre und längere Trennung unter uns. Wir sind das Zusammenleben gewohnt u. das ist zugleich auch notwendig um des geistigen Fortschritts willen;, darum können wir den zweiten Vorschlag nicht in Betracht ziehen.

Lieber Bruder! Im Übrigen teilen wir dir noch mit, daß vor

---

32 Der Brief trägt weiter kein genaueres Datum. Hübbe-Schleiden ergänzte: „November."

einigen Wochen Herr Graf von Spreti uns einen sehr schönen Brief zusandte, in welchem er ausdrückte, daß seine Übungen sehr gute Wirkung haben, und sich zugleich aussprach, ihm weitere Anleitung zu geben – was wir auch mit Freuden taten. Auch an die Frau Gräfin sandten wir Worte des Trostes u. der Ermutigung. Auch dein lieber Freund Professor Sellin hat uns wieder mit einem Brief beehrt; die darin enthaltenen Worte gaben wiederum Zeugnis von der Größe seines Geistes. Auch bei ihm sind die Übungen nach seinem Zeugnis wirkende Kraft und Stärke. Er schrieb unter anderem, daß er Grund habe, den Tag zu segnen, an welchem er in unseren Kreis getreten sei. Nur einer scheint lässiger zu werden; dies ist Dr. Hartmann. Es vergehen Wochen, bis wir ein Lebenszeichen von ihm hören. Es scheint, sein Eifer ist erlöscht. — Wir können nichts tun, es sei denn daß der Mensch guten und handfesten Willens ist. Wenn es dich wieder einmal antreibt, vom geistigen Standpunkte aus zu schreiben, so sind wir gerne bereit im geistigen Sinn Antwort zu geben. Viele herzliche Grüße von allen im Bunde

Johannes. Salomon.

Die Uhr, die du Johannes geschenkt hast, geht gut. herzlichen Dank dafür.

Abbildung 8: Kempten, Textilfabrik um 1920

Kempten, den 13. Dez.1885.

Lieber Bruder Daniel!

Indem wir in der letzten Zeit von Dir einen Brief erwartet haben, Du uns aber bis jetzt nicht geschrieben hast, so glauben wir, dass Du um des Herrn Hartmann willen uns wahrscheinlich nicht belästigen willst. Derselbe verkehrt sehr viel mit uns, jedoch die Aufgabe, die Du uns gestellt hast, diesen Mann aus seiner Verkehrtheit zum wahren Selbst auf geistigem Wege zu bringen, wird uns wohl ein Ding der Unmöglichkeit sein, denn es sind so viele Gegensätze in ihm, die nicht mehr so leicht aus ihm zu bringen sind. Wir für unseren Teil tun freilich das Möglichste in Liebe; aber ein wahres Vertrauen kann dieser Mensch uns nicht abgewinnen. Es ist immer ein etwas Abstoßendes an ihm, das uns zurückhält. Er kommt wöchentlich zwei bis dreimal zu uns, aber – wie gesagt – wir haben nur eine sehr kleine Hoffnung. Auch scheint er uns etwas gehässig u. unversöhnlich zu sein dem Nächsten gegenüber, den er nicht gut dulden kann.

Wir teilen dir dieses mit, im Vertrauen als Bruder, weil wir wissen, daß Du auch Anteil am Schicksal eines Nebenmenschen nimmst. Soviel wir wissen wird Herr Hartmann die Weihnachtsfeiertage in München zubringen. Auch fragen wir uns sehr, wie es Dir geht in Bezug auf das Geistige. Es wäre uns eine große Freude, wenn wir nur einige Mitglieder der Theosophischen Gesellschaft zur praktischen Selbstüberzeugung bringen könnten, was mit Gottes Kraft geschehen wird. Der Eine würde den Andern mitziehen u. beide das eine geistige Ziel erreichen wo es heißen würde: Ich freue mich des Daseins mit dir, wir haben uns gefunden nach dem inwendigen Menschen, wir bewegen uns nicht mehr im Kreise, sondern im Mittelpunkt, wo Ruhe u. Friede ist. Denn ohne Praxis wäre Theosophie nur leerer Schall, welcher an das Ohr des Menschen ertönt, aber nicht zum Herzen dringt; das heißt: nicht die lebendigen Gefühle wachruft, aus welchen doch alles wahre Geistige keimen muss.

Des weiteren würde es uns freuen, wenn Du uns schreiben würdest. Du darfst gewiss sein, daß wir mit deinen Briefen keinen Missbrauch treiben und dieselben Hartmann nicht vorlegen. Auch laden wir dich herzlich ein, wenn Hartmann wieder fort ist, uns zu besuchen.

Viele herzliche Grüße
Salomonus u. Johannes u.
alle die Übrigen im Bunde.   Noah.

Kempten, den 20. Dez. 1885.

Lieber Bruder Daniel!

Vor allem muß ich Dir berichten wegen Deiner Anfrage, ob ich von Dir ein Gesicht gehabt hätte. Wirklich hatte ich ein solches ungefähr vor einer Woche u. ich sah Dich nämlich in voller geistiger Tätigkeit u. auch im Zeugnis begriffen, nämlich daß Deine inneren Kräfte lebendig wirkend sind. Berichtet hab ich Dir nichts davon im vorhergehenden Brief, weil es eigentlich nur mir vom Geiste angedeutet wurde um der Führung willen. Auch gestern, am Samstag, den 19. des Monats ungefähr nachts um halb 12 Uhr erschienst Du mir wiederum im Gesicht u. trugst in der rechten Hand eine Form, die den Geistesnamen ausdrückt, nämlich die Form Sichel. Du kehrtest sie in der Hand nach allen Richtungen auf und ab, links u. rechts schlugst Du sie an, unter welchem Symbol ich in Summa im geistigen Sinne verstehe, daß Du in Deiner geistigen Arbeit nach innen sowie auch nach außen reife Früchte ernten wirst.

Nur musst Du verstehen, daß solche Gesichte oft sich sogleich bestätigen, oft aber auch erst in späterer Zukunft. Doch sind es gute Zeichen u. berechtigen dich zu guter Hoffnung auf der Geistes-Bahn. Auch wurde mir vom Geist eine für Dich u. Deinen Zustand ganz passende Übung gegeben: Lass die beiden vorhergehenden fahren u. übe von jetzt an „Ich suche den natürlichen Menschen in mir." Sei beharrlich, wie ich's von dir erhoffe u. Du wirst zur wahren, geistigen, praktischen Überzeugung kommen.

Lieber Bruder Daniel, ich glaube es gern, daß man das Zeugnis, das du von uns gibst, nicht glauben will; denn das wahre geistig- Praktische ist diesen Menschen noch zu fremd. Gib vor Ihnen kein Zeugnis mehr von uns, denn meine Absicht ist, mit Gottes Hilfe zuerst Dich weiter praktisch auszubilden. Wir ziehen uns so viel wie möglich den anderen gegenüber zurück. Wenn Du weiter vorangekommen bist, werden sie doch wenigstens Dir Glauben schenken.

So, lieber Bruder, jetzt will ich Dir auch noch über Herrn Dr. Hartmann berichten. Für's Erste hat er sich wieder anders besonnen u. wird die Weihnachtsfeiertage in Kempten zubringen. Er kommt sehr viel zu uns, in der Woche oft 3 - 4 mal. Er schlägt die Einladungen von seinen reichen Verwandten aus u. zieht es vor, nur eine Stunde in unserem Kreise zu verbringen. Er sagt, daß es ihm nirgends behaglicher u. angenehmer sei und wir nehmen ihn immer mit großer Liebe auf u. stehen ihm in jeder Beziehung so viel wie möglich zur Seite. Aber wir haben keinen leichten Stand mit ihm denn was er heute anerkennt im vollsten Sinn, das kann er morgen gerade so gut wieder verwerfen. Dadurch sind wir schon hart aneinander geraten. Er ist ein gescheiter Mann in vieler Beziehung, aber für das wahre Geistige zu verdorben und, wie wir Dir schon berichtet haben, unfähig, sich in das Höhere zu erheben. Denn er hat einen solchen Zusatz von bösen Geistern,[33] die ihn nicht zur Ruhe kommen lassen. Nur wenn er in unserem Kreise ist, weichen diese Mächte zurück. Danach aber scheint es mit ihm wieder das Alte zu sein. Ja, wenn er mehrere Jahre um uns wäre, dann könnte es sein, daß er von diesen lästigen Einflüssen wieder frei würde. Aber er hat den festen Entschluss gefasst, in Bälde wieder nach Amerika zu gehen u. ich glaube es ist ein Glück für die ganze Theosophische Gesellschaft, so er bald geht. Ich rechne übrigens auf Deine Verschwiegenheit betreffs der Angelegenheit Hartmann, um Unannehmlichkeiten vorzubeugen.

Lieber Bruder, wir gedenken Deiner in Liebe u. Dankbarkeit u. flehen zum Herrn der ewigen Urkraft, daß sein Licht stets in Dir leuchten möge zum Wohle aller derjenigen, für die Du wirkst u. arbeitest, besonders aber für deinen eigenen Geist daß dir das zuteil werden möge nach welchem Du ringst u. was du suchst. Wir wünschen Dir herzlich gute Feiertage u. viel Glück zum kommenden neuen Jahr.

Mit vielen herzlichen Grüßen von allen Dir
    Bekannten im Bunde
    In Liebe Johannes Führer.
    Wenn Du uns wieder schreibst, so wird es uns herzlich

---

33 Franz Hartmann arbeitete damals an der Schrift „Schwarze und weiße Magie." Leipzig 1886.

freuen.   Noah.

Kempten, den 26. Dezember 1885

Lieber Bruder Daniel!

Wir danken Dir aus Herzensgrund für die reiche Weihnachtsgabe u. für alle übrigen Geschenke, die wir schon von Dir erhalten haben. Du hast mehr getan, als in in deiner Kraft stand u. es hat uns schmerzlich berührt, daß Du uns überhaupt unter solchen Umständen noch Geld zusendest, denn unsere Liebe ist im geistigen Sinn u. hängt nicht von äußeren Gaben ab. Wer zu geben vermag, von dem nehmen wir's gerne mit Dank an, wenn man aber selbst bedürftig ist, so kann es uns nicht ganz freuen; doch wir hoffen, daß es Dir der liebe Gott wieder auf eine andere Art ersetzen möge – so wie der Witwe im Tempel, die ihr Letztes zum Opfer gebracht hat. Es ist dies für uns Arbeiter eine sehr große Gabe, die immer eine Hilfe im Kreise ist u. nützliche Verwendung findet.

Es interessiert uns sehr, wenn Du eine Zeitschrift heraus gibst u. uns einen Prospekt u. eine Probenummer zusendest. Auch haben wir soeben eine Postkarte von Professor Sellin erhalten, in welcher er uns mitteilt, daß er am 30.des Monats nach München kommen wird um daselbst Wichtiges mündlich zu besprechen. Wir mussten Herrn Dr.Hartmann hiervon in Kenntnis setzen; ob er aber nach München geht, wissen wir nicht.

Nochmals herzlichen Dank u. ein glückliches neues Jahr.

Es grüßt dich deine dankbaren
Brüder u. Schwestern im Bunde
Salomonus u. Johannes   Noah.

Im Jahr 1886

Brief von Noah - Kempten, 2. Januar 1886

Lieber Bruder Daniel![34]

Habe großen Dank für deinen lieben Brief u. großen Dank für die reichliche Gabe, die ich von Dir empfangen. Du hast mir viel gegeben u. mir mein Los sehr erleichtert u. ich erkenne wiederum Deine Liebe u. Wohltätigkeit. Ich bin jetzt auf längere Zeit mit Mitteln versehen u. darf sozusagen ohne Sorgen wieder atmen. Auch danke ich Dir für Deinen Neujahrswunsch; möge Gott, daß uns dieses Jahr wieder so frohe Stunden bringe, wie wir im letzten verlebten. Es werden auch trübe Tage wieder kommen, aber wir sollen u. müssen doch stehen u. nicht zurückschrecken vor denselben. Wir müssen ja alle in der Hoffnung auf Besseres leben u. ein Mutiger, der etwas zu erringen sucht, hofft darauf u. diese Hoffnung wird zur Liebe u. diese Liebe ist die Triebkraft, welche in uns das Ewige fördert. Ich teile Dir nur mit, wie ich denke u. wovon ich schwärme. Ich liebe, was ich gelehrt wurde, u. die Früchte, d. h. die praktischen Erfolge, die ich dadurch empfangen habe, u. bin gestärkt, wenn ich auch hier in diesen Mauern mein Inneres vernehme. Nun genug, ich bin jetzt zufriedener u. gestärkter u. Gott stärke u. behüte mich in schwachen Tagen.

Lieber Bruder Daniel! Die Wäsche, die ich von Keisers geholt habe, ist zwar nicht mehr neu, aber doch noch gut zu gebrauchen; es ist eine Unterhose u. 4 Manschetten. Die Unterhose ist zum Theil schon geflickt u. blöde, ich bin Dir aber von Herzen dankbar, wenn ich dieselbe behalten darf. Wenn sie noch stärker u. neuer gewesen wäre, so hätte ich Dir dieselbe gewiß geschickt. Mit der Bitte, mir nichts übel zu nehmen, schließe ich mein Schreiben in dankbarer u. edlen

---

34   mit Bleistift oberhalb von 1886 geschrieben: „7?"

Gesinnung.

Es grüßt Dich Dein treuer Bruder

Noah.

Auch viele Grüße von meinem Bruder Adam.

Kempten, den 3. Januar 1886.

Lieber Bruder Daniel!

Wir danken Dir herzlich für deinen letzten Brief vom 30.Dezember in welchem Du uns um Rat bittest. Johannes hat im Geiste nachgefragt, hat aber bis jetzt noch kein Resultat erhalten können. Kommt es wirklich dazu, daß sich die Theosophische Gesellschaft in diesem Namen auflöst, glauben wir, daß unter diesen Mitgliedern einige sind, die diesen oder jenen Namen vorschlagen werden u. sollte es wirklich sein, daß ihr keinen passenden findet, so kannst Du, wenn es gewiß ist daß die Gesellschaft beieinander bleibt, immerhin Dich noch einmal an uns wenden in dieser Beziehung.

Wir danken Dir herzlich für alles Geschenkte im alten Jahre. Wir freuen uns herzlich deiner Freundschaft und Liebe u. übersenden Dir hiermit unsere Photographien als ein kleines Neujahrsgeschenk, wir konnten dieselben nicht eher schikken, denn wir erhielten sie erst heute.

Herzliche Grüße von uns allen.

Salomonus und Johannes.

Noah.

Kempten, den 6. 1. 86.

Lieber Bruder Daniel!

Wir haben in der Eile vergessen, Dir im letzten Briefe zu berichten, daß auch der Graf u. Hartmann u. die Gräfin unsere Photographien erhalten haben. Du kannst die Photographien zeigen wem Du willst, dies tut gar nichts zur Sache.

Aber nur eines bitten wir Dich, über die Verhältnisse der Theosophischen Gesellschaft, so dieselbe erhalten bleibt, wenn auch unter einem andern Namen, uns das Nähere, wie es sich gestaltet, mitzuteilen. Auch möchten wir die Mitglieder gewarnt wissen durch dich, nicht alles, was ein Mensch durch seinen Eigenwillen u. Kunstgriffe u. alle derartigen Erscheinungen, wie sie durch die Frau Blavatsky hervorgebracht wurden, für rein geistige zu halten; denn das wahre Geistige, wie es im Fortschritt des Gesetzes liegt, ist ganz anderer Art. Des Geistes Kundgebung ist ein stilles u. heiliges Wehen, ein Empfinden lebendiger Gefühle an dem eigenen Körper u. in allen anderen inneren Sinnen geheiligte Wahrheit. Die wahre geistige Kraft läßt sich nicht gebrauchen, um andere Menschen durch Lärm oder Geräusch von außen an sich zu fesseln. Und sollte daher ein Mitglied unter euch kommen und solche Manipulationen ausführen, so schreibt es nicht dem rein Göttlichen zu, denn nur im heiligen u. stillen Lauschen können wir das Göttliche wahrnehmen. Vertraue dich daher auch dem höchsten Gott d.h. der Urkraft des Lebens an. Legt es, wie wir sagen, in die Hand des Ewigen, daß er euch führe u. leite zur Unsterblichkeit.

> Herzlich grüßen wir Dich
> Johannes u. Salomonus
> u. alle Übrigen im Bunde,   Noah.

Kempten, 8. 1. 1886.

Lieber Bruder Daniel!

Auf Dr. Hartmanns Verlangen in der gegenwärtigen theosophischen Angelegenheit wurde eine Sitzung von Salomon gehalten. Da hier überhaupt für die ganze Gesellschaft geredet wurde, so glauben wir dir ein Gefallen zu erweisen, wenn wir dir im Vertrauen diese Schrift zusenden. Wir wünschen aber, daß du niemandem gegenüber in dieser Beziehung eine Äußerung tust, und es nur für dich behältst. Sollte Dr Hartmann die Schrift dir mitteilen, so tue nicht dergleichen, ob du es schon wüßtest; es ist leicht möglich, denn er hat uns bereits mitgeteilt, daß er sich sehr gut mit dir vereinbaren könne. So ihr euch zu einer neuen Gesellschaft vereinigt, so schlage du als Präsident den Namen vor: „Gesellschaft zum Licht."

Nun folgt die Sitzung wortgetreu, durch Salomon geredet: „Ich bin das Alpha und das Omega und gebe euch kund, daß ich sehe euer Treiben u. Handeln. Es sind welche unter euch, deren Tun mir missfällt. Ihr die ihr die Wahrheit suchet, ich sage euch, daß die Kinder des Lichts nicht die Menschenehre suchen, noch sich verteidigen vor der Welt; die Welt hat das Ihrige lieb; und Du, Emanuel[35], du Schwacher, dir sei übergeben zu prüfen. Zum Zeugnis der Wahrheit sage ich dir: richte ein Schreiben an die Tochter Evas u. frage sie: Wünschst du, daß ich dich verteidige? So sie antwortet „ja verteidige mich" so wisse, daß sie im äußeren Vorhof arbeitet, der vom Heiligtum getrennt ist. Daran sollst du erkennen, daß sie nicht ein Kind des Lichtes, sondern ein Kind des Verführers ist. Antwortet sie dir: „Nein, verteidige mich nicht", dann sollst du erkennen, daß ein Lichtstrahl aus dem Heiligthum in sie gedrungen ist; dann sollst du Kraft deines Namens zur Waffe greifen und sie verteidigen.

Das soll das Zeichen für euch sein, und eine Richtschnur, daß ihr handelt nach Gesetz und Kunst. Ist das Erstere euch überlassen, ist das Zweite euch gegeben. Ihr sollt kein krankes Glied an eurem Körper dulden, denn der ganze Körper leidet; streift solches ab, vereinigt euch zu einem neuen Bündnis und holt den Namen aus dem Unsterblichen des Lichts. Dies, Emanuel, ist euch allen gegeben: zu prüfen, um gerecht zu

35 „Emanuel" war der Geistname von Franz Hartmann.

werden in eurem Urteil. An euch alle noch ein Wort, die ihr nach Wahrheit sucht, sie aber bis jetzt nicht gefunden habt.

Wenn ihr nicht befolgt die an euch gerichteten Worte der Wahrheit, werdet ihr geläutert werden durch meine Rechte. So spricht der Herr: „Ich will euch führen durch Irrthum, und ein Chaos euch bereiten, aus welchem ihr erst spät erkennen sollt die Wahrheit des Lichts." Meinen Gruß an die Kämpfer für Recht u. Gerechtigkeit.

Herzlichen Gruß v. Johannes und Salomon und den übrigen des Bundes.[36]

Kempten, 24. 1. 86.

Burgstrasse V.60.

Lieber Bruder Daniel!

Vor allem danken wir Dir für das uns zugesandte Heft „Sphinx." Wir haben auch von Hartmann ein solches erhalten, jedoch hatten wir bis jetzt noch wenig Zeit, dieselben durchzulesen u. können vorderhand noch kein Urteil darüber fällen.

Auch teilen wir Dir mit, daß uns Prof. Sellin geschrieben hat u. uns das Schicksal der Theosophischen Gesellschaft mitgeteilt hat. Ich weiß nicht, ob Du Dich noch erinnern

---

36 Hartmann schilderte (1884) seine Sicht der Ereignisse in Adyar: Hartmann, M.D., F.T.S; Report of Observations made during a nine month's stay at the Head-Quarter of the Theosophical Society at Adyar (Madras), India. Madras,1884. -- Fünfzehn Jahre später vertrat Franz Hartmann eine gegensätzliche Version der Ereignisse: Hartmann, Franz; Wahrheit und Dichtung. Die Theosophische Gesellschaft und der „Wunderschrank von Adyar." Erlebnisse von F.H. Als Manuskript gedruckt. Leipzig 1899. Siehe auch: Khandalvala, N.D.: Dr. Heinrich Hensoldt's Alpdrücken. In: Psychische Studien. XXXIII. Jahrgang, 8.Heft (August 1906) S. 475-484

kannst, daß Johannes, als Du bei uns warst, in höherem Zustande zu Dir sagte: Die Theos. Gesellschaft wird zusammenfallen, was sich jetzt herausstellt. Zwar ist es ja kein Unglück. Unter solchen Umständen, wie sie uns bekannt geworden sind, hätte sie nie ihren wahren Zweck erfüllt. Wir halten es unsererseits für euer Glück, denn eure ganze Aufmerksamkeit hat diese indische Gesellschaft in Anspruch genommen, so daß ihr keine Zeit für euch selbst verwenden konntet. Wir wissen, daß ihr so Mühe genug gehabt habt zum praktischen Vorwärtsschreiten, was doch die Hauptsache für jeden einzelnen ist u. was den Zweck eines festen Zusammenhaltens einer Gesellschaft bildet. Wir hoffen, daß Du jetzt Zeit zur Übung finden wirst u. Gottessegen aus ihr Dir erwachse.

Und darum laß Dich von der äußeren Arbeit, die hauptsächlich diese neue Monatsschrift Dir gibt, nicht ganz betäuben für Dein Inneres. Nütze die Zeit weise u. teile sie klug ein, dass Dir auch Zeit zur praktischen Arbeit bleibt. Denn durch die praktische Arbeit kommt man zur Selbsterkenntnis u. durch diese zur Gotteserkenntnis, u. nur so ist es möglich, die Pforte der ewigen Wahrheit in sich zu eröffnen und so den neuen Menschen zu bilden, welcher den neuen Himmel schauen wird, in dem die ungetrübte Wahrheit zu schauen ist in höherem geistigen Sein in diesem Leben.

Herzlich grüßen Dich
Johannes u. Salomonus
u alle Dir Bekannten im Bunde. Noah.

Kempten, 19. 2. 1886.

Lieber Bruder Daniel!

Es freut uns herzlich, daß du uns wieder einmal einige Zeilen zusandtest, noch mehr erfreut uns deine Absicht auf eine Woche zu uns zu kommen. Groß und klein bei uns wird dich mit Herzlichkeit empfangen. Indem ich nun auf den eigentlichen Sinn deines Briefes übergehe, muß ich vor allem erwähnen, daß wir H. Professor Sellin zur Genüge kennen gelernt haben. Bei ihm gilt wirklich das Sprichwort, „je gelehrter desto verkehrter." Auch Salomon griff er wie Johannes in einem Briefe auf das Schändlichste an; bald meint er in demselben, wir seien vom Sauerteig des Pfaffentums durchdrungen, und dann wieder, wir würden von Elementargeistern beeinflußt, und dergleichen verschiedenes dummes Zeug noch mehr. Wir haben ihm zu verstehen gegeben, daß wir uns nicht um Worte herumstreiten, wie es seine Absicht zu sein scheint. Hernach schrieb er uns wieder einen ordentlichen Brief, versprach sogar im Laufe des nächsten Sommers nach Kempten zu kommen, um sich mündlich mit uns zu verständigen. Es wäre ein großer Geist in ihm, aber der rechthaberische Professor will seine Krone nicht verlieren. Wir haben Geduld mit ihm, bis jetzt hat er noch nicht das Geringste im Geistigen errungen.

Vielleicht wird er noch ruhiger, wir wollen zusehen. Die Ansicht, die er dir gegenüber aufstellt, ist eine grundfalsche, denn alle Menschen sind Sünder, u. Gerade um der Sünde willen muß der Mensch sich aufraffen und nach dem Guten streben. Sobald er anfängt, Gutes zu denken, hört er auf, ein schlechter Mensch zu sein; äußerlich sind wir verkehrt und sündhaft nach der Welt. Der innere Mensch aber steht im Himmel; wenn wir also Gutes denken, so ziehen wir die Kräfte des himmlischen Menschen an uns, auch wenn wir in Bezug auf den äußeren Menschen in Leidenschaften stehen. Die Leidenschaften sind ja die Triebkräfte, die den verständigen Menschen zum Ringen nach dem Guten antreiben. Wir sind gewiß auch große Sünder und zwar darum, weil wir wissen, was wir zu tun hätten, es in unsrer Schwachheit aber nicht vollbringen können. Derentwegen hört aber der göttliche Geist in uns nicht auf zu wirken, sondern wir empfangen durch die ewige Liebe Gottes immer neue praktische

Vorgänge und Fortschritte tieferer Erkenntnis.

Lieber Bruder Daniel, deine Ansichten sind ganz richtig u. wahrheitsgemäß nach dem Geiste. Wenn ein Mensch zu Mitteln greift, um Geister zu höherem Licht zu bringen, und dabei nur diese gute Absicht hat ohne materielles Interesse, so hat er nach göttlichem, geistigem Gesetz recht gehandelt und die Welt in ihrer Verkehrtheit mag einen solchen Menschen wohl an den Pranger stellen; jedoch vor einem vernünftigen, mit höherer Erkenntnis ausgestatteten Menschen wird es keinen Missklang hervorbringen. Jetzt zu dir selbst, lieber Bruder. Laß dich von niemandem beeinflussen und abbringen von dem einmal betretenen Geistesweg, denn es liegt in dir die Fähigkeit, es zu Höherem zu bringen. Darum bleibe standhaft und glaube ohne Zweifel. Ich habe auch für dich eine neue Übung vom Geiste erhalten, die gegenwärtig für dich notwendig ist.

Unterlasse die vorhergehende und übe von jetzt an: "Ich stehe fest." Im Übrigen vergiss nicht, daß Übung den Meister macht. Auch hatte ich ein Gesicht von dir ungefähr vor 3 Wochen. Wenn es dich interessiert, so werde ich es dir in einem nächsten Brief mitteilen. Ich schließe mit herzlichem Gruß und Gottes Segen auf deiner Bahn.

Johannes in Liebe, Führer.

Es grüßen dich alle Brüder und Schwestern im Bunde.

Kempten, 23. 2. 1886.

Lieber Bruder Daniel!

Deinen letzten Brief haben wir erhalten. Ich habe über die Angelegenheit, die Krankheit deiner Pflegeschwester betreffend, im Geistigen nachgesehen. Es wurde mir im Gesichte ein Mittel gezeigt, welches Ihr gute Dienste tun würde, wenn sie es im Glauben annehmen will. Sie sollte nämlich ein gewöhnliches Moos aus einem Tannenwald herbeischaffen und ungefähr so viel, wie sie mit 3 Fingerspitzen dreimal fassen kann, in ein weißes Tuch legen, dann zunähen, hernach an ein Band befestigen, um den Hals hängen, so daß dasselbe mitten auf das bloße Herz zu liegen kommt, dasselbe 3 mal 7 Tage tragen. Hernach soll sie es nehmen und ins Feuer werfen oder sonst an einen Ort tun, wo es schnell zu der Fäulnis übergeht. Dann soll sie wieder ein frisches Tuch wie oben angegeben anfüllen und das gleiche tun, so wird sie die Folgen der Besserung an ihrem Körper spüren. Wenn sie es im Glauben tut, wird es ihr gewiß Linderung bringen. Wenn sie dies nicht anwenden will, so weiß ich ihr kein besseres Mittel zu geben.

Das Gesicht betreffend, das ich von dir sah, will ich deinem Verlangen gemäß es dir mitteilen u. auch erklären, obwohl es nicht ganz zu deinen Gunsten ausfällt. Ich sah dich nämlich in der freien Gottesnatur auf einer Ruhebank sitzen wie solche in Anlagen angebracht sind, den Rücken gegen mich gekehrt. Rings umher war ein sehr trüber Nebel, so daß man bereits nichts sehen konnte als nur Dunkelheit. Du hattest ein sogenanntes Fernglas in der Hand, hobst es empor zu den Augen und sahst so in Dunkelheit und Nebel hinein, jedoch schien bald deine Mühe, etwas zu sehen, vergeblich zu sein. Dann sprangst du von deinem Sitze auf, ergriffst einen Hammer, wie ihn z.B. die Schmiede haben zum Schmieden,u währenddessen verwandelte sich die ganze Umgebung zu einem schwarzen, düsteren Kerker. Im Hintergrund war eine eiserne Türe voller Rost. Auf diese sprangst du zu, hobst diesen gewaltigen Hammer empor und schlugst auf das Schloss dieser Türe fünf mal nacheinander, jedoch jeder Streich, den du führtest, war schwächer als der erste und zweite. Als du sahst, daß die Türe sich nicht öffnete, ließest du, matt und müde, den Hammer aus den Händen fallen, wanktest nur so hin und her gleich einem Menschen, der ohnmächtig werden will. Hernach löste sich die ganze Vision in Nebel auf. Dies Gesicht Dir schriftlich ganz genau zu erklären, ist mir eine Unmöglichkeit.

Nur so viel will ich dir erwähnen, daß Zweifel erstens gegen uns und zweitens an dir selbst vieles dazu beigetragen haben mag, denn sobald ein Glied dieses Bundes mir den Rücken kehrt, ist es nicht Eins mit dem Geiste im Glauben und Vertrauen. Es mag auch die Angelegenheit der Theosophischen Gesellschaft viel dazu beigetragen haben, denn in solch einer Situation will man gerne jegliches Vertrauen verlieren.

Lieber Bruder! Da du doch beschlossen hast, bald nach Kempten zu kommen, so behalte ich es mir vor, Dir dieses Gesicht mündlich ganz genau zu erklären und zum Verständnis zu bringen. Du selbst bist doch so weit geistig entwickelt, dass, wenn du es recht überdenkst, dir manches klar darin wird. Du bist so eng geistig mit mir verbunden, dass, wenn du in einem entfernten Land wärst, dein Zustand mir von Zeit zu Zeit offenbar werden würde.

Es grüßt dich Johannes in Liebe
nebst den übrigen im Bunde.

Die Gnade Gottes walte ferner über Dir. Verzeihe, ich habe in der Eile den Briefbogen verkehrt herum genommen und geschrieben.

Kempten, den 14. März 1886

Lieber Bruder Daniel!

Unsern herzlichen Dank für die Zusendung der Monatsschrift Sphinx II. Heft. Der Inhalt des 1.Heftes[37] hat uns gut

---

37 Sphinx I,1 Januar 1886 enthält unter anderem:
    Carl du Prel; Monistische Seelenlehre S. 1-10
    C.W. Sellin; Spiritismus und Wissenschaft in Deutschland S. 11-25

gefallen. Die monistische Seelenlehre von Carl du Prel ist sehr gut abgefasst. Auch die Abhandlung «Spiritismus und Wissenschaft» ist ziemlich gut abgefasst, dennoch nicht ganz in Einklang mit der positiven Mehrheit. Die Abhandlung vom «Lebens-Elixier» von Morad Ali Beg ist trefflich verfaßt, jedoch gibt es noch etwas anderes, nämlich einen Naturprozess, aus welchem durch natürliche Arbeit ein Lebens-Elixir bereitet werden kann, welches zur Gesundheit des Menschen dient, u. ein Geheimnis der Rosenkreuzer ist, besonders der wahren Adepten. Dieses Geheimnis ist der Menschheit noch vorenthalten bis zu einer gewissen Zeit, die nur Gott bekannt ist. Die übrigen Abhandlungen sind alle belehrend und müssen praktisch ausgeübt werden, denn ohne Praxis ist nichts vollkommen zu erkennen. Man muß den Baum von der Wurzel bis zur Krone kennen lernen, dann erst ist man sicher, der Wahrheit auf den Grund zu kommen. Auch das II.Heft hat uns sehr gut gefallen, jedoch auf das Einzelne einzugehen finden wir nicht für nötig, da Du uns ja doch, wie wir hoffen, bald persönlich beehren wirst.

Um weiterem Irrtum das Gesicht betreffend vorzubeugen: Es soll rein seelisch genommen werden, nicht nach dem Äußeren; denn der Mensch kann oft dem Geist den Rücken zukehren, ohne daß er im äußeren Leben die geringste Ahnung davon hat, gerade so, wie man unbekannte Sünden hat, von denen man überhaupt nichts weiß. Mit der Vergangenheit hatte dieses Gesicht durchaus nichts zu schaffen.

Wenn Du persönlich zu uns kommst, wie wir ja hoffen dürfen, so werden wir mündlich bald diese Sache klar erklärt haben. Darum noch einmal ganz herzlichen Dank. Auf baldiges

Wiedersehen!

Salomonus und Johannes

Morad Ali Beg (Pseudonym); Das Lebens-Elixier S. 55-67

herzliche Grüße von uns allen im Bunde.

Kempten, 11. April 86.

Lieber Bruder Daniel!l

Vor allem noch einmal herzlichen Dank für Deinen Besuch vorigen Monat u. ich melde Dir gehorsamst, daß der menschenquälende hämische Knebelbart bereits schon vor vierzehn Tagen zum Opfer gefallen ist! Du hast das Verdienst, daß alle sagen, ich sehe um 10 Jahre jünger aus.

Nun aber möchte ich zum ernsteren übergehen. Deine beigelegte Antwort im vorhergehenden Brief zu der Frage: <u>was ist geistiger Wille</u>?[38] ist nicht zutreffend. Jedoch weil du darüber nachgedacht hast, so will ich Dir es aufschließen. Der Geisteswille ist die <u>Liebe</u>, u. In der Erkenntnislehre bei uns steht geschrieben: die Liebe eines Weibes führt uns zum Ziel.[39] Also ist der Wille das Weib u. die Liebe der Wille.

Im geistigen Ehestand in uns ist der Mann der Verstand u. das Weib der Wille, u. im äußeren Leben ist das Letztere ebenfalls im gewöhnlichen Ehestand. Denn wisse, in uns ist das Gebärende u. das Zeugende, darum heißt man es Mann u. Weib. Diese zwei Kräfte, so sie lebendig gemacht sind, wirken zusammen u. bilden den neuen Menschen in uns, der da hört wo nichts zu hören ist, der da sieht desgleichen, riecht u. schmeckt wo nichts solches vorhanden ist; darum bezeichnet man es mit dem Wort „innerer Sinn."

Lieber Bruder, auf noch etwas will ich Dich aufmerksam machen. Du hast mir nämlich bei unserem Beisammensein die Aufgabe gelöst: wo ist der Sitz des natürlichen Ich's? und hast es auch in der richtigen Kraft gefunden: im Selbstbewusstsein.

38 Unterstrichen von Hübbe-Schleiden, auch am Rand angestrichen.
39 In Abschnitt 19 der "Seelenlehre" ist es so formuliert:
„Die Liebe des Weibes führt uns zum Ziel;
und dieses Weib ist unser äußeres Ich,
und dieses Ich ist unsere Ehre (d.h. guter Wille)."

Abbildung 9: Alois Mailänder um 1885

Jedoch, daß Du in diesem Punkt zur vollen Klarheit kommst, so lege ich Dir die Frage vor: <u>Was ist Gott für eine Kraft im Selbstbewußtsein des Menschen?</u>[40] Wenn Du wieder einmal schreibest, so hoffe ich, daß Du mir Letzteres beantworten mögest. Und dann hab ich noch eine Frage, die Dir sehr not tut, daß Du sie erkennen möchtest, sie heißt: <u>Suche Gott als Urkraft in Dir!</u> Aus all dem kannst Du sehen, lieber

---

40 Ebenfalls von Hübbe-Schleiden angestrichen

Bruder, daß ich Dich fördern will in der Selbsterkenntnis-Lehre; das heißt, so es Dein eigener Wille ist, so werde ich Dich auf diesem Feld weiter unterrichten u. belehren.

Unser Freund Hartmann ist vergangene Woche am Freitag von uns abgereist, um dem Verlangen der Frau Blavatsky zu entsprechen und von ihr persönlich Abschied zu nehmen. Er wird im Laufe der nächsten Woche wieder in München eintreffen u. dann auf Ostern wieder bei uns in Kempten sein. Im Übrigen, wenn es Deine Zeit erlaubt, wäre es mir sehr lieb, wenn Du uns wieder einmal schreiben würdest, falls Du etwas weißt von Deiner Pflegeschwester, wie es ihr ergeht in der Gesundheit, so teile dies uns bitte mit.

Ich grüße Dich herzlich im Geiste
Jesu Christi, dessen Wort uns lebendig macht.
Johannes in Liebe.
Herzliche Grüße von allen Dir Bekannten
im Bunde der Verheißung.

Kempten, 9. V. 86.

Lieber Bruder Daniel!

Aus Deinem Brief vom 1.Mai haben wir mit Freuden ersehen, daß Du bald zu uns nach Kempten kommen willst. Wir haben bis jetzt noch keinen Gebrauch von Deinem Zeitungsinserat gemacht, um es ausschreiben zu lassen. Denn sowohl Herr Böck, wie auch alle bei uns sind in Tätigkeit, um etwas Gewünschtes für Dich zu erfragen. Sobald wir etwas Entsprechendes für Dich aufgetrieben haben, werden wir Dir berichten; treiben wir nichts Gewünschtes auf, so können wir es in den letzten zwei Wochen immer noch in die Zeitung geben. Von einem Klavier können wir Abstand nehmen, da Frau Egli ein solches von ihrer Tochter her noch frei zur Verfügung hat. Was die Fragen u, Antworten zum Geistigen anbelangt, so wollen wir dies uns des besseren Verständnisses willen auf mündlich ersparen. Auch eine Übung hab ich Dir zu geben: gib die vorhergehende auf u. übe von jetzt an: „Ich suche wahre Menschenwürde in mir."

Da soeben Gäste eingetroffen sind, nämlich Frau Gebhard von Elberfeld in Begleitung einer Engländerin,[41] haben wir wenig Zeit.

Nimm fürlieb mit dem Mitgeteilten bis auf weiteres.

Viele Grüße von allen im Bunde

In Liebe Johannes.

Kempten, den 23.Mai 1886.

Lieber Bruder Daniel!

Mit Freuden kann ich Dir mitteilen, daß es unseren Frauen gelungen ist, Dir ein ganz gewünschtes Zimmer zu finden; nämlich auf den Höfen gegen Lenzfried ungefähr leichte 20 Minuten von uns entfernt in einem prachtvollen Bauernhof oder sozusagen Herrenhaus. Mit der schönsten Aussicht links gegen das Gebirge, rechts übersiehst Du das ganze Illertal u. geradeaus den Hügelzug von Marienberg u. du bist nur ungefähr 5 Minuten von den sogenannten Römerausgrabungen entfernt. Du bekommst ein schönes großes Eckzimmer mit allem Komfort ausgestattet, geräumig u. groß, mit Sofa, und einigen Tischen, austapeziert u. noch verschiedenen Bequemlichkeiten. Auch ist für die leibliche Notwendigkeit für Dich gesorgt: Du bekommst alle Tage 2 mal frische Milch, gute Butter, Eier u. überhaupt alles, was Du brauchst. Auch ist ein eigener Knabe da, der täglich 2-3 mal in die Stadt kommt, Dir also die Briefe herein und hinausnimmt u. die Hausleute, Herr u. Frau, haben einen guten Ruf und werden gelobt. Der Mietpreis ist monatlich 10 M., zehn Mark. Hier habe ich Dir nun alles berichtet u. eine große Freude würdest Du uns bereiten, wenn Du demnächst schreiben würdest, ob

41 EINE Engländerin (Gräfin von Wachtmeister): Also war Helena Blavatsky nicht dabei!

Du diese Sache annehmen willst u. wann Du gedenkst zu kommen. Noch eine Bitte hätte ich an Dich: Du weißt, daß wir Dich als einen wahrheitsgetreuen Mann ansehen, u. darum wäre es uns sehr lieb, wenn Du uns im nächsten Brief Bericht abstatten möchtest, wie es der Madame Gebhard sowie der Frau Gräfin Wachtmeister bei uns gefallen hat.

Viele herzliche Grüße von uns allen, auf ein recht baldiges Wiedersehen! Dein Dir in Liebe ergebener

Johannes.

Kempten, 25.5.1886

Lieber Bruder Daniel!

Herzlichen Dank für Deinen werthen Brief, und besonders daß Du erkenst die Wahrheit der Führung, die dich sicherlich mit Deiner eigenen Kraftanstrengung zum erwünschten Resultate führt; aber mir gebührt am aller wenigsten Dank, denn ich bin nur ein Knecht des Geistes und gebe, was mir derselbe zu geben heißt.

Lieber Freund! Derentwegen laß ich diesen Brief schreiben, weil auf offener Karte folgende Erklärung nicht gut auszuführen wäre, nämlich deine Hauptfrage betreffend.

Wir haben auf die Frage dieser beiden Damen über den Standpunkt der indisch theosophischen Gesellschaft uns ihnen gegenüber geäußert, dass sie sehr gut wäre, wenn die Mitglieder derselben in das Praktische eintreten könnten; weil aber die Sache so steht, sagten wir ihnen, daß sie gar keinen Zweck hat, den höchstens einige wenige wissen etwas, erkennen aber gar nichts; anders wäre es, wennMäner aufständen, die praktisch entwickelt und geistig zur Führung berufen sind; was aber leider nicht der Fall ist. Frau Gebhard meinte nämlich, man sollte aufs neue eine solche theosophische Gesellschaft bilden, in welcher ich und Salomonus mitwirken sollten, worauf wir uns aber für diese Ehre bedankten, indem wir sehr gut wissen, daß die Zeit noch nicht für uns gekommen ist, öffentlich mit Erfolg zu wirken. Auf unsere Erklärung hin sah sie es auch ein, und ließ diesen Plan wieder fallen, denn wir wirken vorderhand nur auf den einzelen Wahrheitssuchenden, denn unsre Sache ist ein Bund der Verheißung. Nur, wer sich uns anschließt, und durch die Führung auf praktischem Weg sich selbst die innere Pforte eröffnet, ist nämlich ein Glied der großen Kette, die diesen Bund umschließt, nämlich der Verheißung.

Wir haben Rücksprache genommen bei deinem zukünftigen Hausherrn; du kannst kommen wann du willst, das Zimmer wird dir reserviert, doch komme, sobald Du kannst, denn jetzt ist es im Allgäu sehr schön. Du hast in der Nähe zehn Minuten von deiner Wohnung zwei kleine Wälder, in deren Tannengeruch du dich stärken und erquicken kannst, was großen Vorteil bringt zum geistigen Fortentwickeln, sowie in gleicher Entfernung einen kleinen See mit einem Wasser, wo du dich unentgeltlich zu jeder Tageszeit nach Herzenslust baden kannst.

Auch bitten wir dich: schicke uns eine Karte wenigstens einen Tag vor deiner Ankunft, damit man es deinen Hausleuten sagen kann, und zugleich daß man dich abholen kann; am liebsten wäre es uns wenn du zu Mittag um 1 Uhr kämst. Mittags bei uns essen, nachmittags deine Wohnung einsehen und abends bei uns zubringen.

Mit vielen herzlichen Grüßen von uns allen
im Bunde

In Liebe Johannes

Zusatz:

Ich kann mir gar nichts anderes denken, als daß diese Damen dir einen neckischen Bären aufbinden wollten, da sie sich ärgern, daß du aus dieser I. Th Gesellschaft[42] ausgetreten bist, denn was sie da zu dir sagten, ist von uns nicht gesagt worden, denn wir haben über diese Gesellschaft noch die gleiche Ansicht wie im vorigen Jahr.

Noah. Schreiber

Brief von G.B.Finch, 8.August 1886

Von G.B. Finch[43]

Ich bin hier an der See mit meiner Familie auf 4 Wochen und muß nahezu alle meine Zeit meiner Frau und meinen Kindern widmen. Bisweilen aber komme ich von ihnen weg und bestrebe mich, meine Gedanken ganz auf das zu lenken, was Mailänder mir vorgeschrieben hat. Ich glaube, daß dies meiner Gesundheit sehr genützt hat.

Was aber den Geist betrifft, so kann ich nicht sehr zuversichtlich sprechen. Ich meine allerdings, daß er meinen Willen gekräftigt hat; im übrigen aber habe ich sehr viel geistige Unruhe gehabt, scharfe geistige Kämpfe. Wenn der „Erlöser" je zu mir kommen würde und mir seine segensreiche Nähe kund tun würde, so daß sein (Bewußtsein) Sinn mein Herz erfüllen würde, dann würde ich einen sicheren Führer und ein Licht haben, aber selbst während ich dies schreibe, bin ich nicht sicher, daß mein Herz schon in Wahrheit bereitet ist. Ich strebe nach Erkenntnis, nach geistiger Erkenntnis, Weisheit; dabei aber bietet sich mir die folgende schwierige Frage:

Wenn ich z.B. Astronomie (Sternkunde) studiere, wie sie in der Schule der Wissenschaft gelehrt wird, beobachte ich Erscheinungen, die sich meinen Sinnen darbieten und dies führt mich zur Erkenntnis von Gesetzen, die sich meinem Geiste (Verstand) vorstellen. Ebenso ist es mit chemischen oder elektrischen Erscheinungen. Diese letzteren veranlassen mich

42 Indischen Theosophische Gesellschaft
43 Abschrift, eventuell übersetzt von Hübbe-Schleiden.

einen Autor anzunehmen, der die Sphäre ist, in der sich alle Kraft-Erscheinungen offenbaren. Damit führt uns die Wissenschaft schon vom sinnlichen in das Übersinnliche hinein, und auf diesem Wege erlange auch ich eine Masse von von Erkenntnis, welche meine Gedanken beschäftigt; und diese Masse von Erkenntnis kann ich hoffen auf diese Weise auszudehnen. Wenn ich nun aber meinen Geist auf einen Gedanken zusammenfasse, wie ihn mir unser lieber Freund vorgeschrieben hat, steigt in mir die Frage auf, was wird die Folge davon sein? Wird das Ergebnis davon ein besseres, höheres, mehr befriedigendes für meinen Geist sein, als jene Erkenntnis des Verstandes? Wird es etwas sein, das für mich mehr ergibt, zunächst jene andere gewisse Erkenntnis und dann noch etwas mehr? Und ist dies etwa auch eine Quelle eben solcher zuversichtlichen Erkenntnis? Wir sind nun einmal von Gott in diese Welt gesetzt, damit wir in derselben leben sollen: sollen wir denn nicht auch dieselbe studieren und erforschen oder sollen wir diese Welt ganz unbeachtet und unberücksichtigt lassen?

Fragen wie diese, steigen in meinen Gedanken auf. Mein Herz sagt mir daß göttliche Weisheit der einzig und allein würdige Gegenstand des Strebens ist, mein Verstand (Geist) aber führt mir die obigen Gedanken vor; und nun möchte ich diesen Widerstreit gelöst und entschieden sehen. Ich meine es sollte Einheit im Menschen herrschen. Geist (Verstand) und Herz sollten mir eine und dieselbe Musik machen (Harmonie).

Gib unseren guten Freunden im Bunde meine herzlichsten Grüße

Euer aufrichtiger
(gez) G.B. Finch

Kempten, den 9. August 1886.

Abends.

Lieber Bruder Daniel!

Ich setze Dich in Eile in Kenntnis, daß Herr Arthur Gebhard bereits sechs Tage in unserem Kreise weilt u. wir täglich Dich erwarten, denn Herr Gebhard sagt uns nämlich, daß er vielleicht unverhofft schnell abreisen müsse. Und darum möchte ich recht gerne, daß Du so schnell wie möglich in unseren Kreis zurückkehren möchtest, um persönlich noch mit Herrn Gebhard sprechen zu können. Denn es wäre ihm sehr lieb, mit Dir noch bekannt zu werden.

Übrigens ist er ein Glied unseres Bundes u. hat eine große Mission zu vollbringen im Bunde der Verheißung, die er auch erkannt hat u. mit Gottes Hilfe verwirklichen wird.

Mit herzlichem Gruß
in Liebe, Johannes.

in aller Eile geschrieben.

Kempten, 18.X.86

Lieber Bruder Daniel!

Vor allem herzlichen Dank für Deinen lieben Brief, sowie auch für die beigelegten Briefmarken. Es freut mich herzlich, daß Du mit dieser Gesellschaft in München gut fertig geworden bist, sowie auch, daß Deine Gesundheit besser geworden ist als damals hier bei uns.

Ich selbst möchte gerne arbeiten, bin jedoch noch viel zu schwach; es geht mir allerdings etwas besser; jedoch erst seit drei Tagen habe ich wieder etwas Appetit zum Essen. Ich bin auch noch stark behaftet mit Schwindel im Kopf, Stechen in den inneren Organen und hauptsächlich noch stark mit Blutauswurf.

Dr. Hartmann sagt mir, daß wenn ich mich zu stark aufregen oder anstrengen würde, so würde es unbedingt für mich einen Rückfall geben, bei dem ich wochenlang arbeitsunfähig bleiben würde. Ich wollte diesen Montag das Arbeiten wieder probieren, überzeugte mich aber selbst, daß es mit dem besten Willen noch nicht geht. Denn das Daheimsitzen bin ich gar nicht gewohnt. Mit Lesen kann ich mich nicht viel beschäftigen wegen Kopfschwindel u. seit Du fort bist, habe ich niemanden, an den ich mich so recht anschließen könnte, denn mit Hartmann kann ich nicht viel anfangen, denn seine Natur ist überhaupt zu kalt u. zu lieblos. Er hat mir von Bullingers nicht viel berichten können. Er war allerdings dort, hat aber nur zu Bullinger verlangt, worauf ihm die Frau erklärte, daß man niemand zu ihm lassen dürfe wegen der Aufregung da er sehr schwer krank sei. Die Frau Bullinger hat er weiter nicht gefragt u. folglich konnte er auch nichts näheres erfahren. Hartmann bestand im übrigen auf seinem Verlangen mit der Erkenntnislehre; er erklärte mir, daß er demnächst abreisen wolle, zuerst nach Schweden oder England, wo er eingeladen sei, u. dann nach Amerika, um seinen ärztlichen Beruf wieder aufzunehmen. Ich für meinen Teil will ihn durchaus nicht aufhalten u. habe ihm bereits die ersten Teile der Dir bekannten Lehre[44] gegeben zum Abschreiben. Er sagt, er verstehe sie ganz gut u. sie gefalle ihm auch gut. Ersteres glaube ich zwar nicht gern, da mir aber das Reden so weh tut bin ich sehr froh, wenn ich ihm nichts auseinandersetzen muss.

Lieber Bruder, ich wünsche es Dir recht von Herzen, daß Du in deiner alten Wohnung in München leichter mit der Übung vorwärtskommen kannst u. ich will Dir einen neuen Schlüssel in die Hand geben! Höre deshalb mit der vorigen Übung auf u. übe von jetzt an: „Dein ist das Reich."

Ich wünsche Dir von Herzen Gottes Segen u. offenbaren

---

44 gemeint ist die „Seelenlehre"

Erfolg im Praktisch-Geistigen; u. ich danke Dir noch einmal herzlich für alles Gute, das Du an mir u. an uns allen getan hast. Der Herr lohne es Dir. Solltest Du Herrn Dr. Göhring einmal schreiben, so grüße ihn herzlich von mir u. auch an seine Mutter sowie auch Grüße von uns allen. Und wenn es Deine Zeit erlaubt, im Laufe dieser Woche noch einmal zu schreiben, so sei auch so gut u. berichte mir, wie es mit Graf Leiningen geht. Solltest Du über Bullinger genauere Berichte erhalten, so bin ich Dir von vornherein dankbar, wenn Du es uns auch wissen lässt.

Zum Thema Hartmann: wegen der Liste mit den Gliedern dieses Bundes, die er Bullinger gegeben hat. Ich bin durchaus nicht einverstanden damit, daß er sie von ihm zurückfordern will. Ich glaube, wenn man diese Liste von Bullinger fordert, wird sie ihnen ganz wichtig u. sie geben sie erst recht nicht heraus. Ich glaube, es wäre klüger, man wäre einfach still, dann hat diese Sache auch für Bullingers keinen großen Wert. Übrigens war es eine sehr große Dummheit von Hartmann, daß er dies ohne jeglichen Auftrag getan hat. Mir selbst ist es noch nie eingefallen, daß ich da jedem unter uns sagen wollte mit welchen Menschen wir in Verbindung stehen. Jedoch zum Glück sind Herr v. Hoffmann, Dr. Göhring, Frl.v. Salomé[45] u. Leiningen nicht darin verzeichnet, sowie auch Finch nicht.

Ich schließe mit herzlichen Grüßen
in Liebe u. Dankbarkeit
Johannes
herzliche Grüße von allen Dir Bekannten im Bunde.

Kempten, 21. 10. 1886.

Lieber Bruder Daniel!

Vor allem meinen innigsten Dank für dein Bemühen, mein

---

45 Göring brachte im Herbst 1886 Lou von Salomé (1861-1937) nach Kempten mit; später ließ sie über ihn noch Grüße ausrichten.

materielles Los betreffend. Ich habe die 30 M. von meiner neuen Wohltäterin durch deine Vermittlung bereits erhalten; es ist nur meine Bitte, der Herr möge es dieser edlen Frau zurückerstatten mit geistigen Gaben. Sollte sie wirklich in den nächsten Tagen an mich schreiben, so werde ich ihr selbst schriftlich danken, auch bitte ich dich, daß du ihr in meinem Namen Dank sagen möchtest.

Lieber Bruder! Was mein körperliches Befinden anbelangt, kann ich dir Gottlob von einer Besserung berichten. Der Blutauswurf ist nicht mehr vorhanden, auch der Hustenreiz hat bedeutend abgenommen, mein ganzes eigentliches Leiden ist ausnahmsweise Schwäche, aber ich habe den festen Glauben, daß ich bald wieder zur Arbeit fähig werde. Ich habe deinem Wunsche gemäß im Geistigen in vollem Ernste angefragt, u. es sagte mir, "sei ruhig und zufrieden, du wirst vollständig wieder die Gesundheit erlangen", einen Arzt zu Rate ziehen, sagt es mir, sei ein unnötiges Ding. Ich kann daher in der ganzen Angelegenheit nichts Besseres tun, als auf den Herrn vertrauen u. so viel wie möglich glauben. Auch setzte es mich in Erstaunen, die Großmut des Herrn von Hoffmann, mit welcher er sich mir zu helfen anbietet. Ich hoffe aber mit Gottes Hilfe, daß ich wirklich keinen Gebrauch davon machen muss, denn wenn ich arbeiten kann, und in 14 Tagen ungefähr 25, 26 oder 27 M. verdiene so komme ich immer ordentlich durch mit meiner Frau. Sollte ich aber in diesem jetzigen Geschäft wegen dem Ungesundsein und sonstiger Strenge nicht mehr weitermachen können, so sage ich Dir zu deiner Beruhigung, daß ich mich dann entschließen werde, wegzugehen und vielleicht in einem anderen Geschäft, wo es leichter ist, arbeiten werde. Ich würde allerdings etwas weniger verdienen, aber mit Gottes Hilfe wird es auch wieder gehen.

Lieber Bruder! Das wieder nach Kempten Ziehen würde ich dir nicht raten; wie gerne ich dich in meiner Nähe habe, so bin ich doch überzeugt, daß deine Gegenwart in München ganz notwendig ist, schon um unserer neuen Freundin willen, deren Bild uns allen recht gut gefallen hat; besonders finde ich in den Zügen sowie im Auge eine Denkerin. Das ist eben das Notwendige, was der Mensch sein soll, um sich geistig zu entwickeln.

Zum Schluß möchte ich noch bemerken, daß Hartmann nie die Stelle an meiner Seite einnehmen kann so wie Du, denn erstens fehlt es an ihm; er kann nicht mit wahrer Liebe mir entgegentreten, und zweitens fehlt es an mir, ich kann diesem Mann kein wahres Vertrauen schenken, und außerdem ist dieser Mann ein wahres Schmerzenskind für uns, und ich denke, auch für seine Verwandten.

L. Bruder! Während ich dieses diktiere, erhalte ich von der Frau Gräfin Spreti einen Brief, worin Sie mir anzeigt, daß auch sie eine Gabe für mich abgesendet habe, was ich zuerst Gott, und dann Deiner Vermittlung zu verdanken habe; es ist mir ein großer Trost, diese Hilfe, und dient mir zur Beruhigung, dass ich doch keine Sorgen haben muss für das materielle Durchkommen. Darum danke ich Dir noch einmal recht von ganzem Herzen für alles Gute, was Du mir und uns allen schon getan hast. Ich schließe mit herzlichen Grüßen von allen dir Bekannten im Bunde. In Liebe und Dankbarkeit

Johannes

Kempten, 27. 10. 1886

Mein lieber Daniel!

Habe herzlichen Dank für deinen lieben Brief aus weiter Ferne. Mit Bedauern haben wir den so raschen Todesfall deines geehrten Herrn Vaters vernommen, jedoch bin ich überzeugt, daß du vom geistigen Standpunkt aus nicht wie ein gewöhnlicher Mensch dich dem Schmerze hingibst, denn wir wissen ja, daß das Sterben nur ein höheres Erwachen ist

im geistigen Sinn; möge dem Verblichenen die Erde leicht
sein. Ich kann dir einen Vorfall nicht unerwähnt lassen, der
mir am 26ten abends zwischen 8 und 9 widerfuhr: Als ich so
im Bette lag, dachte ich an dich und an die Aufregungen und
Unruhen, die neuerdings durch diesen Todesfall auf dich
hereinstürmen, und zugleich beschloß ich in meinem Inneren
noch ein Vaterunser für deinen verstorbenen Vater zu beten,
worauf ich wieder in andere Gedanken verfiel und das Gebet
ganz wieder vergaß. Dann bekam ich Schlaf und Müdigkeit,
wollte mich zurecht legen zum Schlafen, konnte aber zu
keiner Ruhe kommen; ich wußte gar nicht, was mir fehlt; zu-
letzt fiel mir plötzlich das versprochene Gebet ein für den
Verstorbenen, ich wurde wieder ganz wach, fing dann das
Vaterunser zu beten an; als ich so bereits in der Mitte desselben war, hörte ich innersinnlich einen Hahn ganz langsam
austönend rufen oder krähen. Ich verwunderte mich sehr
darüber, denn in einem Gebet für Verstorbene ist mir so
etwas noch nie vorgekommen, ich glaube aus allem dir zum
Troste sagen zu dürfen, daß der Verblichene in die Liebe
Gottes eingegangen ist. Bemerken möchte ich noch, daß ich
den Hahnenschrei innersinnlich seit mehreren Jahren nicht
mehr wahrgenommen habe.

Lieber Bruder! Mir geht es Gott sei Dank jeden Tag etwas
besser, wenn ich nicht noch einmal durch Fieber einen Rückfall bekomme, so glaube ich, daß ich in kurzer Zeit vollständig wieder gesund bin. Viel habe ich dabei dir zu verdanken,
denn durch deinen Einfluß auf unsere Freunde wurden mir
die Mittel gegeben, daß ich kräftig essen und trinken kann; es
kommt mich freilich etwas teuer, aber ich komme dadurch
wieder zur Kraft. Besonders möchte ich dir mitteilen, daß mir
die Frau Gräfin Spreti 10 Mk übersandte; durch Vermittlung
des Herrn Franz Gebhard, wurde mir durch dessen Mutter 50
Mk übersandt. Ich sage dir herzlich vergelts Gott, denn ich
muß sagen: nur durch deine Mühe und deinen Einfluß
bekomme ich dies alles. Ich möchte dir noch mitteilen, von

Hartmann: Er möchte täglich mit mir spazieren gehen, jedoch ich mag seine Gesellschaft nicht, gehe meine eigenen Wege; um mein materielles Durchkommen hat er noch gar nie gefragt; die Frau Spranger[46] sagte ungefähr vor 14 Tagen zu mir, sie könne mir gar nichts geben, als wie eine Gute Besserung wünschen. Wenn du, und alle anderen so gedacht hätten, wie diese zwei, dann wäre es mir schlecht gegangen. Unsere neue Freundin, Frau Lachner,[47] hat bis jetzt noch nicht an mich geschrieben, ich selbst bin mir nicht klar, was ich tun soll. Im übrigen ist es mein Entschluß, in meinem alten Geschäft wieder anzufangen, sobald ich ganz hergestellt bin; wenn es mir zu streng wird, so werde ich kündigen, um in Ordnung auszutreten; ich kann am Feilberg bei Hohl jederzeit leichtere Arbeit bekommen.

An Dich, lieber Freund, möchte ich genau so gut dringend die Ermahnung richten, dich nicht ganz aufzureiben mit Kopfarbeit, sondern schone dich soviel wie möglich, schon um des geistigen Fortschrittes willen. Solltest du eines guten Rates bedürfen, so werde ich dir, soweit meine geistigen Kräfte reichen, beistehen. Schone mich nicht, wenn du etwas derartiges hast, wie ich dir bereits gesagt habe, ich bin bedeutend auf dem Wege der Besserung, alle deine Vorschläge, welche du mir im vorhergehenden Brief gemacht hast, nehme ich dankend an so ich ihrer bedarf. Ich schließe noch einmal vielmals dankend für alles Gute, was du an mir und uns allen getan hast Der Herr segne es dir. Mit herzlichen Grüßen von allen dir Bekannten im Bunde

In dankbarer Liebe
Johannes.

46 Frau Spranger: Die Halbschwester von Franz Hartmann, die in Kempten lebte. Franz Hartmann wohnte vermutlich die ganze Zeit bei ihr, als er in Kempten weilte, falls er nicht in München bei seiner anderen Schwester Gräfin von Spreti war.
47 Unbekannte Person

Herzliche Grüße an alle uns Unbekannten in deinem Kreise, die nach uns fragen. Auch einen herzlichen Gruß an den
Vater des Bundes[48] Herrn Sellin.

Brief von Nikolaus Gabele - Kempten, 5. Nov. 86.

Lieber Bruder Daniel!

Ich mache Dir in Eile Mitteilung von meinem Schicksals-
wechsel.

Als ich am Samstag, den 30.Okt. Meinen Abschied von der
Fabrik nahm, in der ich bisher beschäftigt gewesen, kam am
gleichen Tage der ehrenwerte Antrag von Franz Gebhard an
mich u. Johannes, sogleich zu ihm zu kommen u. Arbeit bei
ihm zu nehmen, da er für uns bessere Stellen mit mehr Lohn
und mehr Ruhe habe und die Umzugskosten selbst trage. Ich
hätte wohl auf dem Feilberg in Arbeit treten können, da aber
von Franz Gebhard dieser Antrag kam,nahm ich ihn an sowie
auch Johannes, nur mit dem Unterschied, daß ich nächste
Woche schon mit Frau und Kindern die Reise nach meinem
neuen Heim antrete u. Johannes, welcher noch nicht ganz
gesund, jedoch alle Tage die Besserung verspürt, erst nach
einigen Wochen, vielleicht auch später mir folgen wird indem
er noch an das Geschäft durch Kündigung gebunden ist.

Wir hätten Dir schon längst Nachricht gebracht, Johannes
wartete aber Tag für Tag auf einen Brief von Dir. Es wäre mir
sehr lieb, wenn auch Du Deine Ansicht über meinen Schritt
mir kund tun würdest. Ich rufe Dir von Kempten aus noch
ein herzliches Lebewohl zu u. hoffe, Dich an meinem neuen

48   Infrage kommen möglicherweise zwei Personen unter dem Namen
      „Sellin": Den **Vater**, der hier „Vater des Bundes" genannt wird und
      der Mailänder wohlwollend oder gar sympathisch gegenüber stand,
      und den **Theologen** Carl Adolph Franz Friedrich Wilhelm Sellin
      (1833-1910), dem „Professor", der Mailänder und Gabele einmal
      „beschimpft" hat.

Bestimmungsorte begrüßen zu können.

Ich danke Dir aus vollem Herzen für die Wohltaten, die ich von Dir empfangen habe.

In Liebe

Dein dankbarer

Salomon.

Wir grüßen Dich alle als Brüder und Schwestern im Bunde der Verheißung.

Brief von Noah – Kempten, 5. November 1886

Lieber Freund und Bruder Daniel!

Dies ist wahrscheinlich der letzte Brief von meiner Hand geschrieben, und ich fühle mich verpflichtet. Dir meinen herzlichen Dank für Deine Liebenswürdigkeit und deine Wohltaten auszusprechen. Denn morgen schon, den 6 .November, bin ich hinter Kasernenmauern. Indem ich hoffe, daß Du meiner nicht vergessen wirst und bleibe ich

Dein treuer Bruder

Noah.

Kempten, den 11. Nov. 1886

Mein lieber Bruder Daniel!

Habe herzlichen Dank für Deinen lieben Brief vom 5. dieses Monats, sowie auch für den an Nikolaus gerichteten. Ich hoffe, daß es Dir wieder besser geht und Deine Verletzung am Kinn keine weiteren bösen Folgen haben möge; auch mir geht es täglich besser, die tägliche Bewegung an der frischen Luft schlägt bei mir sehr gut an u. wenn es so fort geht, werde ich die nächste Woche am Montag die Arbeit wieder aufnehmen. Gründlich gesund bin ich freilich noch nicht, jedoch will ich die Arbeit in der Aktienfabrik wieder aufnehmen. Wenn es dann nicht geht, kann ich ja immer wieder aussetzen.

Für deinen Vorschlag, nach München zu ziehen, danke ich Dir herzlich, aber zur Ausführung wird es nicht kommen, umso weniger, da ich entschlossen bin, wenn es dem Nikolaus bei Herrn Gebhard gefällt, bis Januar nächsten Jahres, so es Gottes Wille ist, selbst hin zu übersiedeln u. da wäre eine solche Reise zuerst nach München ganz unnütz. Nikolaus mit seiner Familie ist heute um 10 nach Elberfeld abgereist. Ich hätte Dir schon bälder auf Deinen Brief geantwortet, aber die Vorbereitung zu dieser Reise, sowie die Trennung hat mir den Kopf sehr schwer gemacht u. noch kann ich nicht behaupten, daß ich in meiner normalen Ruhe bin.

Was Deine Übungen anbelangt ist es ganz recht, wenn Du beide ausüben kannst, u. ich glaube fest, daß Du immer mehr in das Innersinnliche eindringen wirst, wenn Du die Sache auch verschieben willst bis nach dem Tod, so gebe ich Dir zur Antwort: sterben im Fleischkörper bringt hervor, daß die Toten auferstehen. Diese Worte sind zwar etwas schwer zu fassen, aber dennoch klar.

Lieber Bruder! Nicht Du, aber die Kraft Daniels, die in Dir immer mehr lebendig wird so Du fleißig übst, wird das Innersinnliche zum Leben erwecken in Dir. Darum habe keinen Augenblick Zweifel, daß Du in diesem Leben zu Wahrnehmungen kommen wirst, denn die Liebe Gottes ist größer als es der Mensch fassen kann; denn jeder Mensch steht in Gottes Liebe so lange Gott ihm das Leben läßt; aber nicht alle Menschen stehen in der Gnade der Erwählung. Der Mensch aber, dem die Hand durch die Liebe Gottes gereicht wird, kann sich selbst ein Erlöser werden in seinem elementaren Körper. Doch genug davon.

Nimm vorlieb mit dem, was ich Dir diesmal mitteile; ich

bin noch gar nicht in der richtigen Verfassung u. viel zu verstreut. Ich schließe mit vielen Grüssen an Dich und Deine Freunde in Hamburg, besonders an unseren Vater, Professor Sellin.

In dankbarer Liebe,
Johannes.
Schreiber: Bruder vom Haus Namens Karl.
Es grüßt Dich auch herzlich Caroline u. Gregor.

Kempten, den 21. Nov. 1886

Mein lieber Bruder Daniel!
Ich habe deinen lieben Brief erhalten und ersehe leider daraus, daß Du immer noch leidend bist. Es tut mir umso mehr leid, da ich Dich recht gern näher bei mir hätte. Ich wünsche Dir von Herzen baldige Genesung. Was mich selbst anbelangt, so habe ich bereits wieder angefangen, in der Fabrik zu arbeiten seit acht Tagen. Ich habe noch etwas Nachwehen, kleine Schmerzen, aber im großen Ganzen fühle ich mich ziemlich gesund. Am nächsten Samstag kann ich gesetzlich kündigen und dann bis in einer Wochen auf den heiligen Geistabend bekomme ich meinen Abstand in der Fabrik. Nach den ersten Weihnachtstagen gedenke ich von hier abzureisen u. das Neu-Jahr schon bei Gabeles Familie zu verbringen, so es Gottes Wille ist.

Lieber Bruder! Auf dem Weg der Unsterblichkeit geht es langsam voran. Der liebe Gott prüft uns. Das eine Mal bekommen wir Wohltaten u. das andere Mal werden wir gezüchtigt. Sei wohl getrost, ich weiß, daß mit der Zeit, wenn Du ausharrst, das innere Leben sich Dir immer mehr aufschließen wird. Die ersten zwei, drei Jahre sind schwere Schuljahre, jedoch hat das Gefühl innersinnlich einmal Wurzel gefasst in uns, so können wir wachend träumen. Habe also guten Mut, vertraue auf Gott, er ist der wahre Helfer in äußerlichen Leiden u. im innerlichen Vorwärtsschreiten. Unterlasse Deine bisherigen zwei Übungen, u. übe von jetzt an I: Ich in der Liebe.[49] Diese Übung soll zweierlei Zweck haben, erstens das Innere mehr kräftigen u. Dein äußeres Leiden vom Kinn zur Besserung fördern, so Du nur ein klein wenig zu glauben vermagst. Vom Nikolaus weiß ich noch gar nichts bis jetzt, als daß er glücklich in Vohwinkel angekommen ist u. liebreich von Herrn Gebhard aufgenommen wurde. Zugleich hat ihm derselbe einen Lohn angeboten, mit dem er ordentlich auskommen kann.

Hier leg ich Dir einen Brief bei, den mir Hans aus der Kaserne zusandte, denn er selbst darf die nächsten vier Wochen noch nicht heraus. Auch Arthur hat mir schon einige Briefe von New York zugesandt. In dem ersten Brief erwähnte er Dich, und weil Du daran ein gewisses Interesse hast, lege ichs Dir bei.

Wir wünschen dir alle eine baldige Genesung u. vielleicht haben wir das Glück, so es in Gottes Wille liegt, Dich noch einmal zu sprechen, bevor wir abreisen. Auch die Gräfin Spreti sowie Graf Leiningen werden noch hierher kommen. Ich schließe mit herzlichen Grüßen von uns allen die wir noch beisammen sind.

Dein in dankbarer Liebe ergebener

Johannes.

Auch ich, der Schreiber, grüsse Sie herzlichst als geistiger Mitbruder im Bunde
Adam   Karl Ebner.
und wünsche Ihnen eine baldige gute Besserung.

Beilage

Ich sehe aus der September Nummer der Sphinx, daß HS

49 Unterstrichen von Hübbe-Schleiden

sich in dem Blatt ganz dem Hypnotismus und Mesmerismus, also den psychischen Studien, widmen will. Gott sei Dank. Nun bekommt das Blatt endlich Charakter. Laß er nur die Theosophy weg, sonst geht er gegen das Gebot: Du sollst die Perlen etc.

Kempten, den 4. Dez.1886.

Lieber Bruder Daniel!

Ich Danke Dir herzlich für Deinen lieben Brief. Es freut mich immer, etwas von Dir zu hören. Gott sei Dank, daß es Dir wieder besser geht. Es scheint, im Ausgang dieses alten Jahres fühlst du Unruhe u. Aufregung über Dich kommen. Doch ich weiß, daß Du stark bist nach dem inneren Menschen u. mutig alles überwindest. Zum Troste kann ich Dir von mir berichten, daß ich wieder ziemlich gesund bin; freilich hab ich noch kleine Nachwehen, jedoch das Ärgste ist überwunden, denn ich setze mir zu mit guter Nahrung u. etwas Wein, damit ich wieder vollständig zur Kraft komme. An meiner Übersiedlung nach Vohwinkel darfst du nicht mehr zweifeln, denn wir treffen bereits Anstalten zum Einpacken u. in den ersten Tagen nach Weihnachten werden wir von hier abreisen. Ich kann nichts verspielen, sondern nur gewinnen: ein erträglicheres Los.

Dein liebes Anerbieten nehme ich gerne an, denn ich habe sehr viele Auslagen u. kann eine Hilfe recht gut brauchen, darum bitte ich Dich, sei so gut und schicke mir an Geld nach Deinem eigenen Gutdünken u. freiem Willen. Ich danke Dir im voraus herzlich dafür. Ich kann wohl arbeiten, aber nicht mehr so streng; u. gegenwärtig ist die schlimmste Zeit, man kann nicht viel verdienen in der Weberei, wegen der langen Arbeit bei künstlichem Licht. Lieber Bruder, dem Nikolaus gehts sehr gut, er hat bloß eine elfstündige Arbeitszeit, u. einen Wochenlohn von 21 M. Er schreibt mir, dass er ganz gut mit seiner Familie auskommen kann. Es wurde ihm ein Platz angewiesen, den er leicht versehen kann u. auch die ganze Familie Gebhard habe ihn sehr freundlich aufgenommen. Die Lebensmittel, schreibt er mir, seien insgesamt gerechnet so billig wie hier, nur die Wohnungen seien teurer, denn in Rheinpreußen sei es Brauch, daß jeder Wohnungsmieter den Herd und Ofen selbst herbeischaffen muß, was jedem Fremden, der hinzieht, Kosten verursacht von ungefähr von 70 - 80 M. Ich selbst bekomme eine Wohnung neben dem Nikolaus, gerade wie wir hier wohnen, muß aber den Ofen u. Herd auch selbst anschaffen. Nikolaus hat wegen mir mit Herrn Franz Gebhard geredet, wegen einem leichten Platz; dann habe er gesagt, er wolle mir schon ein Plätzlein aussehen, dem ich vorstehen könne, u. ich danke Gott, daß er mich erlöst aus dieser Fabrik hier, denn in diesem Gestank, schlechter Luft u. großem Staub müßte ich zugrunde gehen.

Von Neuigkeit weiß ich Dir zu berichten, dass Bullinger in der Irrenanstalt Kaufbeuren ist als Tobsüchtiger. Die Ärzte erklären ihn für unheilbar, er leide an der Gehirnerweichung. Die Frau Scherupp ist von ihrer Narrheit wieder etwas geheilt worden; nach vielen Irrfahrten ist sie wieder zu mir gekommen u. hat ihre Dummheiten bitter bereut. Auch läßt sie Dich um Verzeihung bitten für alles Schimpfen, das sie über Dich gebracht hat. Und der Hartmann, seit er mir die Erkenntnislehre abgepresst hat, versteht sie in der Eile nicht und ist vielmehr der größere Ochs als zuvor, den kann man nirgends brauchen. Ich selbst gab die Hoffnung an ihn auf. Von Mister Finch hast Du mir schon lange nichts mehr berichtet.

[Auf den oberen Rand geschrieben:]

Mit vielen Grüßen von allen, in dankbarer Liebe,
Dein ergebener <u>Johannes</u>.

Kempten, den 14. Dez. 1886.

Mein lieber Bruder Daniel!

Ich habe am 13. dieses Monats die hundert Mark von Leipzig aus empfangen. Ich danke Dir vielmals für dein Bemühen und für alles Gute, das Du an mir und an uns allen schon getan hast. Über die Adresse, die Du nicht anerkennst, kann ich Dir wenig Auskunft geben. Ich weiß nur, daß Vohwinkel die Bahn- u. Poststation ist, der Ort aber, in dem Nikolaus wohnt, ist zehn Minuten von Vohwinkel entfernt u. heißt Grotenbeck; dieses legt aber nicht an der Bahn und hat auch keine Poststation und doch soll es ein selbständiger Ort sein. Ich habe Dir die Adresse so schreiben lassen wie ich selbst sie erhalten habe von Gabele. Ich schicke alle Briefe unter dieser Adresse an ihn u. er bekommt jeden ganz sicher.

N.N. bei Herrn Almenräder
Grotenbeck. Sonnborn
Vohwinkel Rhein - Preußen.

Ich glaube, wenn ich selbst an Ort u. Stelle bin, läßt sich diese Adresse abkürzen, aber vorderhand kann ich keine bessere Auskunft geben, darum, Alter, sei mit mir zufrieden.

Da die Zeit dahin geht bis ich einen Brief nach Amsterdam senden könnte, glaube ich, daß Herr von Hoffmann bereits wieder in Leipzig ist. Ich werde die nächsten Tage ihm meinen Dank sagen, den Brief aber nach Leipzig schicken.

Lieber Daniel, ich heiße der Gräfin Spreti gegenüber den Hartmann nur „den Bären" und sie versteht mich ganz gut. In der letzten Zeit wirft er sich ganz in die Arme der Hebamme Blavatsky. Seine ganze Arbeit ist, Experimente machen mit einem alten Weibe auf der Rottach bei Kempten; die muß die Briefe,[50] die er von Blavatsky erhält, prüfen, in den Händen,

---

50   es handelte sich vermutlich um „Meisterbriefe," die Hartmann auf diese Weise durch ein Medium prüfen lassen wollte.

auf den Augen usw. Was diese ihm dann von der Wirkung sagt, das schreibt er nach Ostende und dann freut man sich auf beiden Seiten der Wunder, die da geschehen. Ich danke Gott, daß er mich von diesem Menschen erlöst, denn da ist jede Mühe und Arbeit vergebens. Er ist alles und weiß alles u. will aber auch mit eigenem Fleiß ein Ochs bleiben, denn wisse: in der Geistessprache ist der Ochs das Tier des Unglaubens u. der Dummheit.

Ich schließe und danke Dir noch einmal herzlich. So meine Wünsche zur Kraft werden, mit geistigem Fortschritt segne Dich Jehova, das ist der größte Adept, wenn er offenbar wird in uns. Darum: ausharren! lieber Bruder Daniel u. fest stehen im Glauben! Das soll des Geistigen Bundes Präsidenten Losungswort sein. In dankbarer Liebe! Dein ergebener Johannes.

Herzliche Grüße von Judith, Elias, Adam, auch einen Gruß von Noah u. herzlichen Dank für deinen lieben Brief; und er sehe vollkommen ein, daß Du recht hast findet sich [...]

[Kempten] ca 20. Dez 86

Mein lieber Daniel!

Es tut mir herzlich leid, Dich schon wieder belästigen zu müssen, aber durch die Vergesslichkeit meines früheren Schreibers Noah wurde die Adresse an Herrn von Hoffmann nicht in meinem Adressbuch eingetragen. Ich kann den Brief also nicht nach Leipzig adressieren u. darum sende ich ihn zu Dir und bitte Dich: besorge Du ihn. Sei auch so gut, wenn Du mir wieder schreibst, so setze mir die Adresse von Herrn von Hoffmann aus Leipzig bei. Mit herzlichem Gruß, Dein

<u>Johannes</u>

Kempten, 25. Dezember 1886

Mein lieber Bruder Daniel!

Habe meinen herzlichen Dank für dein mir zugesandtes Bild. Es gefällt mir sehr gut, denn es drückt den ernsten Denker aus. Sobald man anfängt zu denken, wirkt der innere Mensch auf den ganzen äußeren Körper. Denn Dein alltägliches Gesicht im gewöhnlichen Leben drückt dieses Bild nicht aus; aber der innere Mensch erhält das Gepräge u. sucht von außen sich zu verwirklichen. Übrigens werde ich es in meiner neuen Heimat als Zimmerzierde aufstellen u. Deiner im Geiste recht oft gedenken.

Lieber Bruder! Meine Stunden hier sind gezählt, denn am Mittwoch werden wir abreisen; es ist eine wunderbare Vorsehung, wie Gott, der Herr, die Schicksale des Menschen bestimmt.

Das hier folgende ist Einiges aus dem Leben von Johannes vielleicht findest Du Interesse

Ungefähr vor zehn Jahren am Palmsonntag, als es unter den Menschen gefeiert wird: Hosanna in der Höhe, dem, der da kommt im Namen des Herrn! Als Christus in Jerusalem einzog, wurde ich durch Salomonis Wort auf diesen geistigen Weg gerufen, von dem ich nichts wissen wollte u. nichts glaubte. Da ich aber immer das Recht, Gerechtigkeit u. wahren Glauben suchte, so hatte ich einen furchtbaren Kampf mit mir selbst. Auf der einen Seite wollte ich das Wahre, auf der anderen Seite konnte ich nicht glauben, dass durch den damaligen Gabele, der willenlos mich berief, die Wahrheit geredet wurde. /: den Namen Salomonus erhielt er erst als ich selbst mich überwunden hatte u. durch Gottes ewige Gnade Führer im Geiste wurde :/

Siehe, mein lieber Daniel, ich rede vom Herzen zu Dir wie zu keinem in diesem Bunde. Aber Du darfst mir glauben, daß ich Wahrheit rede, denn die Lüge im Geistigen ist mir ein Greuel; ich will dir hier nur andeuten, daß dieser innersinnliche Weg so lange ist u. bleibt, wie ein Geist im Fleischkörper eingeschlossen ist.

Und jetzt, nach zehn mühevollen Jahren des Kampfes, wiederum in der Zeit, in der die Christenheit das Fest des Messias-Erlösers feiert, ists die Hand des Herrn, die Rechte seiner wunderbaren Macht, die mich wachruft aus dem Winterschlaf u. mir zuwinkt in das Land eines neuen Friedens zu gehen indem mir eine Erlösung wird aus dem bisherigen schweren Kreuz. Nicht, daß Du glaubst, ich schwärme! Ich weiß recht gut, dass das Kreuz des Menschen Unterlage ist. Kein Geschöpf auf dieser Erde kann ohne dasselbe leben, denn der Schöpfer bildete aus Weisheit sein Geschöpf zum Kreuze. Mach die Probe an Dir selbst u. strecke Deine Arme aus, so wirst Du finden, was ich Dir sagte.[51]

Ich hätte Dir noch so vieles zu sagen von den <u>Kroneruhestunden,</u> aber, mein lieber Bruder verzeihe mir wenn ich sage: Du kannst es noch nicht ertragen, doch ich habe während dieser Zeit neue Schätze gesammelt; Fortsetzungen von dem, was ich Dir bereits schon als Anfang gegeben habe u. auch Du sollst es von mir wieder haben mit der Zeit. Doch warum, Daniel, fällst Du immer in Zweifel und gibst immer den Zweifeln neuen Raum? Siehe, ich, Johannes, fordere starke Geister u. in Dir thront ein solcher. Aber Du selbst willst ihn des Thrones berauben mit der Zweifelsucht an Dir selbst; höre doch auf, auf dich selbst zu vertrauen! Vertraue auf Deinen Schöpfer, der ist's, der den Menschen erzeugt; u. jetzt ruf ich Dir ein Lebewohl zu u. was ich hier geredet habe, nimm nicht an als ein Gelehrter, sondern als ein natürlicher Mensch. Mit herzlichen Grüßen von Juditha, Elias u. in dankbarer Liebe

---

51 Auf den oberen Rand der Seite ist geschrieben:
Auch ein geistiges neues Jahr.

Dein Johannes.

Heute bin ich frei gewesen u. habe zu meiner Freude den Brief selbst geschrieben. Ich werde Dir in den nächsten Tagen auch schreiben. Es grüßt Dich

herzlich Noah.

Kempten, 26. Dez. 1886 – Brief von Noah

Lieber Bruder Daniel![52]

Deinen lieben Brief habe ich erhalten u. danke Dir für die guten Lehren, die Du mir darin gegeben, sowie auch für die ermutigenden u. ermunternden Worte desselben. Deine Worte kamen zur rechten Zeit, denn ich war seither immer ohne Humor, ja fast traurig u. sehr gedrückt. Dieses Gedrücktsein schreibe ich aber den Einflüssen der Elemente zu, welche in diesen Kasernen Räumen haften, u. nun auf mein Ich einwirken, das sich stets mit Innersinnlichem beschäftigt hat und auch noch beschäftigt, so gut es eben geht. Daher auch das Gebannt Sein. Ich mußte, um mich freier bewegen zu können, diesen Bann von mir schütteln u. dazu hat mir Deine Belehrung geholfen u. mich gestärkt. Du hast recht, ein jeder Mensch muß seine harten Tage haben, um sich zu veredeln; diese sind gerade so notwendig als jene, in welchen er sein Inneres zu sich sprechen hört, oder sein Inneres sich ihm im Gesichte offenbart, oder im Gefühl oder Geruch u. Geschmack sich ihm kund tut u. in der Sprache der Natur zu ihm spricht.

Lieber Bruder! Ich bin froh für Deinen Brief, denn ich war ganz umfangen von den fremden Eindrücken; aber Du hast mich geweckt mit Deinen Worten u. ich kann nun diese widernatürlichen Kräfte eher von mir halten. Ich bin auch wieder bei meinem lieben Führer Johannes gewesen u. er hat

52 *Ein Brief von Noah (=Joh. Ebner, „Hans")*

mich auch gestärkt mit seinen belebenden u. aufweckenden Worten. Ich bin jetzt gestärkt u. kann mich freier bewegen in innersinnlicher, geistiger Beziehung.

Nun noch ein wenig vom Kasernenleben: ich bin von früh bis spät gehetzt von drei bis vier Abrichtern. Der eine knifft hinten, der andere stößt von vorne u. ein Schimpfen u. Kasernieren herrscht den ganzen Tag über bis in die Nacht. Dazu ist noch die Kost eine sehr schmale; alle Tage halb gesottenes Fleisch u. abends eine Suppe, welche nur Wasser ist. Es wäre besser, wenn man Mittel hätte, um zusetzen zu können. Aber wie es halt ist, es ist nicht jeder reich geboren u. die Armut tut weh. Der fühlt es am besten, der selbst arm ist u. dazu noch in einer solchen Lage. Du weißt, ich kann von meiner Familie nichts beanspruchen u. bin daher auf meine Kost beschränkt die ich Dir schon beschrieben habe. Es ist dies ein kleiner Auszug aus dem Soldatenleben, damit Du einen kleinen Begriff davon hast. Ich hoffe, daß ich vielleicht schon in zwei Jahren wie er frei bin u. daß meine Freunde, besonders Johannes u. Du, mich nicht verlassen noch vergessen in geistiger u. äusserer Beziehung. Jetzt erkenne ich, was mir meine Freunde sind, weil ich nicht mehr bei euch sein kann u. erkenne, wie es des Dankes bedarf u. ich danke auch, danke für jedes kleinste im Geistigen u. danke von ganzem Herzen für die kleinste Gabe im Äusseren, deren beider ich so notwendig bedarf. Habe nochmal herzlichen Dank für deine lieben Worte u. für all die Gaben, die ich von Dir schon empfangen habe.

 Es grüßt Dich
  dein treuer Bruder Noah

 Auch viele Grüße von Herrn und Frau Reiser. Ich bin gestern bei ihnen gewesen. Herr Reiser hat die Karoline in Kempten getroffen u. ihr gesagt, es seien noch eine Unterhose u. vier ganze Manschetten in dem Tisch gewesen u. man soll sie holen da er sie nicht wolle. Da hat mich denn die Karoline hinauf geschickt u. Herr Reiser hat es mir gegeben. Wenn Du es willst, so sei so freundlich, und benachrichtige mich, ich bin gerne bereit, es Dir zu schicken. Frau Reiser war sehr erstaunt, als ich ihr sagte, Deine Schwester sei auch verstorben. Dr. Göhring habe ihr geschrieben u. Grüße von Frl. von Salomé ausgerichtet. Sie sagt, Du mögest ihr noch einmal schreiben, sie sehne sich, von Dir zu hören oder Dich zu sehen. Nun habe ich Dir berichtet, was ich Dir berichten wollte u. bitte Dich meiner auch ferner zu gedenken. Herzliche Grüße von meinen Angehörigen, besonders von meinem Bruder Karl, Adam.

Nachtrag:
Ich wünsche Dir ein glückliches neues Jahr u. Fortschritte auf der geistigen Bahn in Deinem Wirken u. im Fortschritte Deines Selbsts.

Meine Adresse ist:

„Soldatenbrief" Eigene Angelegenheit des Empfängers

An
    Jäger Joh. Ebner
    beim 1. Jäger Baon 1. Comp.
    Kempten Bayern

Diese Briefe gehen frei.

Abbildung 10: Mailänder nach 1886

Im Jahr 1887

Brief von Nikolaus Gabele - Grotenbeck, 1. 1. 1887

Lieber Bruder Daniel!

Ich und meine Frau sowie die Kinder wünschen Dir ein segensreiches neues Jahr. Gott möge Dir das Licht seiner geistigen Sonne in Dir aufgehen lassen, hell und klar, damit du sehen mögest seine Vaters Huld und Gnade. Denn nur er allein kann dich lohnen für all das Gute, das du an uns getan und für die Liebe, die Du uns entgegengebracht hast. Gott segne auch deine geistige Arbeit. Nun kann ich Dir auch meine Freude kund tun, daß Johannes, Elias und Judith glücklich und wohlbehalten bei uns eingetroffen sind. Ein neues Leben beginnt wieder bei uns. Wir können nun wieder fröhliche Stunden feiern und uns im Geistigen gegenseitig stärken und erheben, vorwärtsschreiten in unserer geistigen Mission. Wir haben unseren Führer wieder bei uns und Du weißt wo Johannes ist. In der Nähe kommt neues Leben in den Menschen, dem es ernst ist, geistig sein Ziel, den Endzweck des Lebens, zu finden. Gott wird an uns seine Verheißung erfüllen, dessen bin ich überzeugt. Denn wir harren des Aufganges der neuen Geistessonne und erlösenden Kraft, die wir alle in uns fühlen. Gott segne Dein und unser Tun.

Lieber Bruder Daniel! Wenn Johannes von Zweifel spricht, meint er das Allgemeine. Welcher Mensch ist da, der nicht zweifelt an sich selbst und an der hohen Mission, die wir zu vollbringen haben u. an dem großen Werk, das Gott mit der Menschheit inbegriffen zu vollenden hat. Herzliche Grüße von uns allen Wiedervereinigten im Bunde,

Salomon.

Grotenbeck, 25. 1. 1887

Mein lieber Bruder Daniel,
Habe herzlichen Dank für deinen lieben Brief. Es hat mich herzlich gefreut, von Dir zu hören. Seit ich hier bin kann ich wirklich noch nicht viel berichten. Die mir angewiesene äußerliche Beschäftigung ist nur provisorisch; denn es wird erst eingerichtet und ich weiß selbst noch nicht, was ich eigentlich zu tun habe. Was den geistigen Kreis anbelangt – wenn du darunter uns selbst verstehst von Kempten – so geht es immer langsam vorwärts.

Was deine weiteren Fragen betrifft, ob ich Dich gesehen

hätte, muß ich Dir sagen: Nein. Übrigens bedauere ich sehr, daß Du nicht zur Ruhe kommen kannst und immerwährend aufs Neue gehindert bist am eigentlichen, wahren, geistigen Arbeiten! Jedoch glaube und hoffe ich, der liebe Gott wird auch Dir noch eine schönere Stätte bereiten und einen neuen Beruf, in dem Du Deinem eigenen unsterblichen Geiste dienen kannst und Deinen Nebenmenschen nützen und helfen, in Liebe. Die Frage bezüglich der Familie Gebhard, kann ich Dir berichten, daß die Frau Commerzienrätin sehr liebreich und gut gegen mich und uns alle ist, sowie auch der Herr Commerzienrat. Herr Franz Gebhard ist ein sehr gutmütiger Herr; ich fühle, wenn ich ihm in die Nähe komme, daß er es wirklich gut meint. Seine Frau habe ich noch nicht gekannt, als ich das erste mal in den Salon vom alten Herrn kam. Ich wurde ihr nicht vorgestellt und sie mir nicht, nachher hat mir erst Salomonus gesagt auf dem Heimweg, daß dieses die junge Frau von Franz sei. Übrigens hüllt sie sich ganz in Schweigen. Später habe ich sie noch einmal gesehen, aber nur flüchtig, als ich allein die alte Frau C.[53] besuchte. Noch einen Bruder namens Rudolf habe ich kennen gelernt, aber auch dieser hüllt sich ganz in Schweigen. Ich kann also kein Urteil über diese fällen. Auch die Tochter von der Frau C. habe ich kennen gelernt. Diese hat mir sehr gut gefallen. Aber geistig verkehre ich nur mit der Frau C. Die anderen haben sich bis jetzt nicht an mich gewandt und Du weißt, ich dränge mich niemandem auf. Jetzt weißt Du alles, was ich Dir berichten kann.

Wir leben in unserem engen Kreise in Grotenbeck wieder gemütlich zusammen und hätten nur den Wunsch, wenn es in Gottes Wille möglich wäre, daß Du zu uns kommen könntest. Im Übrigen wünschen wir Dir gute Gesundheit und Mut, um die Schwierigkeiten, die dir im Wege stehen, zu bekämpfen. Herzliche Grüße von uns allen, in dankbarer Liebe,

53 gemeint ist wohl „Frau Commerzienrätin"

Dein Johannes
umwenden!
Die einfachste u. genaueste
Adresse ist: A.M.

bei Herrn Almenräder

in Grotenbeck bei

Sonnborn

Rhein- Preußen

An den Stellen, wo Du Schmerzen hast, fahre mit den Spitzen der Finger abwärts streichend. Es wird besser werden.

Grotenbeck, 19. 2. 1887

Mein lieber Bruder Daniel!

Habe Dank für deinen innigen Gruß, welchen auch wir dir an deinem alten Bestimmungsort zurufen. Von unserem engen Kreise kann ich dir nur berichten, daß wir so weiter leben wie in Kempten, der Gregor ist auch mit mir hierher gezogen, hat aber in geschäftlicher Beziehung bis jetzt nichts besser gemacht. Ich selbst tue sehr hart und kann mich fast nicht in die neuen Verhältnisse gewöhnen; die Folge davon ist eine innere Unruhe, was mich sehr hindert im geistigen Vorwärtsschreiten. Auch kommt mich zeitweise Heimweh an nach Kempten; nur die Güte der Familie Gebhard ists, die mich in dieses Kohlenland fesseln kann. Es war doch viel schöner in der Nähe von den Allgäuer Bergen.

Lieber Daniel! Es ist wirklich wahr: Ich bin in die indische Theosophische Gesellschaft eingetreten, sowie auch Salomon, und zwar aus dem Grund, weil ich, sowie Salomon, uns ja schon längst überzeugend von dieser Lehre ausgesprochen haben. In der großen Hauptsache stimmt sie mit der unsrigen Lehre überein. Es gibt ja nur eine Wahrheit u. dieselbe ist Gott, um sie aber kennen zu lernen, muß man praktisch arbeiten und dieses lehrt uns Jesus Christus u. lehrt uns die indische Theosophie. Auch der Buddhistische Katechismus,[54] hat sehr viel beigetragen zu diesem Schritt. Auch habe ich in Amerika mehrere, die Glieder der indischen Gesellschaft sind und die sich viel lieber leiten u. führen lassen von mir, weil ich selbst Mitglied dieser Gesellschaft bin. Mein Grundsatz ist, alles zu prüfen und das Beste zu behalten, denn ich bin im Glauben ganz der Alte geblieben; aber vieles von der indischen Lehre ist Weisheit, und diese ist's, die ich anerkenne.

Ich glaube, daß du mich in diesem Punkt verstehst. Im weiteren kann ich dir noch berichten, daß Herr und Frau v. Hoffmann teils zu Gebhards und teils zu uns auf Besuch gekommen sind; ich habe sehr viel mit Ihnen geistig verkehrt. Herr v. Hoffmann sowie seine Frau sind uns gegenüber sehr liebreich gewesen, haben auch die Mühe nicht gescheut, bis in unsere Wohnung nach Grotenbeck heraus zu kommen. Habe nochmal meinen herzlichen Dank, daß Du trotz deiner vielen Arbeit die Mühe nicht scheust, von Zeit zu Zeit mir zu berichten, wie es dir geht.

> Mit herzlichen Grüßen von uns allen
> schließe ich in dankbarer Liebe
> Dein Johannes.

Schreibe die Adresse nie anders als wie wir sie dir beigelegt haben in der Karte wegen der Störung auf der Post.

Kempten, den 15. März 1887 – Brief von Noah

Lieber Freund Daniel!

Deiner stets eingedenk, fühle ich mich gedrungen, Dir

---

54 Sinnett, Alfred Percy; Esoteric Buddhism, London 1883. Deutsche Übersetzung: Die esoterische Lehre oder Geheimbuddhismus. Leipzig 1884 von Oskar von Hoffmann.

einige Zeilen zu schreiben. Vorige Woche habe ich von Johannes einen Brief bekommen, in welchem er mir mitteilte, daß er mit der Familie Gebhard immer in noch engere Freundschaft kommt. Er u. Sal. haben die Madame sowie auch den Herrn schon besucht desgleichen tat auch Madame Gebhard Johannes gegenüber; auch Herr Gebhard selbst ist gekommen u. hat sich schon ausgesprochen, daß er die beiden in ihrer Wohnung besuchen wolle. Herr F.G.[55] ist dieser Sache immer noch nicht geneigt. Das ist bereits alles, was ich Dir von G. erzählen wollte. Nur kann ich noch beifügen, daß Joh. u. Sal. mit Herrn Franz wegen meiner geredet haben, u. Herr G. hat gesagt, ich solle mich im Rechnen u. Schreiben üben, u. daß, wenn ich frei bin, bei ihm ein Unterkommen finde. Auch Herr v. Hoffmann war in Elberfeld u. sie haben ihm Besuch abgestattet. Mstr. Finch hat sie auch persönlich besucht u. hat sie nach uns zurückgebliebenen Freunden gefragt. Ich erkenne hieraus, daß er auch uns noch nicht vergessen hat, was mich sehr freut.

Daß Du jetzt gerade in München bist, habe ich von der Frau Sprenger[56] erfahren, welche ich einmal erst besuchte, da meine Zeit sehr gemessen ist. Ich bitte Dich, grüße mir die gräfliche Familie v. Spreti, wenn Du wieder zu ihr kommst. Von mir kann ich Dir auch nichts neues mitteilen als daß ich gesund bin u. meinem inneren u. äußeren Berufe treu sein will.

Ich hoffe Dich bald wieder, wenn auch erst in Monaten, zu sehen, wenn Du einmal nach Kempten kommst. Ich muß nun mein Schreiben schließen, denn es schlägt zehn u. da muß alles zur Ruhe u. die Lampen gelöscht werden. Nun leb wohl u. gute Nacht.

Es grüßt Dich Dein treuer Freund Noah.

55 Franz Gebhard
56 Die jüngere Halbschwester von Franz Hartmann.

1. Comp. 1. Jäger - Bron
Was schafft in uns?
Das was belebet, wirket u. beweget. Das Wort mit
Gedanken vereint.[57]

Grotenbeck, 14. 4. 1887

Lieber Bruder Daniel!

Deinem Verlangen gemäß kann ich nicht entsprechen, denn seit ich hier bin, hab ich nicht wieder in der geistigen Erkenntnislehre weiter arbeiten können, denn in Kempten hatte ich eine Arbeit, die ich gewohnt und geübt war, hier aber hab ich noch keinen solchen Platz an dem ich mechanisch mit den Händen und geistig mit dem Herzen arbeiten kann, doch ich hoffe, daß ich mit der Zeit auch wieder fortfahren kann in der Erkenntnislehre, sobald ich solches bekomme, so werde ich es meinem Versprechen gemäß dir übermitteln. Im weiteren wird es dir bereits bekannt sein, daß auch Mr. Finch uns besucht hat, sowie auch Herr Arthur Gebhard gegenwärtig in Elberfeld ist und öfter uns in Grotenbeck besucht. Auch am Ostersonntag sind unverhofft 2 Herren aus England extra zu uns auf Besuch gekommen; einer davon hat uns besonders gut gefallen, soviel ich erfahren habe, ist er ein Dr. der Jurisprudenz, und spricht, nebenbei, ausgezeichnet gut deutsch. Seinen Namen kann ich dir nicht sagen, ich habe ihn nicht merken können. Weiter weiß ich dir nichts mitzuteilen, als daß wir sehr viel geistige Arbeit haben; das ist auch der Grund, daß ich dir solange keine Antwort gegeben habe. Ich schließe mit herzlichen Grüßen von uns allen im engeren Kreise mit dankbarer Liebe.

Johannes

Im übrigen geht es uns gut, es kommt ja doch kein Sünder

---

57 Hinzugefügt in der Handschrift von Hübbe-Schleiden.

ohne Schmerzen durchs Leben, wir sind wohl zufrieden in materieller Beziehung.

Grotenbeck, 28. 6. 1887.

Mein lieber Bruder Daniel!

Es freute mich sowie uns alle, daß Du uns wieder einmal einige Worte zugesandt hast. Vor allem drängt es uns, dir herzlich zu danken für die freie Zusendung der Sphinx, in welcher immer etwas steht, aus dem man lernen kann, ich lese sie jedes-mal durch, nur die Worte von den Gelehrten kann ich nicht immer verdauen, im übrigen gefällt uns immer am besten, was von Mystikern gelehrt wurde; besonders gefallen uns im Juniheft die paar Zeilen aus Jakob Böhme sehr gut. Was unser persönliches Wohlbefinden anbelangt, geht es uns im Äußeren ziemlich gut, aber in geistiger Beziehung machen wir sehr kleine Fortschritte, denn der geistige Kreis, wie wir ihn in Kempten um uns bildeten, ermangelt uns ganz, u. wir selbst sind nicht beieinander, denn der Gregor ist in Elberfeld und kommt nur auf einige Stunden des Sonntags zu uns oder wir zu ihm. Auch bin ich seit meiner vorjährigen Krankheit nicht mehr zur rechten Kraft gekommen, ich bin immerwährend leidend und muss öfters bei der Arbeit aussetzen, nebenbei gesellt sich noch das Heimweh nach Bayern. Wir haben hier freilich einen höheren Lohn, aber die Miete, sowie die Nahrung ist viel teurer; wenn wir so alles zusammen rechnen, sind wir nicht reicher als in Bayern, an Kreuz in äußerer Beziehung sind wir nicht zu kurz gekommen, denn wir haben hier in gewisser Beziehung viel mehr als in Kempten. Ich habe dir hier so beiläufig die Wahrheit gesagt. Ich glaub es dir gerne, lieber Bruder! daß du auch nicht viel geistig arbeiten kannst, denn Herr Arthur Gebhard hat mir schon öfters auseinander gesetzt, daß es eine Riesenarbeit sei, allein Herausgeber einer Zeitschrift zu sein, denn er sagte mir, er selbst habe mit noch mehreren anderen in Amerika ein

Blatt herausgegeben[58] und dabei den ganzen Tag und die halbe Nacht arbeiten müssen, darum freut es mich immerhin, daß du trotz deiner Riesenarbeit den geistigen Weg soviel wie möglich gehst, und erkennst, daß eine Anweisung, die Übung betreffend, das wichtige ist und nicht von mir, sondern von dem kommt, der mich leitet.

Behalte deine Übung so lange wie sie dir das Gefühl der Kraft gibt; und wenn du einmal einen Antrieb einer neuen in dir wahr-nimmst, so schreibe mir, und ich will sehen, mit Gottes Hilfe dir wieder das zu geben, was die neue Stärkung bringt. Was den Grafen Leiningen betrifft hat er sich bis jetzt nicht an mich gewandt, der Grund mag wohl darin liegen, daß ich ihm eine wohlverdiente Zurechtweisung gab; denn nach Ostern schrieb er mir, was an ihm vor sich gegangen sei. Er glaubte nämlich, ich führe ihn auf falschem Weg; und dann bat er Gott, daß er ihm ein Wunder geschehen lassen soll, worauf dann auch wirklich an ihm momentan Wunder geschehen sind, was er mir auch schrieb. Ich erklärte ihm die Sache vom geistigen Standpunkte aus so weit wie möglich, ob er mich verstanden hat, bezweifle ich sehr, habe ihm aber zugleich auch mein Missfallen ausgedrückt, weil er an der Wahrheit meiner Führung zweifelt. Seitdem hat er nicht mehr an mich geschrieben, was mir auch ganz gleichgültig ist, denn ich kann ja doch nicht jedem Menschen recht tun, denn das Führen ist keine so leichte Aufgabe und die sogenannten Adeligen und Hochgebildeten sind so empfindsam. Meine Sprache will ihnen nicht behagen, und mir ist es gleich, ob Graf oder Hausknecht, den ich führen soll, von dem fordere ich Gehorsam, und wenn einer nicht gehorchen kann muß er auch nicht fordern, auf geistigem Wege geführt zu werden. Jetzt weißt du so alles und magst auch erkennen, daß ich unter den feingebildeten Preußen immer noch ein grober Kerl geblieben bin. Ich schließe mit herzlichen Grüßen von

unserem kleinen Kreis im engeren Sinn und wünsche dir
Gottes Segen in deinem schweren Tagewerk.

In dankbarer Liebe   Dein Johannes.

Wir streun dir einige Blättlein Rosen zum Zeichen unserer
Liebe und Freundschaft zu dir.

Grotenbeck, 2. 7. 1887

Lieber Bruder Daniel!

Deinen lieben Brief vom 29. Juli habe ich erhalten, u.
ersehe daraus, daß dir dein innerer Geist ein übendes Wort
gegeben hat. Ich habe darüber nachgesehen, ob es wirklich
aus der richtigen Quelle kommt; es wurde mir in meinem
Innern mitgeteilt, daß es wirklich aus der Wahrheit ent-
springt; ich kann dir dazu nur raten, die bisherige Übung zu
unterlassen, und die dir von deinem Geiste gegebenen Worte
so viel wie möglich mit Eifer auszuüben. Da ich gerade vom
Geschäft aussetzen kann, so hab ich mich sofort daran gemacht, dir Antwort zu geben. Wenn ich nämlich in der Arbeit
bin und verschiedene Briefe auf einmal einlaufen, so kann ich
oft mit dem besten Willen nicht jedem sofort Antwort geben.
Was deine Briefe anbelangt, sind sie mir immer willkommen,
und ich scheue die Mühe nicht, Dir immer wieder Antwort zu
geben, sobald mir Zeit und Umstände es erlauben.

Lieber Daniel! Auch ich habe schon öfter der schönen
Stunden gedacht, die wir voriges Jahr mit einander feierten,
es war eine schöne Zeit, die wir so dem Geistigen widmen
konnten. Leider habe ich während meinem Hiersein noch
keine Gelegenheit gefunden, in der Erkenntnislehre neue
Fortschritte zu machen, teils bin ich körperlich geschwächt
und teils sind die geschäftlichen Verhältnisse ganz anderer
Art als in Kempten an meinen Webstühlen. Was die Familie
Gebhard anbelangt, sind sie uns gegenüber sehr zuvorkom-

mend und besonders gegen mich rücksichtsvoll, weil ich
immerwährend etwas krank bin; aber in geistiger Beziehung
hab ich nur mit Arthur zu schaffen, die andern haben alle
jeder andere Ansichten und Meinungsverschiedenheiten.

Dieses schreib ich dir mehr im Vertrauen. Die Leute haben
indische, brahmanische und was weiß ich alles für Ansichten,
sind auch nebenbei immer mehr oder weniger krank. Eine so
einfache geistige Lehre, wie sie wir haben, das passt eben
nicht jedermann, die Menschen möchten lieber in der Erde
der Vielheit sein, wo nichts zu finden ist, als daß sie zum
Einfachen herabsteigen könnten. Auch hier gilt das Sprichwort, daß der Einfältige viel leichter zum Wahren kommt, als
der Vielseitige, denn jetzt ist leider eine Zeit, in der die
Menschen das Höchste erringen möchten, aber sie wollen dies
Höchste nicht anerkennen – daß ein Meister und Herr über
uns ist.

Was Du mir von Leiningen mitteilst, glaube ich, daß Du
das richtige getroffen hast; aber wundern tuts mich doch, wie
es kommen kann, daß ein solcher Mensch, der doch in der
Christuslehre erzogen wurde, mehr Gewicht darauf legt,
wenn es ihn ein wenig vertrottelt auf magische Art, anstatt
daß er den Kreuzigungsweg vorziehen möchte, den ja doch
ein jeder Christ gehen muß entweder in diesem, oder in
einem wiederkommenden Leben. Wir können bei dieser
Sache gar nichts machen, vielleicht ist eine Läuterung für ihn
noch gut, daß er später doch noch den eigentlich wahren Weg
finden wird.

Ich schließe mein Schreiben mit herzlichen Grüßen von
allen Dir Bekannten im Bunde. Wenn es dich wieder mal
antreibt zu schreiben wie es dir geht, wird's mich herzlich
freuen.

In Liebe und Dankbarkeit   Johannes.

Ich, Maria und Juditha legen dir diesmal einige Blätter aus Liebe und Dankbarkeit bei.

Mit herzlichen Grüßen von uns.

Grotenbeck, den 18. Juli 1887

Mein lieber Daniel!

Ich habe Deinem Wunsch gemäß wegen dem Anliegen, die Sphinx betreffend, im Geiste nachgesehen, und zwar gewissenhaft u. mit Ernst, weil ich weiß, daß es für Dich eine Lebensfrage ist. Auf die Frage, ob die Sphinx fortbestehe, erhielt ich zur Antwort ein Gleichnis. Wenn man einen schmalen Pfad öfter gehen müsse, so könne es leicht geschehen durch ein geringes Naturereignis, daß ein solcher Pfad unversehen in den Abgrund sinke. Das zweite betreffend, deine ganze Kraft aufzubieten, um die Sache zu fördern, erhielt ich zur Antwort: Du sollst weder nachlässig noch zu eifrig sondern im Vertrauen auf Gott an diesem Werke fort arbeiten so lange, bis dir die Vorsehung einen anderen, so Gott will, dankbareren Wirkungskreis zuweist. Denn Du weißt ja recht wohl, daß die Kinder der Welt nicht mehr leicht zu befriedigen sind. Es ist eine Jagd nach Zeichen und Wundern u, wenn solche beschrieben werden, so können sie es wiederum nicht fassen und begreifen, dann streitet man sich hin und her und macht die offenbare Wahrheit zur größten Lüge. Würdest Du nur schreiben von der reinsten Mystik, so hättest du vielleicht nur zwei, drei in deinem ganzen Lesekreis, die etwas Sinn, Dankbarkeit dafür hätten. Darum lieber Bruder! wirst du einsehen können, daß es keine so leichte Aufgabe ist, und auch kein Menschenwerk, im Geistigen zu wirken. Am besten bist Du daran, wenn Du auf dem Posten ausharrst, opferwillig, so lange, bis Dir die Vorsehung Gottes einen anderen Wirkungskreis zuweist. Mit herzlichem Gruß und frischem Mut in Gott, dein dankbarer Mitbruder

Johannes

umwenden

Es erfreut uns alle sehr, daß Du zu unseren alten Freunden nach Kempten kommst und es würde uns herzlich freuen, wenn du der Überbringer herzlicher Grüße von uns allen sein möchtest. Auch hätte ich noch besonders eine Bitte an dich. Meine Mutter ließ vor ungefähr drei Monaten schreiben durch den Hans: Ich möchte auch den lieben freundlichen Herrn Dr. Hübbe-Schleiden darum ersuchen, wenn er einmal wieder nach Kempten käme, ihr die Ehre zu geben, wenn nur auf eine Viertelstunde, sie zu besuchen. Und weil Du gerade gedenkst dorthin zu reisen, so bitte ich dich, sei so gut u. bereite ihr die Freude. Denn sie wird nur von mir mit Dir zu sprechen wünschen. Auch ich werde dich im Geiste auf der Reise begleiten und in Kempten bei euch sein. Herzliche Grüße von allen dir Bekannten im engeren Kreise.

Dein J.   18. Juli 1887

Grotenbeck, den 9. August 1887

Lieber Bruder Daniel!

Ich habe Deinen begeisterten Brief aus Mittenwald erhalten. Es bereicherte mich sehr angenehm, daß du in stillen Stunden meiner in Liebe gedenkst. Auch ich habe schon oft jener Zeit gedacht, wo wir nur Mystik u. höhere Erkenntnis pflegten. Für mich waren es auch Lehrstunden, denn ich muß gestehen, daß ich manches von Dir lernte, was mir förderlich ist in der Fremde. Hans, unser Getreuer, hat mir bereits von Kempten geschrieben, daß er wieder einmal einige selige Stunden gefeiert habe, mit wahren Geistesbrüdern, aus deren Herzen Harmonie u. Liebe sprudelt. Auch schreibt er mir unter anderem, dass meine Mutter eine große Freude gehabt habe, weil der liebe Herr von München ihr die Ehre bereitet habe, persönlich zu ihr zu kommen. Auch ließ sie mir ihre Freude kund tun, dass Herr Beck ihr in deinem Auftrag ein

Geschenk von zehn Mark überbrachte. Ihren Dank wird dir Herr Beck schriftlich übermitteln, so viel ich weiß. Ich für meinen Teil sage dir herzlichen Dank, der Herr möge es dir segnen mit Geistesgaben, die mehr wert sind als alle Schätze der Welt; denn nur eine Perle Weisheit ist kostbarer als alle Goldberge auf dieser Erde. Aber ich weiß recht gut, wir sind im Materiellen und müssen auch damit rechnen; ich bin überzeugt, daß es leichter ist zu nehmen als zu geben; u. dennoch ist der seliger, der das Letztere tun kann. Noch eines, lieber Bruder, du hast mir auf die Ratschläge, welche ich dir im letzten Brief im geistigen Sinn mitgeteilt habe, gar keine Antwort gegeben. Ich möchte doch gern hören, was du in Zukunft gedenkst zu tun. Ob du diesem Rat Folge leisten willst?

Lieber Bruder Daniel! Ich möchte doch einmal, daß du auf dem geistigen Wege so viel wie möglich vorwärts kommen möchtest. Tue dir Gewalt an und lege deine bisherigen Übungen ab. Übe in Zukunft die Worte:

/ „Ich sterbe mir um dir zu leben." /

Ich hoffe, daß dieses dir neue Kraft und Stärke bringe. Im Übrigen bin ich gesund u. wohl und hoffe mit Gottes Gnade auch wieder vorwärts zu kommen. Ich schließe mit herzlichen Grüßen von allen dir bekannten in engeren Kreise. In dankbarer Liebe.

dein Johannes

Auch sah ich es für ein erfreuliches Zeichen an, daß deine liebe Correspondenzkarte u. dein gutes Tagewerk, die Sphinx miteinander angekommen sind.

Grotenbeck, 30.8.1887

Mein lieber Bruder Daniel!

Habe herzlichen Dank für deinen lieben Brief, in dem du mir geschrieben, daß du den Geistesrat befolgst, was mich immer erfreut u. zwar aus dem Grund, weil ich weiß, daß es dem Menschen, der sich geistig raten lässt zum Besten dient.

Auch fühle ich mich gedrungen dir im Namen unser aller herzlich zu danken für die Zusendung der Sphinx; wir finden immer Körnlein darin die wir als Nahrung aufnehmen und verdauen, denn du weißt ja, der Mensch ist auf dieser Bußestätte, um zu lernen. Wenn wir die Augen schließen, tritt uns das Formenleben entgegen im Traum, wenn wir erwachen, sind das Reich der Erscheinung wiederum die Formen, in denen wir uns bewegen. Darum wollen wir in einem Lob stimmen überein und rufen ohne Worte: Du Großer Gott, im Denken bist du allein. Das Geschöpf, das der Schöpfer bewegt, ist geheiligt her und stark.

Lieber Bruder Daniel! Vor ungefähr 6 oder 8 Wochen war Leiningen bei uns etwa 2 oder 3 Stunden, und der Mann hat auf uns wiederum einen sehr guten Eindruck gemacht, er ist ein williger Schüler, läßt sich etwas sagen und sucht das wahrhaftig Geistige; weil er also diese guten Tugenden hat, habe ich Ihn an dich gewiesen; sei so gut und übermittle Ihm zum Abschreiben die Formensprache, von der Erkenntnislehre habe ich Ihm gesagt, aber dieselbe darfst du Ihm noch nicht geben, er soll das Erstere zum gründlichen Verständnis bringen. Ich schließe mit herzlichen Grüßen von allen im engeren Kreise, möge der liebe Gott dein Wirken und Schaffen segnen, u. du belohnt werden für dein Tagewerk. In immerwährender Liebe

Dein Johannes

Grotenbeck, 21. 10. 1887

Lieber Daniel!

Habe deine zwei Briefe erhalten u. die Botschaft u. der Entschluß von unserem Mitbruder Lewi hat uns sehr überrascht. Ich habe in dieser wichtigen Frage innerlich oder geistig nachgesehen u. erhielt so ungefähr zur Antwort: Lewi soll seinem inneren Drang u. seiner Offenbarung folgen. Unter anderem sagte es mir: segnend will ich durch Lewi die Hände über das Volk ausbreiten. Wir glauben gerne, daß Lewi noch mit Hindernissen zu kämpfen hat, um seinen inneren Drang verwirklichen zu können. Aber wir glauben fest, wenn er seinen neuen Beruf angetreten hat, daß er an dem Platz steht, wozu ihn die Vorsehung durch Gottes Gnade berufen hat. Das ist unsere Antwort an ihn u. daß er auch uns herzlich willkommen wäre wenn ihn je die Vorsehung in die Rheinlande führen sollte. Mit herzlichen Grüßen von allen ihm Bekannten im Bunde der Verheißung durch Jesus Christus. Amen.

Johannes.

Auch dir, lieber Daniel, wünschen wir von Herzen, daß du dich körperlich u. geistig erholen u. kräftigen mögest u. daß auch für dich mehr die Erlösungssonne aufgehen möge. Mit herzlichem Dank für deine Mühe verbleibe ich in immerwährender Liebe

Dein Johannes.

Grotenbeck, 24. 11. 1887

Lieber Daniel!

Es freut mich immer, wenn ich von unserm Bruder Lewi etwas höre; er ist's der da zeugt von der Wahrheit im geistigen Gesetz. Du hast ganz recht, die Grundlage nicht

unseres Bundes, sondern des Bundes der Verheißung, den der
Herr mit uns geschlossen hat, soll ihm eine ewige Grundlage
sein; denn nur der durch Jesus neu geborene Mensch muß u.
kann ein wahrer Priester sein; dieser Bund soll nicht nur der
Gemeinde gelten, sondern er wird ein Bund sein hinaus über
die menschlichen Sphären, d.h. in Ewigkeit. Sei so gut sage
ihm dies obige, und er soll mutig im Inneren vorwärtsarbeiten, denn nur aus demselben kann der wahre Priester für
die Welt hervorgehen. Im übrigen, wenn ihn auch leichte
Schwindel erfassen, so ists ein gutes Zeichen; es strebt
nämlich der innere Sinn des neuen Menschen hervor, der da
betäubt das alltäglich Äußere. Sage unserem Bruder Lewi
auch, daß wir ihn beglückwünschen zu seinem neuen Kleide
als Gesandter, möge er auch, was unser innigster Wunsch ist,
ein Gesalbter werden durch den Geist, der belebt was tot ist
und tötet, was unrein lebendig ist; mit herzlichen Grüßen von
allen ihm bekannten im Bunde der Verheissung.

<u>Salomon und Johannes.</u>

Lieber Bruder Daniel!
Es erfreut alle sehr, daß du Dich Gott sei Dank wieder
wohler und gekräftigt fühlst, denn wir können uns leicht
denken, daß in deinem Tagewerk sehr viel Unruhe, Sorge und
Kummer ist; das eine glaube nur: trotz Opfern der Körper-
kräften wirst du es nie den Menschen ganz recht machen
können, denn ein wahres Sprichwort heißt: <u>Allen Menschen
recht zu tun, soll sich niemand unterstu'n</u> --; denn wisse, die
Mächte, die da in den Lüften herrschen, werden wohl auch
bald ihre Sturmwinde über dich auswehen; bist Du stark, so
wirst du an solchen Luftströmungen nicht ersticken, bist du
schwach, so werden sie dich ohne Barmherzigkeit niederwe-
hen; gedenke deiner als Glied des Bundes, den der Herr,
wenn auch mit unsichtbarer Macht und Kraft, mit dir geschlossen hat; vergiß du nicht, daß du Daniel genannt bist, so
wird Jehova, dessen Name so heilig u. groß ist, dir stets ein

lebendiger Helfer sein, und ich, Johannes, ein Knecht für alle in der Liebe, bin immer gern bereit zu raten in den Wegen des Herrn. Lieber Bruder! In Herrn Eckstein habe ich ein tüchtiges Glied in unserm Bunde gefunden, er ist ein wahrer Tempelbauer und steht fest auf dem Stein, doch vielleicht fügt es die Vorsehung Gottes, daß ich persönlich zu dir kommen kann, ich hätte dir so vieles aus Erfahrung mitzuteilen.

Zur Erklärung.

Unsrer Stellung der indischen Theosophie gegen über möchte ich dir nur sagen, daß die Lehre, soweit wir sie kennen in unserem schwachen Untertanenverstand, eine reelle und wahre ist. Mit den Leitern derselben haben wir nichts zu schaffen, denn wir suchen nicht die Persönlichkeiten, sondern wir sind nur einverstanden mit dem Geist, der die indische Lehre beseelt. ----------

Die Frau Blavatsky sowie der Oberst Olcott und der ehemalige Gesandte Dr. Hartmann gilt uns gerade so viel als wie ein Münchner Milchweib, die den Karren schiebt.----

Nur die allgemeine Liebe und die ewige Wahrheit die in jeder göttlichen Religion ist, ist's, vor der sich Salomon und Johannes beugen. Mit herzlichen Grüßen von uns allen, denn die gleiche Liebe, die wir unserem Bruder Daniel in Kempten entgegengebracht, schlägt noch in unseren Herzen.

Als Vertreter davon dein immerwährend treuer Johannes.

[am oberen Rand ist vermerkt:]
habe herzlichen Dank für die beigelegten Briefmarken; wenn nur alle so dächten.

Brief von N. Gabele - Grotenbeck, 23. 12. 1887

Lieber Bruder Daniel!

Ich danke dir aus vollem Herzen für das Weihnachtsgeschenk; Gott, der Geber alles Guten, lohne es dir mit geistiger

Wahrheit u. Erkenntnis, welches das höchste Bewußtsein ist, mit Gott eins zu sein in seiner Liebe; und dies ist der Gedanke, durch welchen wir geliebt werden vom Vater aller Wesen. Dieser Gedanke, von Gott gegeben, lüftet den Schleier der Geisterwelt, welcher noch das Auge des unbewussten Selbstseins verdunkelt. Aber der Herr wird dein Inneres Auge eröffnen, damit du sehen kannst seine Liebe, Güte u. Wahrheit.

Lieber Bruder Daniel! Mich freute es herzlich, einige Worte von dir zu vernehmen. Ich weiß, daß du mit Schreiben überlastet bist; so vernehme denn: Ich bin mit meinem materiellen Los zufrieden, in Kempten, wo ich arbeitete, hatte ich eine Hölle und verdiente auch nichts dabei. Im Geschäft des Herrn Gebhard habe ich doch mein materielles Auskommen. Ich verdiene die Woche 21 M., wovon 42 Pf. an die Krankenkasse entfallen. Ich habe es nicht so streng, meine Augen leiden nicht mehr wegen dem schlechten Licht, bin beschäftigt in einem Teil, der zur Färberei gehört und habe da mein eigenes Zimmer. Ich arbeite unter einem Franzosen, welcher teilweise ein wenig in die Hitze kommt. Wenn es ihm nicht nach Wunsch geht, müssen die Arbeiter darunter leiden, aber das kümmert mich wenig. Ich habe mein Auskommen, du wirst auch schon wissen, daß nach den Feiertagen unsere lieben Brüder Johannes und Elias, sowie unsere Schwester Judit zu uns hierher übersiedeln. Es hat Gottes Vorsehung so gewollt, daß wir wieder in einer Wohnung nebeneinander wohnen können. Johannes hat es leichter als ich. Als ich nach Vohwinkel kam, hatte ich keine Wohnung. Herr Gebhard hat sich alle Mühe gegeben, mir eine Wohnung zu verschaffen, konnte aber keine bekommen. Ich ging gleich nachher, am Tage meiner Ankunft, Vohwinkel entlang und kam nach Grotenbeck, ungefähr 10 Minuten vom Geschäft des Herrn Gebhard entfernt, wo ich in einem neu erbauten Hause eine Wohnung bekam, welche aber teurer ist im Verhältnis zu

Kempten. Ich bezahle hier für 2 Zimmer, Küche und Keller, jährlich 162 M. über 3 Stiegen. Im übrigen sind die Lebensmittel sowie die Kleidungsstücke im gleichen Preise wie in Kempten, ausgenommen Milch, Käse und Butter sind etwas teurer. Nun weißt du um meine materiellen Verhältnisse. Was die Gegend anbelangt, gefällt es mir sehr gut, im Sommer muß es hier sehr schön sein, wir haben eine hübsche Aussicht von unserer Wohnung aus. Ich glaube auch, daß es Johannes und den übrigen gut gefallen wird. Die größte Freude wirst du uns bereiten, wenn du uns hier wieder beisammen besuchen wirst. Wir werden stets deiner gedenken, u. glaube, daß wir immer zum Ewigen für dich um Gnade und Liebe des Vaters flehen. Ich schließe für diesmal meinen Brief und es grüßt dich, sowie meine Frau und die Kinder, dein Bruder

Salomon. Im Geiste der Mehrheit.

Grotenbeck, 27. 12. 1887

Lieber Bruder Daniel!

Habe unseren herzlichsten Dank für dein Weihnachtsgeschenk, sowie auch für deinen Neujahrswunsch. Wir alle wünschen auch dir von Herzen ein gutes, neues Jahr. Möge auch dir im neuen Jahr im inneren sowie im äußeren Vorwärtsschreiten die Bahn leicht sein; Deinen Brief vom 27. Nov. habe ich nicht beantwortet, einfach aus dem Grund, weil ich gesehen habe an deinen Fragen, daß du ihn nicht richtig aufgenommen hast und den Sinn desselben ganz falsch gedeutet hast. Ich habe angenommen, daß du ihn im Drang der Geschäfte nur oberflächlich gelesen hast, ohne den wahren Sinn desselben zu fassen. Da ich nicht gerne in solchen Sachen hin und her diskutiere, wodurch der Irrtum noch größer wird, habe ich vorgezogen zu schweigen, um so mehr da ich keine neue Ahnung für dich hatte und auch jetzt noch nicht habe.

Habe nochmals herzliche Grüße von uns allen dir Bekannten im Bunde, Dein

J.

Im Jahr 1888

Grotenbeck, 5.7.1888[59]

Lieber Bruder Daniel!

Habe Dank für Deinen lieben Brief v. 29 v.M. Ich hätte Dir sofort geantwortet, aber ich konnte nicht dazu kommen, indem meine Zeit, die ich übrig habe, sehr in Anspruch genommen wird durch Besuche von Gliedern unseres Kreises. Heute hab ich einige Stunden frei und benütze sofort die Zeit für Dich. Durch Herrn Eckstein habe ich dir bereits mitteilen lassen, daß ich jenen Brief, den Du forderst, nicht mehr in Besitz habe; es tut aber auch nichts zur Sache, denn deine Erklärung deines letzten Briefes ist genügen, in dem Du auch neben Deiner äußeren Arbeit der inneren Entwicklung getreu bleiben willst. Unterlasse daher deine bisherige Übung und übe von jetzt an: „In deinem Opfer bin ich stark"; tue so viel in deinen Kräften steht; wenn auch keine Wunder geschehen, so dient es dennoch zur Entwicklung des inneren Menschen. Sollte aber dennoch etwas Innersinnliches an Dir vor sich gehen, so berichte mir zu seiner Zeit genau, denn es ist um der Führung willen.

Lieber Bruder! Ich habe mit Herrn von Hoffmann[60] über die Sphinx gesprochen und das gleiche Zeugnis gegeben wie

---

59 Hübbe-Schleiden notierte am oberen Rand: „wahrscheinlich am 5. VIII (ungefähr) geschrieben; gesagt daher 25.7 bezeichneter Brief dieser Worte".

60 Oskar Baron von Hoffmann (1832-1912).

bereits Dir im vorhergehenden Brief; er war mit mir
vollständig einverstanden und meinte, daß die Schrift doch
bei manchen den guten Zweck erfülle, und er sagte mir, daß
er mit Freunden weiterhin die Sache in materieller Beziehung
unterstütze; darum, wenn alle deine Gönner diese Gesinnung
haben, und so erfüllst du nur den Willen Gottes, wenn Du
weiterhin durch Deine Kräfte dies Werk förderst. Ich kann dir
keinen anderen Vorschlag machen außer dem, solange es
möglich ist; das ist's, was es mir auf Anfragen jedes Mal als
Antwort gegeben hat.

Habe noch herzlichen Dank für die beigelegten
Briefmarken, ich kann solche recht gut gebrauchen. Herzliche
Grüße von uns allen dir Bekannten im engeren Kreise. In
Liebe.

Dein Johannes

[Grotenbeck], 25.7.1888

Lieber Daniel!

Indem ich wenig Zeit habe, so möchte ich mich nur auf das
Notwendige beschränken, um deinen Brief in Kürze zu
beantworten. Du schreibst mir, in unserm Kreise sei eine
irrtümliche Auffassung über Dich vorhanden, was ich
durchaus nicht glauben kann, und zwar einfach aus dem
Grund, weil Du mir zu seiner Zeit deutlich geschrieben hast,
daß Du glaubest fürs erste deine Mission erfüllt zu haben
wenn Du alle deine Kräfte der Sphinx opferst, indem Du
dadurch viele zum Licht führst und dadurch deine Mission in
diesem Leben zur Verwirklichung gebracht habest. Das
eigentlich Geistige, das eigene Selbstentwickeln, meinst Du,
sei keine direkte Notwendigkeit, da Du, nach deinem Schreiben, in dem Ersteren bereits volle Genüge getan habest
deinem lieben Gott gegenüber.

Ich für meinen Teil musste daraus schließen, daß die

Wiedergeburt seiner selbst eine Nebensache sei und folge
dessen habe ich dir auch keine weitere Übung mehr gegeben;
denn man kann keinen Menschen zu einem solchen Wege
zwingen, auch wenn man ihn antreibt; denn ich respektiere in
jedem Menschen den freien Willen, den der liebe Gott in jedes
Geschöpf gelegt hat; daß ist's auch, was ich für meinen Teil
dem Mr. Finch[61] mitteilen ließ. Ich habe mich in dem Sinne
ausgedrückt, daß Du in deiner Zeitschrift ganz aufgehst, und
für etwas anderes keine Zeit habest.

Was die Sphinx schreiben anbelangt ist nur gesagt worden,
Du solltest in ihr ausharren solange Du überhaupt ausharren
kannst, und wenn das nicht mehr sein könnte, so würde Dir
durch Gottes Gnade ein neuer Beruf zuteil werden, in dem
Du mehr wirken könntest als wie bisher. Aber der
Herausgeber der Sphinx hat eben auch die Aufgabe, nebenbei
seinen geistigen Weg soweit wie möglich einzuhalten. Ich
glaube das Dir nicht so vollkommen ernsthaft. Wegen
Spretis[62] habe ich nie einen Verdacht auf dich gehabt, denn
ich kenne die Verhältnisse genauer als wie du vielleicht
glaubst. Die Folge davon ist nur das gewesen, daß ich seitdem
niemanden wieder angenommen habe; und Spretis würden
wohl nicht mehr zurück gehen können, wenn sie es auch
wirklich noch einmal wollten, denn ich habe nicht die
Absicht, diesen Kreis zu vermehren, sondern alles was
morsch und faul ist, auszuscheiden und nur mit denen
vorwärts zu machen, die wirklich in Wahrheit Hand an sich
selbst legen, um das Höchste in sich zu verwirklichen; denn
es gibt nur einen goldenen Weg unter den vielen Wegen, die
in der Mystik gelehrt werden, und dieser ist: sein wahres Ich
in Gott und seiner Selbst zu finden.

Ich schließe mit herzlichen Grüßen von allen Dir
Bekannten im engeren Kreis.

61 Gerard Brown Finch (1835-1913)
62 Graf von Spreti und Gräfin Caroline von Spreti (1842-1915)

In Liebe Johannes.

bitte umwenden.

Habe noch ganz herzlichen Dank für Deine gütige
Zuwendung der Sphinx; es sind immer Samenkörner darin,
wer die genießt, dem können sie zur Frucht höheren
Erkenntnis dienen, denn erstens erschließt sie den Verkehr
mit der Geisterwelt, und zweitens lehrt sie, daß Mystiker
dagewesen sind, und daß es wieder welche geben kann, wenn
der gute

Wille das Menschenherz beseelt.

Dieses bezeugen wir dir alle in Dankbarkeit und Liebe.

Grotenbeck, 23.10.1888

Lieber Bruder Daniel!

Habe herzlichen Dank für deinen lieben Brief, besonders
für deinen herzlichen Gruß aus den Allgäuer Bergen. Es freut
mich immer von meiner alten Heimat zu hören; ich glaubte
selbst im Laufe des vergangenen Sommers hinzukommen,
aber ich konnte nicht so lang vom Geschäft wegbleiben, und
wegen einigen Tagen möchte nicht gehen. Aber es kann
immerhin einmal eine Gelegenheit geben, daß ich hinaus
kommen kann. Ich würde ja mit dir mich gerne wieder einmal
persönlich sprechen, aber eine solche Reise, besonders dritter
Klasse, ist kein Vergnügen. Wenn ich überhaupt einmal
hinaus reise, so würde der ganze Grund sein, meine Mutter
noch einmal zu sehen in diesem Leben; wenn es Gottes Wille
ist so wird es noch gehen.

Im übrigen geht es uns ziemlich gut; wir sind viel lieber

hier als wie früher; wir haben uns ziemlich umgewöhnt,
sowohl im geschäftlichen als im äußeren Verkehr. Auch in
materieller Beziehung haben wir unser ordentliches Durchkommen. Ich fühlte mich besonders veranlasst, dir meinen
herzlichen Dank auszudrücken, sowohl für das frühere, daß
du meiner Mutter geschenkt, sowie auch für das übersandte
durch den Herrn Lenk bei deinem letzten Besuch in Kempten.
Gott möge es dir vergelten.

Auch habe ich jetzt wieder Zeit die Sphinx Hefte
durchzusehen, besonders um der Wahrheit seines Inhaltes
gefiel mir der Artikel (Juli Heft): «Höhere Mystik» von zu
Leiningen, sowie auch sonstige Artikel über das Übersinnliche. Ich sage dir auch herzlichen Dank für die
Zusendung der Sphinx.

Ich schließe mit herzlichen Grüßen von uns allen Dir
bekannten. In Liebe,

Johannes.

Grotenbeck, 26.12.1888

Lieber Bruder Daniel!

Wir haben Deine Weihnachtsgabe sowie Deinen Weih-
nachtswunsch empfangen, wir danken Dir von ganzem
Herzen mit dem innigsten Wunsch, daß es Dir auch möge
zum Segen werden, und daß auch das neue Jahr für Dich das
bringen möge, nach dem Du kämpfest und ringest. Es ist auch
vielleicht möglich daß wir wieder einmal persönlich mit
einander verkehren können; wenn ich einmal hinaus kommen
sollte um meine Mutter zu besuchen, dann würde ich Dich
auf jeden Fall davon in Kenntnis setzen. Uns ist es in diesem
verflossenen Jahre ziemlich gut gegangen; ich erfreute mich
besonders einer rüstigen Gesundheit und auch in materieller
Beziehung haben wir immer das Notwendigste gehabt. Nur

das geistige Vorwärtsschreiten ist nicht von großer Bedeutung, denn in Kempten zwischen den Webstühlen verrichteten wir die Arbeit mechanisch, der Gedanke aber war tätig im Geistigen.

Hier geht das nicht so; es müssen immer mehrere Personen miteinander eingreifen, und das ist ein in Anspruch nehmen der ganzen Aufmerksamkeit, da hört das geistige Denken auf. Doch es hat alles seine zeit; wenn es einmal notwendig ist, so wird es auch anders kommen.

Lieber Bruder! Es macht Dir gewiß auch Freude, wenn ich Dir mitteilen kann, daß unser Geistesbruder Levi in drei Wochen Deutschlernen so weit gekommen ist, den ersten gut lesbaren deutschen Brief an mich zu schreiben, und auch meinen Brief konnte er lesen, ziemlich gut verstehen und herausfinden. Ich habe jetzt die Führung persönlich bei ihm übernommen, da er keinen Vermittler mehr bedarf.

Noch eines: Du hast kürzlich in einem Sphinx Heft einen Artikel herausgegeben unter Deinem eigenen Namen, was mich in großes Erstaunen versetzte[63].

Es behandelte, wie der Mystiker den wahren Weg gehen soll, es ist so treffend und so wahr geschildert, nur so ganz aus dem Herzen heraus geschrieben, daß ich von Stelle zu Stelle immer mir sagen mußte: «da ist der Wahrheit die Ehre gegeben». Wenn solche Artikel auch nicht überall ganz verstanden werden, so ist dieser dennoch für Dich von großem Wert, denn die Späteren, die nachkommen, werden es besser zu würdigen wissen. Wenn du so einstehst und der Wahrheit die Ehre gibst, so wird Dir auch als Kämpfer die Siegeskrone zuerkannt werden.

Habe auch noch herzlichen Dank für die Zusendung

---

63 Anmerkung von Hübbe-Schleiden: Wahrscheinlich ist hiermit meine Nachschrift «Mystik und Magie» zu Du Prels «Kant als Mystiker» im Oktoberheft der Sphinx VI, 232 gemeint.

deiner Zeitschrift, denn es sind doch manche Fruchtkörner darin, die gewiß auf guten Boden fallen, und eine Saat in späterer Zeit hervor bringet, sich vermehret im Guten zum Guten. Ja, das sei unser aller Wunsch, und Gottes Segen möge Dir und uns allen das weitere Gedeihen geben. Ich schließe mit herzlichem Dank und Grüße Dich von uns allen. In dankbarer Liebe und mutigem Vorwärts,

Dein Johannes.

Im Jahr 1889

Brief von Hugo Göring - Berka / Werra 7.1.89.

Lieber Geistesbruder Johannes!

Jetzt endlich beginnt der «Simon» in mir lebendiger zu werden. Sie wissen es wohl längst, dass ich viel mit Ihnen beschäftigt bin!

Wir alle wurden aufgerüttelt durch den jähen Tod meines kerngesunden, überaus gutherzigen und sehr begabten Bruders Ernst, der in München in seinem medizinischen Staatsexamen stand. Er war 25 1/2 Jahre alt und versprach viel.

Wir waren alle im Glauben, Ernst sei kerngesund. Am Morgen des 30.Dezember Sonntags hörte meine Mutter neben ihrem Bett, wo Ernst immer bei ihr saß, ein starkes Geräusch, als würden Eisenstangen hingeworfen: Es war früh 5 Uhr, im Haus völlig still. Eine neben ihr schlafende Wärterin hörte dasselbe. Meine Mutter sagte sofort: «Das ist von Simon oder von Ernst ein Zeichen!» - Ich träumte an demselben Morgen, ich käme mit unseren hiesigen Verwandten vom Friedhof, d.h. von einer Beerdigung. Da kam nachmittags 1 Uhr desselben Tages ein Telegramm aus München, Ernst sei «hoffnungslos erkrankt.» Am andern Tag: «tot». Also [ist] er schon vor dem ersten Telegramm gestorben. - An seinem Todes Morgen hörte ich ein so starkes Blättern in einem Buche, daß ich an Fernwirkung dachte, dasselbe 4 Wochen vorher.

Vorgestern Abend sprach ich im Gebet den Wunsch aus, Ernst möchte mir erscheinen. Eine halbe Stunde später, sprach ich noch die Worte «Ich Simon lebe!» Da sah ich mit geschlossenen Augen Ernsts Gesicht in Heiterkeit, wie im Leben, deutlich Zug für Zug, aber alles wie elektrisches Licht.

Kann ich so auch erfahren, ob er einen schweren Todeskampf hatte? Kann uns Ernst als lenkender und warnender Geist begleiten? Trägt Ihnen der Geist etwas auf, was der Veredelung unseres Hauses dient oder mir in meiner Lebensarbeit einen Weg weist?

Mit herzlichem Gruß an alle Lieben. Ihr Geistesbruder

Simon

Grotenbeck, 12.1. 89

Lieber Bruder Daniel!

Du hast mich sehr überrascht mit deinem eingelegten Brief von Dr. Göring[64]. Du weißt, wir sind jetzt über 2 Jahre hier; während dieser Zeit hat dieser Mann niemals an mich geschrieben und zwar auch in einer Angelegenheit worin er des Rates bedurfte, eine Ehescheidung betreffend.

Ich habe ihm damals nach meinem besten Können mit Gottes Hilfe geraten, habe ihn zugleich auch auf seine geistige Pflicht auf aufmerksam gemacht, erhielt aber keine Antwort mehr, bis Du mir da diesen Brief von ihm zusandtest. Du kannst Dir leicht denken, daß ich unter solchen Umständen mich nicht mehr weiter brauchen lasse, denn ich beschäftige mich nur mit denen, die in Wirklichkeit praktisch arbeiten,

64 Hugo Göring (1849-1936)

und das sind nicht viele; aber ich habe mit diesen Arbeit genug. Neue Menschen habe ich schon seit weit über einem Jahr keine mehr angenomen; trotzdem wollen sich immer neue her drängen; aber ich will den Kreis nicht vergrößern, sondern verkleinern und nur mit denen fortmachen, die sich bewähren und gezeigt haben, daß sie wirklich wahre geistige Arbeiter sind, denn die Zeit des Freijahres ist vorüber, ein jeder ist in seinem Kahn im Sturm des Meeres gefahren. Nur der, der sicher rudert, soll das Land betreten, das Jesus Christus uns verheißen hat.

Ich habe Dir dies alles noch einmal geschrieben damit es Dir auch klar ist, warum ich Dr. Göring nichts mehr zu sagen habe. Ich lege Dir seinen Brief wieder bei, Du kannst mit ihm tun, was Du für gut befindest. Auch muss ich Dir noch sagen, dass Du ein guter Prophet gewesen bist über Gräfin Spreti; sie hat mir am 3.Januar geschrieben, daß sie jetzt zurückgezogen irgendwo am Starnberger See [lebe], und durch Studium sehr viel geistige Fortschritte gemacht habe. Weil sie jetzt Zeit und Gelegenheit habe, soll ich ihr Übungsworte zusenden. Ich habe ihr aber keine Antwort gegeben und werde es auch nicht tun, denn ich will mit solchen Menschen, die heute dies und morgen jenes anfangen, nichts mehr zu schaffen haben.

Ich muß Kämpfer haben, Menschen die guten Willens sind. Mit solchen, die sich wenden nach jeder Windrichtung, kann ich nichts anfangen. Ich habe Dir für jetzt meine Gesinnung und Willen ganz kundgetan, vielleicht kannst Du auch noch etwas daraus lernen.

Ich verbleibe Dein Mitbruder

In Liebe Johannes.

Auch herzliche Grüße von allen im engeren Kreise.

Brief von Noah – Wien, 2.4.89

Lieber Bruder Daniel!

Ich grüße Dich aus der Ferne, unser Freund Eckstein auch. Er ist ein sehr liebenswürdiger, schlichter Mensch, mit dem ich ganz gut auskommen kann; er ist ein zweiter Hübbe, dem ich mich gänzlich anvertrauen kann. Er empfing mich sehr freundlich, geleitete mich auf sein Zimmer und gab mir Anleitung über Arbeit und Verhalten zu den andern Leuten des Geschäftes. Denn diese Leute sind so sehr neugierig über Vorkommnisse des Herrenhauses, daß es uns nicht gestattet ist in der Nähe derselben beisammen zu sein. Man kann sich aber hier ganz gut darüber weghelfen, indem man sich wo anders hin bestellt, und so machen wir es auch.

Gleich am Dienstag Vormittag, als ich hier ankam, fanden wir schon Gelegenheit, allein zu sein, indem er mir den Weg zu einem bestimmten Platze bezeichnete, an dem er sich bald darauf auch einfand. Wir unterhielten uns unter anderem auch über unsere Sache, wovon er mit Verständnis und Liebe spricht. Es fehlt ihm auch nicht an praktischen Erfolgen, wie ich aus seinem Munde höre. Wir werden [uns treffen], wenn unserem Freunde Eckstein möglich, bereits jeden Sonntag Nachmittag außerhalb Wiens auf den umliegenden Höhen, Aussichtspunkten, in der Nähe seines Sommeraufenthaltsortes, den er auf dem Schlosse Bellevue /Belrich/ genommen hat, wo selbst es sehr schön ist.

Lieber Freud! es geht mir sehr gut. Die Arbeit ist leicht erlernbar. Ich wohne unweit dem Geschäfte bei ordentlichen Leuten mit noch einem jungen Menschen zusammen, der sehr anständig ist. Herr Eckstein ist so freundlich und nimmt sich meiner sehr viel an; wenn ich in irgend etwas Rat oder Hilfe brauche, darf ich es ihm nur sagen.

Lieber Bruder Daniel! Dein innerer Zustand ist kein verheißender; solltest Du nicht mehr in das Geleise treten können, in dem Du Dich schon bewegt hast? Ich glaube nicht, denn, was einmal Du an Dir wahrgenommen hast bleibt Dir auch und entwickelt sich immer weiter und weiter, der ewigen Liebe und dem ewigen Naturgesetze gemäß. Darum, mein Lieber, lass Deinem Gedanken bei der Übung die Runde durch den Körper machen und lebe und übe in dem Glauben und in der Hoffnung, daß des Wortes heilige Kraft schon einmal in Dir geschaffen hat und wieder schaffen wird, Deinen Leib durch praktische Vorgänge zu einem Geistleib zu verwandeln, welches unsere Aufgabe und Bestimmung ist.

Denn so wir nicht gänzlich vom Geiste des Wortes durchdrungen sind und nicht unser ganzer Leib in dem Prozesse, den der Weg zur Unsterblichkeit erfordert, und durch die Folgen des Kreuzesweges zum Geistleibe nach und nach gebildet wird, können wir unser Ziel nicht erreichen.

Denn alle Geistmenschen, oder diejenigen, die sich über die gewöhnliche Menschheit hinaus geschwungen, sind nicht allein mit Weisheit oder Vernunft ausgestattet gewesen, sondern ihr ganzer Leib war durchdrungen von Geisteskraft, wie es auch das Gesetz erfordert.

Es grüßt Dich herzlich

Dein neuer Noah.

Meine Adresse: Hans Ebner per Adr:
Herrn Mathäus Zinker;
fünfter Bezirk, Margarethen. Zentagasse No 9;
Wien. Tür 17 - 3. Stk.

Grotenbeck, 17.4.89

Lieber Daniel!

Es freut mich daß Du doch wenigstens das Verlangen hast wieder einmal mit mir persönlich zu verkehren, es ist doch immerhin das Zeugnis daß Du nicht gegen mich bist. Ich glaube gerne, daß Du übest; ich glaube aber gerade so gut, daß Du nicht Zeit hast etwas zu finden. Erstens bist Du eben ein Gelehrter, wenn Du es auch nicht sein willst. So ist es die Menge, in der Du Arbeitest, die dich zwingt, es doch zu sein. Mit deiner Philosophie bin ich natürlich nicht einverstanden. Wenn Du zB. sagst, ich gehe geistig vorwärts ohne daß ich fühle, höre und sehe innersinnlich, so muss ich sagen: das ist eine große Lüge. Wenn Du wiederum sagst, die einen mögen so oder so vorwärts gehen, d.h. diese sind veranlagt zum Hören, Sehen und Fühlen -- da möchte ich dich doch fragen: Glaubst Du vielleicht, der große Gott der Liebe habe dich zu einem Krüppel ersehen und habe dein Gefühl verstopft, deine Ohren Taub gemacht, und dein Licht verfinstert? So mußt Du doch selbst sagen: ich bin doch auch ein Kind durch deine Gnade o Herr, und Du hast alle Gaben in mich gelegt, die von Dir ausgehen in jedes Menschenherz, das ein Tempel deiner Verehrung sein soll! Freilich wird der Herr Advokat lachen, daß ich mir als ungelehrter Knecht erlaube so zu reden. Wenn du dies auch tust, so ist's mir immerhin eine große Ehre, dass ich dir dieses sagen darf; denn siehe: Wie soll das endliche Wesen im Reiche der Erscheinung zur Wahren Selbst- und Gott Erkenntnis kommen, den nur durch das Reich des Schauens, d.h. durch die Offenbarung an [durch] sich selbst? Darum, Lieber Bruder, hast du schlecht geübt! Sonst würdest Du mir ein besseres Zeugnis geben können. Damit Du aber wissest und erkennen lernest, daß ich immer auch Dir ein getreuer Diener und Knecht bin, so will ich Dir, ohne daß Du's verdienst, aufs neue in der Liebe entgegen kommen; übe von jetzt an: «Ich bin». Es ist der beste Rat und das beste Mittel, das ich dir geben kann. Auch da kannst Du lachen und kannst es sein lassen, wenn's dir so gefällt. Der Mensch ist ein freies Wesen, tue also, nach dem es Dich antreibt.

In immerwährender Liebe mit Gruß
Dein dankbarer
Johannes.

den 17.4.1889

Lieber Freund Hübbe!

Ich kann auf Ostern nicht nach Kempten, denn ich kann nicht weg wegen verschiedenen Besuchen, die bei uns eintreffen. Sollte ich aber im Laufe dieses Sommers nach Kempten hinaus kommen, so werde ich Dir vorher davon berichten.

Habe auch herzlich Dank für die beigelegten Briefmarken, ich weiß aber nicht, wen [wie] ich sie an Dir verdienen kann, denn ich habe das Glück nicht mehr, von Dir Briefe zu empfangen, obwohl es uns allen eine Freude gemacht hat von Dir zu hören. Bist Du nicht unser Feind, so bleibe doch unser Freund, laß' hie und da von Dir etwas hören, denn Du schreibst ja doch ganze Blätter Unsinn, darum nimm auch Zeit, und sei vernünftig, 10 Minuten, und berichte uns, wie es Dir geht, denn wir haben immer die gleiche warme Sympathie für Dich. Darum steig' auch Du heraus aus dem kalten Wasser.

Mit innigsten Grüßen und Danksagung für alles Gute, das Du an uns getan hast. Dein ergebenster Freund

Alois Mailänder

Grotenbeck, 25.6.89

Lieber Bruder Daniel!

Ich danke Dir nochmal herzlich für das mir zugesandte Büchlein. Ich habe den Inhalt mehrmals gelesen, sowie auch die im engeren Kreise, [es] hat uns alle überzeugt der Sinn, in dem es von Unsterblichkeit spricht; habe nochmals herzlich Dank im Namen aller für Deine Liebe und Deine wohlwollende Gesinnung für uns.

Lieber Bruder! Es tut mir sehr leid, daß Du Dich nicht der vollen Gesundheit erfreust, denn ich weiß, daß auch Du Deine volle Kraft bedarfst zu Deinem Dir von der Vorsehung angewiesenen Tagewerk, glaube aber ja nicht, daß die geistige Übung auf dich schwächend einwirkte, sondern Du hast Dich einfach überarbeitet mit dem Vielerlei, in dem Du leider vorderhand noch tätig sein musst. Der beste Rat wird sein, daß Du dich einem vernünftigen Arzt anvertraust, und nachher heraus gehest aus Deinem Schriftenstaub, und Dich eine Zeitlang erholst, was ich Dir von Herzen gönnen möchte. Selbstverständlich unterlässt Du die Übung so lange, bis Du Dich wieder vollständig gekräftigt fühlest. Wenn Du dazwischen nur denkest „Ich, Daniel", so wirst Du herausfinden, daß Du in Wirklichkeit noch in der Löwengrube bist, nur mit dem Unterschied, daß diese Löwen beißen und schlagen, wenn möglich auch treten; doch verzage nicht, denke: Wir sind in der Hölle zur Buße, damit wir fähig werden, den Geschmack eines süßeren Reiches nach und nach zu ertragen.

Lieber Freund! Es erfreute uns alle sehr, daß Du uns eine schwache Hoffnung gibst, dich im Laufe dieses Sommers noch persönlich zu sprechen; selbstverständlich bist Du uns als Bruder des geistigen Bundes innigst willkommen, denn wir haben gleiche Sympathie für Dich jetzt noch wie damals, als wir Dich kennen lernten. Darum sei versichert, daß dir die

Türen des Hauses und die Herzen der wenigen Dir bekannten Menschen im engeren Kreise offen stehen. Es wird uns große Freude bereiten, wenn es in Gottes Zulassung liegt, Dich wieder einmal in unserer Mitte zu haben, denn du weißt, wir trachten gerne auf Fröhlichkeit; denn ein fröhlich Herz ist Gott lieb. Ich wünsche, daß Du recht bald mit einem Solchen zu uns kommen kannst.

Das ist im Namen aller mein innigster Gruß. In Liebe an Dich

Johannes.

Grotenbeck, 16.12.89

Lieber Bruder Daniel!

Es freute mich sehr, auch von Dir ein geistiges Lebenszeichen zu hören. Ich glaube ja gerne, daß Du unser in Liebe gedenkest, sowie auch arbeitest an der Wiedergeburt deiner selbst. Der Vorgang, den Du mir mitteilest, ist wirklich geistiger Natur, daran darfst Du nicht mehr zweifeln. Das Lernen ist, die Liebe Gottes anzuziehen und dienet uns zur Kraft. Das Stechen gehört in die „Kreuzigung" und ist gut, wenn wir solche wahrnehmen. Ins weitere kann ich Dich nur in Liebe ermahnen, daß Du mögest standhaft bleiben auf diesem Wege, denn es bedarf die ganze Manneskraft, um vorwärts zu kommen.

Die Mehrheit von denen, die ich führe, gehen ruhig und sicher ihren Weg praktisch voran, was ich auch Dir von Herzen wünschen möchte. Wenn Du aber glaubst, Du erfüllest auch Deine Pflicht durch das Opfer mit der Sphinx Herausgabe, wodurch ja auch für viele Menschen gearbeitet wird zum Lichte, so muss ich auch dieses anerkennen und bin damit zufrieden; denn ich weiß, daß man seinem Nächsten nützlich sein soll in der Liebe und geistigen Gaben, die der liebe Gott uns gegeben; bloß muss ich da warnen, sich selbst nicht zu vergessen, denn ein jeder Mensch wird gefragt werden fürs erste [zuerst] nach seinem eigenen Licht, u.s.w. Ich möchte unter diesem allem nur sagen: erfülle deine Pflicht nach außen, in dem Beruf, den dir die Vorsehung angewiesen [hat], verliere aber ja dich selbst nicht dabei, sonst ist deine ganze Arbeit eine Vergebliche gewesen, denn ich bin von Anfang an gerne bereit gewesen, dir beizustehen, soweit mich der liebe Gott mit Erkenntnissen begnadigt hat und werde auch noch bereit sein dir beizustehen, sofern du es annimmst; aber die Zeit rückt heran, wo ein jeder Zeugniß geben soll welch „Geisteskind" er sei; wer wenig tun kann in der Übung, dem wird gegeben werden, wie dem der vieles tut; und darum, lieber Bruder! habe Mut und greife fest ein, es ist wirklich an der Zeit, dass Du dies kannst, so du wirklich guten Willens bist. So unterlasse deine bisherige Übung und übe von jetzt an, aber mit Ernst, „Ich bin Dein". Und wenn du mir wieder einmal über deinen geistigen Zustand berichtest, so berichte mir genauer, was in allen fünf Sinnen an dir vor sich geht; und zugleich schreibe mir jedesmal die Übung, bei der du unter [zu] dieser Zeit übest.

Ich wünsche dir Gottes Segen, und sage Dir auch vielmals Dank für die

freie Zusendung der Sphinx. In dankbarer Liebe.

Johannes.

Herzlichen Gruß von allen Dir bekannten im engeren Kreise.

Grotenbeck, 26.12.89

Lieber Bruder Daniel!

Wir haben heute von Dir 10 M. Erhalten, wofür ich Dir im Namen aller des engeren Kreises ein herzliches „Vergelts Gott" sage. Auch wir wünschen Dir ein gutes neues Jahr, besonders auf geistigem Felde, nach Innen und Außen, möge Gottes Segen alles das beleben, was Du unternimmst in der Liebe zu Deinem Nächsten und zum Wohle deiner eigenen unsterblichen Seele; daß ist unser aller Wunsch.

Nochmals vielen Dank für alle Deine uns entgegengebrachte Liebe und Opferwilligkeit. Mit herzlichem Gruß und Dankbarer Liebe

Johannes.

Im Jahr 1890

Grotenbeck, 11.2.90

Lieber Bruder Daniel!

Es wird Dir auffallend sein, daß ich an Dich schreibe, ohne daß Du mich um etwas um Rat frägst. Es sind Verhältnisse eingetreten, durch die ich in die Lage komme, Dich um Rat zu fragen, da wir hier nicht mehr lange bleiben werden aus geschäftlichen Gründen und wir gedenken irgendwo ein kleines Landgut anzukaufen mit Beihilfe von Gliedern aus dem Bunde. So möchte ich gerne im Namen von uns allen Dich um Rat fragen, da Du in verschiedenen Gegenden viel besser bekannt bist, wo denn sich die Sache sich am billigsten ausführen ließe und wir doch ein freies Leben führen könnten in frischer Luft, und so viel herausschlagen zum Durchkommen. Wir haben vor allem an Dich gedacht, weil wir wissen von früher, daß Du selbst einem solchen Landleben zugetan wärest. Wenn das aber auch nicht der Fall ist bei Dir, so haben wir wenigstens das Fabrikleben satt zum Ekel. Da aber in der Rheingegend vieles einen Taler kostet, was man in Süddeutschland um eine Mark haben kann (Grund und Boden sowie Häuser sind hier ungeheuer teuer) würden wir es daher vorziehen, in Süddeutschland oder Österreich solches zu erwerben mit Gottes Hilfe. Vielleicht kannst auch Du als ein Glied des Bundes uns irgendwo beistehen mit Rat und Tat.

Später werde ich Dir, so es Dich interessiert, die geschäftlichen Gründe mitteilen, die uns zwingen, in Bälde wieder zum Wanderstab zu greifen; für vorderhand erwarte ich deinen guten Rat im Namen aller. Es tut mir natürlich leid, daß ich Deine ohnehin stark in Anspruch genommene Zeit für uns verwenden will, du bist aber noch unser Geistes-Bruder in Liebe, so bringe auch dieses Opfer dar.

Baldige Antwort erwartend grüßt Dich innigst im Namen aller,

    In Liebe

      Johannes.

Grotenbeck, 16.2.90

Lieber Bruder Daniel!

Wie ich vernommen habe aus Deinem Brief vom 12.d.[M.] bist auch Du krank gewesen, wahrscheinlich von dem Fieber, das die meisten Menschen in diesem Jahr bekommen haben. Es freut uns sehr, daß Du wieder besser bist; wir hoffen daß der liebe Gott Dir Kraft geben möge nach Innen und Außen zu wirken und arbeiten ins fernere [fernerhin]. Ich freu mich, daß Du mir einen Bericht abstattest über dein geistiges Leben; es ist ja gut, wenn die Kreuzigung sich regt. Nur durch sie werden wir fähig zur Auferstehung. Halte doch Du fest an dem Kleinod des inneren Lebens, es allein bietet uns die Bürgschaft der Unsterblichkeit! Wenn die Welt für die Mühe und Arbeit Beifall klatschet, so verrauschet's und wir vergehen dabei; was wir aber erringen in uns selbst durch die Kraft des hl. Geistes, der in jedem Menschen ist, das wird uns zu einem Quell, aus dem Ströme des Lebenswassers fließen.

Oh laß' Dich die Mühe nicht gereuen, denn was wir anziehen an Offenbarung in diesem Leben, bleibet uns für Zeit und Ewigkeit. Habe Mut und sei stark, ich weiß aus Erfahrung: wer wenig tun kann und tut's mit gutem Herzen, dem wird es angerechnet wie dem, der Zeit hat, stundenlang zu üben. Damit Du aber mit neuer Kraft arbeiten kannst so übe von nun an: „Ich in deiner Gerechtigkeit"; sprich diese Worte in Dich hinein, damit sie deinen Körper beleben und trachte soviel wie möglich, die gesprochenen Worte [auch] zu denken.

Ich hoffe, so es in Gottes Vorhersehung liegt, bald mit Dir persönlich zu sprechen; vorderhand grüße ich Dich herzlich im Namen aller der bekannten von Kempten

In dankbarer Liebe,

Johannes.

Deinen lieben Brief v. 14 d. werde ich mit Nächsten [demnächst] beantworten; habe herzlichen Dank für deine Mühe. Habe auch herzlich Dank für die beigelegten Briefmarken.

Grotenbeck, 21.2.90

Lieber Freund!

Ich sage Dir herzlich Dank, auch Nikolaus und Gregor für Deine Ratschläge, die sehr klug sind. Über den Geldpunkt kann ich Dir mitteilen, daß unser ganzes Privatvermögen etwas über 3000 M. ausmacht, allerdings werde ich gezwungen sein einen Notschrei an verschiedene Begüterten oder Wohlhabende unseres Kreises zu richten; bis jetzt habe ich noch nichts getan. Da aber am 20. d. M. unsere Kündigung erfolgte und wir in 14 Tagen aus dem Geschäft heraus kommen, so sitzen wir im „Trockenen", bis eine Hilfe kommt. Ob eine kommt das muß sich zeigen, denn ich habe noch nie

darum nachgesucht, habe aber viel gearbeitet für die Geistes-
glieder; jetzt wird sich's zeigen, ob sie auch für uns etwas tun
wollen, den es muß ja alles offenbar werden. Dass ich Dich
um Rat gefragt habe, ist vor allem der Grund, weil wir oft
deiner Liebe gedacht haben, die Du uneigennützig uns entgegen brachtest; auch wissen wir, daß Du in Süddeutschland
über solche Verhältnisse unterrichtet bist, weil wir auch gerne
wieder nach Süddeutschland möchten.

Geschäftlich haben wir uns überworfen mit Rudolf Gebhard, der ein Fabrikant ist im Kleinen d.h. am Arbeiter die
Mark zu sparen und an einem Größeren Tausend hinaus zu
werfen; wir haben sehr bittere Erfahrung gemacht in Kempten beim Giger[65], der aber doch wusste, daß ein alter Arbeiter
etwas leistet, während dieser unerfahrene junge Gebhard
noch gar keinen Begriff hat, was geübte Leute leisten können.
Wir haben eine Geheimarbeit [ein neues Verfahren], die in
Deutschland noch kein Fabrikant besitzt. Die Leiter waren 2
Engländer, einer ist gestorben; da sollten wir nach den Ver-
sprechungen an dessen Stelle kommen, ein jeder von uns 3 in
seinem Fach. So hatte man es uns versprochen, damit wäre
auch ein höheres Gehalt verbunden gewesen, denn wir hatten
wöchentlich 20 M. 50 dl.[66] Das ist so ein Lohn, mit dem man
im Rheinland hinausreicht, übrig bleiben tut uns aber nichts.
Jetzt aber hält man kein Wort an uns, sondern sie engagierten
einen jungen Mann von 22 Jahren, der auf ihrer Seite ist, von
diesem Geschäft aber keine Idee hat. Wir sollen ihm alles
anlernen und er soll nachträglich unser Meister sein, zugleich
aber bekommt er vertragsgemäß noch Tausend M., während
man uns nicht eine M. aufbessern will; und das konnten wir

---

65   Wahrscheinlich ist die Firma Geiger in Kempten gemeint, das
      Unternehmen einer alteingesessenen Fabrikantenfamilie, das über
      vier Generationen in Kempten unternehmerisch tätig war.
66   Das entspräche, laut Rechentabelle der Deutschen Bundesbank
      heute (2024), dem Wert von 170 €.
      [https://inflationhistory.com/de-DE/?]

uns nicht gefallen lassen. Selbst vom Geistigen aus wurde mir gesagt, es nicht anzunehmen. Im übrigen ist das Geschäft von Gebhard verkauft worden, da es durch seine schlechte Leitung nicht mehr konkurrieren konnte mit den anderen Geschäften. Bis in 3 Jahren haben sie nicht mehr Anrecht auf den Schmutz im Hofraum ihres ehemals schönen Geschäftes. Der neue Käufer besitzt schon die Hälfte der Fabrik, die andere Hälfte dürfen Gebhards noch benützen als Mietlinge. 3 Jahre, dann ist die ganze Herrlichkeit vorbei. Sie kaufen natürlich wieder anderswo eine kleine Fabrik, sie werden's aber zu Nichts bringen, denn sie verstehen nur, für sich Geld auszugeben, aber nicht praktisch ein Geschäft zu leiten. Der Franz will ein Bauer werden; für das hat er gerade so viel Begriff als wie die lieben Münchner, wenn's kein Bier mehr gibt. Der alte Herr Gebhard will nach Berlin ziehen, wenn er sein Haus wegbringt, und sich mit der Bank beschäftigten, um sich und seinen Kindern Geld zu verdienen.

Dies ist ein „Vertrauensbrief" von mir, nur dass Du von der ganzen Sachlage ein richtigen Begriff bekommst; glaube, daß ich nur von der Wahrheit Zeugnis gebe. Solltest Du uns irgendwie raten oder helfen können, sind wir Dir dankbar, denn die Stunde ist gekommen, so sich die Glieder des Bundes offenbaren müssen, ob sie wert sind eines geistigen Führers und der Ältesten der Gemeinde -- das sind die dir Bekannten fünf im engeren Kreise aus Kempten. Denn jetzt ist die Stunde gekommen, wo wir sollen erlöst werden aus der Wüste: Über 3 Jahre haben wir in ihr zugebracht; aufs Neue ist die Morgenröte angebrochen, es soll licht und Tag werden. Aber so lange wir gefangen gehalten werden durch Menschengewalt, können wir nicht Befreier werden denen, die in Sklavenketten gebunden sind. Darum habe acht, lieber Bruder Daniel! daß die Morgenröte auch Dir zum Lichte werden möge, denn nicht umsonst tue ich diesen „Ruf". Tue nicht nur deine Pflicht, tue etwas mehr, es wird Dir zum Liebes-Segen werden!

Ich rufe nur einmal, lieber will ich vergehen im Strome der Zeit, als dass ich zweimal im Namen aller appelliere an die Glieder des Bundes. Das ruft Johannes Dir zu im Bunde der Verheißung im Namen aller. Mit inniglichem Bruder Gruß

Johannes.

Grotenbeck, 27.2.90

Lieber Bruder Daniel!

Habe herzlich Dank für Deinen lieben Brief für Rat und Tat wie Du uns anbietest. Ich kann Dir im Moment noch gar nichts Sicheres sagen. An Herrn von Hoffmann hab ich meinen Notschrei erlassen. Er schrieb mir sofort, er sei bereit etwas zu tun, will aber zuerst mit Herrn Arthur Gebhard unterhandeln oder ihn zum Verwalter setzen. Da dieser gegenwärtig nicht hier ist, so wird die Sache etwas länger gehen. Nach Wien werde ich als nächstes schreiben an meine Geistes-Freunde. In England habe ich nur einen Freund und dieser ist ein Deutscher; mit Mr. Finch habe ich nichts zu tun, wir haben uns voriges Jahr mit einander überworfen; ich habe gefunden, dass er nicht der Mann ist, wie wir ihn dafür gehalten; das sei genug über ihn, wenn ich persönlich zu Dir komme, will ich näheres Dir mitteilen. Für vorderhand haben wir noch das Notwendigste; sollten wir wirklich in Not kommen, so nehmen wir dankbar an, was Du uns angeboten [hast] zur Hilfe. Ich werde Dir später Mitteilung machen, wenn ich einmal weiß, was wir überhaupt für Hilfsmittel zusammenbringen, denn ich achte Deinen guten Rat hoch, denn du kennst die Verhältnisse in der Welt. Mit innigstem Gruße von allen dir bekannten.

In dankbarer Liebe

Johannes.

Nachschrift. Wen ich einmal frei bin von der Fabrik kann ich auch noch mehr wahre „Geistessucher" annehmen; du hast mir gewiss auch noch einige zu empfehlen die du für echt hältst.

Dein J.

Grotenbeck, 20.3.90

Mein lieber Freund!

Endlich komme ich in die Lage, Dir mitzuteilen daß wir von sämtlichen Gliedern des Bundes so viel erhalten haben, um nicht mehr in die Fabrik zu gehen. Ein jedes von denen, die ich führe, hat sich bestrebt in der Tat das zu tun, was es erübrigen kann. Infolge dessen gedenken wir, nach Hallein bei Salzburg zu ziehen, umso mehr, da die österreichischen Brüder und Schwestern das Meiste an uns getan. Ich komme ihnen dadurch näher, sie bekommen besser Gelegenheit mit mir in Verbindung zu treten. Auch Du kannst mit dieser Wahl zufrieden sein, denn von München nach Salzburg ist nicht weit. Da unsere Reise über München geht, so werden wir wohl mit Dir zusammenkommen. Es kann aber noch einige Monat gehen, bis wir übersiedeln können, indem wir dort ein eigenes Haus kaufen wollen oder [es sein] lassen. Auch mit Mr. Finch hab' ich mich vereinigt; er war vor 8 Tagen bei uns auf Besuch. Wir selbst sind schon aus der Fabrik ausgetreten, sind gegenwärtig daran, uns etwas zu erholen.

Mit herzlichen Grüßen von uns allen.

A.M.

Grotenbeck, 26.3.90

Mein lieber Freund!

Ich habe Dein Schreiben erhalten und nehme mit großem Dank Deine Opferwilligkeit an, denn wir werden ja wohl auch zu seiner Zeit deinen Rat und Beistand bedürfen. Da ich wegen „Hallein" – nämlich ein Haus ankaufen mit Garten und etwas Acker – [alles] dem Herrn Direktor Kellner[67] übergeben habe, da derselbe in Hallein viel zu tun hat und die Verhältnisse kennt, so glaube ich, ich habe den richtigen Mann gewählt, außerdem ist er vor zwei Tagen bei mir gewesen auf der Durchreise von Norwegen nach Wien. Ich konnte ihm unsre Wünsche und Willen klar legen. Da aber nicht gerade gesagt werden kann, in 8 oder 14 Tagen ist die Sache erledigt, so ist es mir auch nicht möglich, dir jetzt schon zu sagen, wann wir nach München kommen. Dorthin müssen wir auf alle Fälle, und dann wären wir freilich recht froh, wenn wir mit Dir zusammentreffen können; auf jeden Fall: wenn in Hallein ein gewünschter Ort für uns gefunden ist, so werde ich den Gregor dorthin schicken um die Sache anzusehen, weil er von Häusern etwas versteht, denn kaufen tun wir's selbst. Ich werde also Dich, so früh es mir möglich ist, in Kenntnis setzen. Wenn einer von uns, oder wir alle, nach München kommen.

Lieber Geistes-Bruder! Das Stechen in der linken Seite ist geistiger Natur und gehört zur Kreuzigung, es macht mir große Freude, daß diese Kraft sich in Dir offenbart, arbeite nur ruhig weiter so viel du kannst und sei stark im Herrn.

Mit vielen Grüßen von uns allen. Dein dankbarer
Johannes.

---

67   Carl Kellner (1850-1905)

Grotenbeck, 3.4.90

Lieber Bruder Daniel!

Ich habe Deinen lieben Brief erhalten und sehe, daß Du ein sehr gutes Gemerk [Gedächtnis] hast. Ich habe allerdings gesagt in einem früheren Brief, daß ich noch mehrere Schüler annehmen werde oder könne. Da mir aber von verschiedenen Seiten solche angeboten werden, so deucht mich [scheint mir] die Zahl zu groß von deiner Seite. Da ich aber gewohnt bin, mein gegebenes Wort zu halten, so will ich deinen „Hamburger Freund"[68] vorziehen, ob er reich oder arm ist tut hier nichts zur Sache. Schreibe ihm ganz ruhig, daß ich mich um ihn annehmen werde; wenn er Dir dann auf deine Botschaft geantwortet hat, so berichte mir wieder davon, dann werde ich ihm die erste Anweisung geben durch Dich. Wenn es dann später Gelegenheit gibt, so kannst Du ihn bei mir einführen.

Die anderen aber sollen noch geduldig warten, bis die Reihe an sie kommt. Ich glaube dir ein Liebesdienst zu erweisen, daß ich deinen Landsmann, den Du besonders empfohlen, den Vorzug gebe.

Mit herzlichen Grüßen von uns allen.
Dein Mitbruder
Johannes.

Grotenbeck, 10.April 1890

Lieber Daniel!

Ich bitte, übersende dieses deinem und meinem mir noch unbekannten Mitbruder, ich glaube dass Du mir ein tüchtiges Glied in die Kette der Verheißung geschmiedet hast, denn auch Du tust was Du tun musst. Ich sehe in Dir ein Werkzeug des Herrn; darum aber muss ich Dir immer zurufen: Sei Du fest und stark! Denn wisse: Ich will starke Glieder haben, es

68   Bernhard Hubo (1851-1934)

ist genug wenn „Johanna" jetzt ein altes schwaches Weib geworden ist. Ich will, daß ihr alle fest seid im Zeugnis des Bundes, denn das „alte Weib" stehet unter der einen Krone in der Zahl zwölf. Wohl tut jeder, den dieses alte Weib nicht einen groben Sünde zeihen [nennen] kann. Du wirst mich ja freilich nicht ganz verstehen können, das tut aber nichts zur Sache, denn ich bin der Ich Bin und werde sein der, der Ich Sein Werde solange der liebe Gott mich wirken läßt.

umschlagen

Auch möchte ich Dir als Präsident des Bundes mitteilen, daß alle Glieder mit Ausnahme von Dir freiwillig ihr „Schärflein" uns zu Füßen gelegt haben, d.h. ohne Anfragen, von innen gedrungen, ihr Opfer auf den Altar gelegt haben, so dass wir jetzt „frei" atmen können. Noch sind wir „heimatlos". Auch dieses werden wir finden, aber nur durch solche Geister, die nicht fragen, sondern die da geben von Herzen gerne das, was sie ermangeln [erübrigen] können; mehr wird auch nicht gefordert, denn hier gilt der Grundsatz: Ein freies Opfer, aus wahrem Herzen dargebracht, ist dem Herrn lieb.

Mit herzlichen Grüßen von allen im Bunde,
Dein offenherziger
Johannes.

Grotenbeck, 13.4.90

Lieber Bruder Daniel!

Ich habe Dein einbezahltes Geld sowie auch deinen lieben Brief erhalten und sage Dir in unser aller Namen ein herzliches „Vergelt' s Gott", denn es wird auch Dir bekannt sein aus Erfahrung daß der „Geber" nicht zu Schanden wird, wenn es aus freiem Herzen geht. Ich weiß dass Geben schwerer denn Nehmen ist, ich weiß aber auch daß der Geber wieder empfängt, sei es im Inneren oder von außen. Auch kann ich Dir mitteilen, daß wir keine materielle Not leiden, sondern wir wollen nur das Versprechen zusammen bringen, damit wir [mit] dieser Summe berechnen können, in wie fern [ob] wir kaufen können. Leider haben wir bis jetzt in Hallein noch nichts Zweckmäßiges erhalten können, trotzdem [obwohl] sich Herr Kellner große Mühe gibt, er hat sich bereits ein anderes Terrain ausgesucht in der gleichen Umgebung, wir haben aber bis jetzt noch keinen Bericht. Wenn etwas gefunden wird, so wird Gregor in unserem Auftrage hinreisen um es anzusehen, wenn passend zu kaufen.

Wenn er über München kommt, rückwärts [heimwärts] wird er Dich auch besuchen, vorübergehend, dann wirst Du Näheres erfahren. Mit herzlichen Grüßen und innigster Danksagung im Namen unser aller, Dein

Johannes.

Auf dem geistigen Wege übe so viel es deine Zeit und Verhältnisse zulassen, das Übrige wird dir durch Gottes Liebe gegeben werden.

[Schluss fehlt!]

Grotenbeck, 19.5.90

Lieber Bruder Daniel!

Da ich von meinen „Geistes Brüdern" gedrungen werde, mich abphotographieren zu lassen, so erlaubte ich mir, auch Dir ein solches „Bild" zuzusenden, um so mehr, da alle mir sagen, daß ich sehr naturgetreu getroffen sei; vielleicht ist es dir angenehm. Im übrigen sitzen wir noch im „Geduldsgarten" Grotenbeck, haben Aussicht nach Hallein zu kommen, es ist aber noch nichts Direktes abgemacht.

Es kann auch sein, daß wir nach „Pekladen"[69] an der Do-

---

69 Es ist wohl der Ort „Prekladen" gemeint, der heute in Slowenien, nahe bei der österreichischen Grenze liegt.

nau, mehrere Stunden vor Wien, kommen. Sobald wir etwas Bestimmtes wissen, werde ich Dir zeitig schreiben, wenn wir über München reisen. Deinem mir zugesandten Freund „Hubo" hab' ich die Erlaubnis gegeben, mich auf „Pfingsten" zu besuchen. Seine ersten Erfolge haben mir Freude bereitet; ich glaube, daß wir in ihm einen tüchtigen „Baustein" bekommen haben in geistiger Beziehung. Mit vielen herzlichen Grüßen von uns allen, Dein dir getreuer

J

Auch sagen wir Dir noch herzlich Dank für deinen Rat und wegen Briefporto, wir werden das meistemal darnach handeln; sobald ich nähere Auskunft weiß über unser neues „Heim" werde ich Dir sofort berichten. Mit herzlichen Grüßen von uns Allen. Dein

Johannes

Schreibe die Adresse:

Sonnborn a /d. Wupper

laß Grotenbeck Vohwinkel weg, ich bekomme dann die Briefe bälder.

Grotenbeck, 2.6.90

Lieber Bruder Daniel!

Ich habe Deinen Brief v. 29 Mai erhalten, habe auch Deinem Wunsch gemäß über deinen körperlichen Zustand nachgesehen, erhielt aber ein anz anderes Resultat als wie deine Ansichten in obigem Brief. Dass Du körperlich Nerven [nervlich] angegriffen bist, in dem kann ich nicht zweifeln, dass aber dir deine Arbeit geistig nicht gelingen oder die Kraft verschwunden ist dazu, das ist Unwahrheit und beruht mehr auf einer krankhaften „Einbildung". Wenn Du dich selbst genauer prüfst, so wirst Du herausfinden, daß Du sehr viel arbeitest, doch über dem allem habe ich den Rat für Dich, daß Du einmal deinen ganzen Kram von Arbeit einen Moment wegwirfst, gründlich aber, weder einen Brief empfängst noch Dich sonst um etwas bekümmerst, sondern [dich] nur bloß um Dich selbst [kümmerst], dann wirst Du sehen, dass Dein Geist ein riesiges Verlangen bekommt, nur wieder arbeiten zu dürfen. Dies ist mein gründlicher und einziger Rat, den ich Dir in dieser Angelegenheit geben kann.

Was die geistige Übung anbelangt, so muß ich Dir sagen, daß sie mit Deinem Zustand nichts zu schaffen hat, denn ich habe eine Menge Zeugnisse von Menschen, die viel mit Kopf und Feder arbeiten müssen, die sich aber durch die geistige Übung immer mehr gestärkt fühlen zum obigen ausführen. Ich glaube ja allerdings, daß Du mit meinem Rat glaubst, ich sei verrückt geworden, was aber absolut nichts zur Sache tut, denn nicht ich rate dies, sondern Der hat geantwortet in mir und schon oft zu aller Wohl, überlege Dir die Sache und handle wie Du es für gut findest für Dich selbst.

Dir von Herzen Gesundheit wünschend mit vielen Grüßen von uns allen,

Dein dankbarer

Johannes

Grotenbeck, 9.6.90

Lieber Bruder Daniel!

Ich habe Deinen Brief erhalten und danke dem lieben Gott, daß Du stark und kräftig bist in Deinem Beruf. Es freut mich, daß Du mir nichts übel nimmst, denn Du musst wissen, ich gehe einen Weg gradaus, nichts kann mich hindern, Lug und Trug ist mir fern, meine Bahn ist: Leben für den, der leben will, Tod für den, dieser tot sein will; ich bin ein „Freier" und lasse mich nicht belügen oder betrügen, trage nie eine Maske vor deinem Angesicht, Wahrheit gepaart mit Gerechtigkeit ist deinem Knechte lieb. Ich bin nur ein Knecht, aber ein „Gesandter" und kein Mensch und keine Menschenzunge hat mich je mit meinem Namen genannt. Darum sei Du mit mir, daß auch ich sein kann mit Dir auf den Wegen, die wir nur kurze Zeit gehen können. Vergänglich ist's das, auf was wir treten. Ewig ist das Nichtsein, das Schweben und Leben in der Harmonie. Drei in Eins sei mein Liebes-Brudergruß.

Dein Johannes

Postscriptum

Lieber Freund!

Das Neueste, was ich Dir berichten kann, ist ein eigentümlicher Vorgang; um so mehr, da es Dir muss bekannt sein, daß wir geistige Offenbarungen und seelische Wahrnehmungen sehr genau unterscheiden, denn wir sind keine Spiritisten, wir glauben an die Unsterblichkeit der Seele ohne Manifestationen. Es ist aber wider unseren Willen am Samstag 7. Juni abends zwischen 6 und 7 Uhr bei uns ein besonderes Ereignis geschehen. Wir sind in der Zahl 5 an dem Tisch beisammen gesessen, an dem Du in Kempten uns durch Deine Liebe Brot, Käse und Bier zum Besten gabst. Dann kam noch eine sehr intelligente Frau als „Gast". Wir sprachen unter einander von allgemeinen Dingen d. h. von Krankheit und Geschäft. Plötzlich fiel ein Gegenstand auf den Boden, der den Anschein hatte, als wäre es ein Manschettenknopf, der gewaltsam losspringt oder ein kleiner Stein, der gewaltsam irgend wo hingeworfen wird. Der 6. te Gast unter uns hatte das Gefühl, als wie wenn es über seinen Kopf geworfen würde. Gregor glaubte, es sei zuerst auf den Tisch gefallen, und dann erst auf den Boden gespritzt. Ich für meinen Teil hatte die Ansicht, Gregor, der mir entgegen am Tische sitzt, habe mit etwas gespielt in den Händen und dasselbe fallen lassen. Kurz, ein jedes glaubte, die Sache komme woanders her, von der Zimmerrichtung, der Fall aber schien uns die rechte Ecke des Zimmers zu sein. Da wir sehr aufgeregt wurden und gestört, kroch die Menge unter den Tisch, um den vermeintlich geworfenen kleinen Stein zu finden, da wir glaubten, es müsse sich etwas von der Zimmerdecke gelöst haben. Sie konnte aber momentan nichts finden. Wir alle aber sagten ihr sie müsste doch am Morgen, dies war am Sonntag den 8.Juni, Obacht geben, ob nicht das Steinchen zu finden wäre, das nach unserer Meinung von der Decke herunter gefallen ist. Sie fand wirklich einen Gegenstand, ob dem wir alle staunen mussten: nämlich eine Perle, so groß wie eine größere Erbse von Holz & wie es die Bauern als Betmuster[70] gebrauchen im Allgäu. Wir haben diesen Gegenstand im Besitz und können dir hoch und teuer versichern, daß wir kein solcher Betmuster unter uns haben. Nebenbei möchte ich Dir noch bemerken, daß wir ganz allein in einem Hause wohnen, nämlich als Katholiken, unser Hausherr ist ein strenger Protestant und seine ganze Familie. Ich schreibe Dir dies nur bloß um der Seltenheit willen, denn wir suchen keine solchen „Wunder". Aber wir müssen's bezeugen um der Wahrheit [willen], denn 6 erwachten [erwachsene] Personen haben dieses mitgemacht. Nebenbei möchte ich dir noch bemerken: verschon' mich mit deinem Schüler, bis ich ein festes „Heim" gefunden habe. Gegenwärtig weis ich so viel wie Du, darum kann ich Dir noch nichts sagen. Mit herzlichem Brudergruß im Bunde von der Zahl 5.

Dein Johannes.

Übungsworte

Vom 5. bis 7. August 1890 in Kempten

«Ich bin in Deiner Gnade.»

---

70   gemeint ist wohl eine Holzperle, wie sie ihren Gebrauch im
      volkstümlichen Rosenkranz hat.

Grotenbeck, 23.8.90

Lieber Bruder Daniel!

Ich habe Deine Briefe in Kempten und hier erhalten, habe aber sehr viel Arbeit und konnte infolge dessen nicht auf das Nähere eingehen. Auch erhielt ich die hundert Mark zur Postanweisung, wofür ich Dir Dank sage für die Mühe. Es freut mich sehr, daß die Verklärungs Schmerzen bei dir in den Finger- und Fußspitzen so lebhaft hervor treten; ich wünsche Dir nur Beharrlichkeit im geistigen Fortschritt. Auch Dein neuer Vorgang vom Scheitel des Hauptes ist ein guter Anfang. Wenn Du diese Wahrnehmungen öfters bekommst, auch an anderen Teilen des Körpers, so werde ich Dir später Aufschluß darüber geben. Übe also ruhig weiter und vertraue auf den Herrn, der Dein Helfer sein wird.

Mit herzlichem Brudergruß, Dein

Johannes.

Gegenwärtig sieht Nikolaus einige Objekte an; Genaues kann ich Dir nicht angeben.

Grotenbeck, 26.Sept. 1890

Lieber Bruder Daniel!

Im Auftrage unseres Führers teile ich Dir mit, daß er selbst unvermögend ist, Dir Deinen Brief selbst zu beantworten, da er seit 3 Wochen wieder schwer erkrankt ist an Lungen und Rippenfellentzündung und sehr viel Schmerzen ausgestanden hat, ist aber mit Gottes Hilfe und Beistand eines guten Arztes wieder auf dem Weg der Besserung. Er muss sich aber sehr in Acht nehmen und darf sich in keiner Beziehung anstrengen. Deine Mitteilung betreffs Deiner geistigen Wahrnehmungen ist ganz [hier fehlt ein Wort] fahre nur so fort, es wird immer mehr und mehr Licht in Dir werden, wenn auch langsam.

Deine Frage betreffend: der äußere Wille darf bei der Übung nicht sein, sondern man muss sich nur so üben: nämlich das Wort im Munde still sprechen und den Gedanken so viel wie möglich bei der Übung haben und ruhig warten, was sich auf die Übung einstellt, denn was da kommt, kommt aus Gnade Gottes unverdient; darum sollen wir nicht wollen, denn solches wäre falsch und nicht richtig geübt.

Nun will ich Dir auch mitteilen, daß wir endlich ein „Heim" angekauft haben. Der Ort heißt Dreieichenhain, und liegt zwischen Frankfurt und Darmstadt in einer sehr schönen Gegend, es ist dort ein mildes Klima und sehr fruchtbar. Das Anwesen besteht in einem zweistöckigen schönen Wohn-Haus, Scheune und Stallung, 2 Obstbäumestücke von über 100 Bäumen, welche meistens tragen, [dort] sind 2 große Gemüsegärten und etwas Ackerland. Wir glauben, daß wenn uns geistige Mitglieder besuchen, es allen gefallen wird. Wir gedenken bis längstens in 14 Tagen übersiedeln zu können, so unser Führer die Reise bis dorthin unternehmen kann. Ich bitte Dich daher, nicht eher wieder zu schreiben, bis unser Führer wieder so weit ist, daß er geistige Briefe beantworten kann, denn er muss sich wenigstens 3-4 Wochen erholen können, um wieder Kräfte zu sammeln für seine geistige Führung, was wir, mit Gottes Hilfe, hoffen, bald wieder geschehen sein wird. Ich schließe mit herzlichen Grüßen von uns allen an Dich, Dein dankbarer

N. Gabele

Unsere Adresse im neuen Heim heißt:
Alois Mailänder postrest.
Dreieichenhain
Station Langen b. Darmstadt

Dreieichenhain, d. 20.10.1890

Lieber Freund!

Ich möchte Dich ersuchen, da wir keine genaue Adresse von Hans Ebner haben, demselben mitzuteilen, daß wir ihn gegenwärtig nicht brauchen können zum Besuch, denn in unserm neuen Hause ist noch alles bunt durcheinander, wie in einem Trödlerladen. Es kommt alles zusammen, man soll die Feld- und Gartenarbeiten bestellen und im Haus Ordnung machen, was sehr viele Mühe und Arbeit gibt.

Ohnedem hat Johannes noch die Nachwehe von seiner Krankheit und bedarf der Ruhe sehr wohl. Bitte teil dieses dem Hans mit. Es wird wohl später einmal Gelegenheit geben, daß er zu uns kommen kann. Mit herzl. Grüßen an Dich und Hans

Dein ergebener N. Gabele

Dreieichenhain 11.11.90

Lieber Freund![71]

Ich kann Dir mit Freuden mitteilen, daß ich jetzt wider Gott sei Dank gesund und wohl bin, daß es mir sehr wohl gefällt, sowie auch den anderen in dem uns durch Gottes Vorsehung angewiesenen neuen „Heim". Es ist eine herrliche fruchtbare Lage, hauptsächlich Obstzucht, gute milde Luft, was die größte Hauptsache ist für mich und auch für Gregor, für unsere Lungen. Wir haben viel Beschäftigung im Garten und Feld, was, was uns sehr zuträglich ist. In der Hoffnung, daß es Dir auch gesundheitlich wohl geht, sowie in geistigem Vorwärtsschreiten verbleibe ich Dein ergebener

---

71 Mit diesem Brief beginnt die Schrift sehr gleichmäßig zu werden, sie ist von geübter Hand verfasst – der Hinweis auf eine „Sekretärin".

Freund. Alois M.

Herzliche Grüße von allen Dir Bekannten im engeren Kreise.

Dreieichenhain d. 18.11.1890

Lieber Geistesbruder Daniel!

Ich habe mir Deinen Brief betreffend neuer Schüler sehr genau überlegt und bin zu dem Resultat gekommen, daß ich gegenwärtig keinen Neuling annehmen kann. Ich habe ungefähr 5 oder 7 neue Schüler, die noch nicht über das erste Jahr hinausgekommen sind, was mir sehr viele Arbeit gibt, denn die Anfänger machen sehr viele Mühe. Ohnedem habe ich im Innern angefragt sowohl für Deinen Fidus/ Hugo Höppner/ sowie auch für Herrn Franz Lambert.

Es hat mir aber „nein" gesagt; infolgedessen müssen die zwei Geduld haben bis für sie die richtige Zeit kommt. Was Dich selbst anbelangt, freue ich mich, daß der liebe Gott sich in Dir offenbart, denn all die Vorgänge, die Du mir bezeichnest, sind sehr gut. Arbeite so gut Du kannst und glaube nicht, daß Du allein bist; Gott ist mit Dir, das mußt Du erkennen an Deinen Offenbarungen. Sei auch nicht verzagt wegen der Zukunft, denn was Du gewinnst an innersinnlichem Leben, bleibt Dir für Zeit und Ewigkeit Eigentum.

Wir wissen auch noch lange nicht, ob wir das große Ziel vollständig erreichen. Wir leben aber im Glauben, daß wir es erreichen können, so es in Gottes Willen liegt; und dieser Glaube macht uns stark.

Ich schließe mit herzlichen Grüßen von uns allen an Dich und verbleibe in Liebe

Dein Johannes.

Dreieichenhain d. 10.12.1890

Lieber Daniel!

Wie Du mir in Deinem Schreiben berichtest, geht es Dir innersinnlich ordentlich voran. Es ist mir sehr lieb, daß Du mir Deine bisherige Übung berichtest. Du kannst dieselbe unterlassen und von jetzt an üben:

/ „Es ruft meine Stimme zu Dir" /

Ich hoffe, daß es Dir neue Kraft und neuen Mut gibt zum Vorwärtsarbeiten. Auch möchte ich Dich aufmerksam machen, daß Du Deine inneren Sinne beobachten mögest; wenn sich dieses kund, tut mir darüber zu berichten. Ich wünsche Dir Gottes Segen auf der Geistesbahn.

Wenn auch nichts auffälliges vor sich geht, so bleibe dennoch beharrlich auf deinem Wege. Der innere Mensch entwickelt sich langsam, legt aber immer zu an Kraft, wenn auch keine offenbarlichen Tatsachen vorhanden sind. Übrigens kannst Du vertrauensvoll auf dem Wege fortwandern, denn Du bist auch nicht zu alt und kannst noch vieles erringen; und was Du erringst, bleibt Dir für Zeit und Ewigkeit, denn ich weiß recht gut, daß Dich der Zweifel hinhält, denn du glaubst viel lieber, daß Du das Ziel nicht erreichst, als wie das Gegenteil.

Lerne glauben, daß Du es mit Gottes Hilfe erreichen kannst, dann erweckst Du eine neue Kraft zum Leben. Denn hier gilt das Wort: Wer glaubt, der hofft und wer hofft, der liebt und der Beharrliche wird das, was er liebt, auch erhalten. Und darum wach auf, denn Du bist auch einer von den Rebellen, die nicht glauben können, was sich nicht greifen läßt. Sieh obiges nicht für einen Geschäftsbrief an, denn ich will nicht in den Wind ermahnt haben. Es ist nur eine gute Meinung, die ich Dir in Bruderliebe zukommen lasse.

Mit herzlichem Gruß, in Liebe   Johannes

umschlagen

Das Schreiben von deinem Freunde habe ich gelesen und sehe wohl, daß er empfänglich ist für ein inneres Leben. Was nützen ihm aber seine Vorgänge, so er doch keine Erkenntnis davon hat. Er könnte nur in ein Labrint [Labyrinth] kommen und dabei den guten Willen zum Suchen verlieren. Ich habe Mitleiden mit diesem Manne und will mich um Ihn annehmen. Du kannst ihm davon berichten und meine Adresse geben, dann kann er ja in kurzen Worten an mich schreiben, ob er wirklich den Weg der Wiedergeburt geführt werden will.

Bis dort hin herzlichen Gruß an ihn als unbekannt von mir.

Dreieichenhain 24. 12. 1890

Lieber Bruder Daniel!

Soeben erhielten wir dein Weihnachtsgeschenk. Wir sagen Dir alle unseren innigsten Dank. Wenn Du auch nicht mit Reichtümern gesegnet bist, so erkennen wir doch an, daß Du als Geistesbruder bestrebt bist, das Deine an uns zu tun. Und darum habe noch einmal ein herzlichstes „Vergelt es Gott". Wir wünschen Dir recht gute Weihnachten und im Geistigen ein recht gutes neues Jahr.

Deinen Vorgang betreffend mit den Fersen, ist von größter Bedeutung. Doch wenn ich Dich vergessen sollte, schreibe ihn mir später wieder. Ich habe gegenwärtig zu viel Arbeit und kann nicht auf den Sinn deines Briefes eingehen. Sollte ich Dich aber vergessen, so kannst Du mich ja wieder mahnen nach dem neuen Jahr. Auch lade ich Dich herzlichst ein, unser neues Heim einmal anzusehen.

Mit vielen brüderlichen Grüßen und Glückwunsch zum neuen Jahr, im Namen unser aller verbleibe ich

In Liebe, Dein

Johannes

Im Jahr 1891

Dreieichenhain 12.1.1891

Lieber Daniel!

Da ich nochmals auf Dein Schreiben vom 22. Dez. zurückkomme, so möchte ich noch einige Punkte berühren. Ich kann nicht begreifen, wie Du auf den Wahn kommen kannst, daß Du noch 12 Jahre zum Leben habest. Das kannst Du nicht wissen. Du kannst gerade so gut behaupten, Du werdest in diesem Jahre noch sterben. Der Mensch, der den Weg der Wiedergeburt wandelt, wird wunderbar geleitet und Menschenverstand hört da auf. Was Du mir über deine Vorgänge berichtest, sie sind sehr erfreulich. Besonders ist das Versen Stechen gut. Ich will aber warten, bis sich die Sache noch weiter entwickelt, dann werde ich Dir mit der Zeit den notwendigen Aufschluß geben.

Auch ich möchte von Herzen Dir wünschen, daß dieses neue Jahr ein recht gutes für Dich und für uns alle werde im geistigen Vorwärtsschreiten. Es ist auch uns verheißen, daß es ein gnadenreiches werde, mit Gottes Hilfe.

Mit Deinem Freund Lambert stehe ich in brieflicher Verbindung, konnte ihn aber bis jetzt noch nicht persönlich sprechen, da ich immer Gäste habe aus dem Kreise und sehr viel Arbeit.

Mit herzl. Grüßen von uns allen

In Liebe

Johannes

Dreieichenhain 21.1.1891

Lieber Bruder!

Wie ich aus Deinem Brief sehe, bist Du noch immer mit Überarbeit beladen und in Folge dessen halb krank. Ich möchte Dir von Herzen wünschen, daß Deine Lebensmission in äußerer Beziehung etwas leichter für Dich würde. Es freut mich natürlich sehr, daß Dein Traumleben eine Art Hellsehen geworden ist. Es wird sich, so Du standhaft bleibst, immer mehr vervollkommnen. Auch hast Du allen Grund mit Deinen praktischen Vorgängen zufrieden zu sein. Zugleich möchte ich Dir noch sagen, daß bei dem, der übt (so gut er eben kann), ein Rückwärtskommen nicht möglich ist. Der Mensch, der die göttliche Kraft angezogen, bei dem gibt es kein Halten, sondern [nur] ein ewiges Vorwärtswalten.

Ich glaube, es wäre am besten für Dich, wenn Du Deine ganze Arbeitslast auf 8 oder 14 Tage, wenn möglich, weglegen würdest und zu uns auf Besuch kämest; es würde Dir zur Erholung und Stärkung dienen. Wir haben ein eigenes Gastzimmer, sehr luftig und schön. Auch ist es sehr ruhig bei uns. Da kannst Du schalten und walten nach Herzenslust. Das Essen, was Du brauchst, kannst Du in einer guten Wirtschaft haben in unserer Nähe und nicht so teuer. Wenn Du aber kommen willst, so müsste es wenigstens bis Mitte Februar geschehen, auf später hinaus sind andere Gäste angesagt und ich könnte Dir nicht die gewünschte Aufmerksamkeit schenken.

Herzl. Grüße von uns allen. In Liebe   Johannes

Dreieichenhain d. 2. Febr 1891

Lieber Freund!

Es freut mich, daß Du uns so bald besuchen willst; ich bin gegenwärtig allein, folgedessen kann ich Dir Aufmerksamkeit schenken.

Du fragst mich wie am besten zu uns zu kommen ist. Das kommt alles darauf an, über welche Linie Du fährst. Kommst Du von München nach Frankfurt, so mußt Du im Centralbahnhof ein Billett nach Sprendlingen lösen. Bahnhof Sprendlingen ist eine halbe Stunde vom Dorf Sprendlingen entfernt. Es fährt aber ein Postwagen 9 Uhr, 12 Uhr mittags, abends 5 Uhr und nachts 8 Uhr hin und her zwischen Ort und Bahn Sprendlingen. Vom Ort Sprendlingen nach Dreieichenhain gibt es keine Fahrgelegenheit. Es sind aber bloß noch 20 Minuten zu Fuß zu gehen.

Solltest Du aber von Heidelberg, Darmstadt kommen, so ist Station Langen, welche auch 20 M. vom Städtlein entfernt liegt, wo Du aussteigen mußt. Hier ist bei jedem Zug Fahrgelegenheit mit der Post zwischen Bahnhof und Städtlein. Aber von Langen nach Dreieichenhain ist eine gute halbe Stunde zu Fuß zu gehen, leider auch keine Fahrgelegenheit.

Übrigens wie Du hörst, wohnen wir zwischen Frankfurt und Darmstadt. Aber eine Station näher bei Frankfurt. Fahrgelegenheit von Frankf. Oder Darmstadt gibts zu jeder Tageszeit. Es ist die Main- Neckar Bahn. Schnellzüge halten nur einige im Tag und zwar in Langen. In Sprendl. keiner. Wenn Du uns aber genau schreiben könntest mit welchem Zug Du in Sprendl. oder Langen ankämst, so würden wir einen Wagen mieten und Dich vom Bahnhof abholen. d.h. wenn es nicht zu spät in der Nacht ist. Denn nachts wollen sie nicht gerne fahren.

Ich habe Dir die Fahrt so genau wie möglich mitgeteilt.

Berichte mich genau, mit welchem Zug Du zu kommen gedenkst und an welchem Bahnhof Du aussteigen willst. Dann kann man Dich abholen. Aber es muß bestimmt sein, sonst haben wir die Fahrt umsonst zu bezahlen.

Herzl Grüße in der Hoffnung eines baldigen Wiedersehens verbleibe ich Dein Freund A.M.

Dreieichenhain, d. 26.Febr 1891

Lieber Geistesfreund!

Ich habe soeben Deinen Brief, sowie auch die Drucksachen erhalten und sage Dir herzlichsten Dank für Deine Aufmerksamkeit.

Die Schrift[72] über Lebendige und Tote gefällt mir sehr gut. Es ist große Wahrheit und eine Nahrung der Seele für jeden Menschen, der sich um Ewiges bekümmert.

Auch das zweite Blatt sind schöne Belehrungen, ich möchte sagen Weisheitssprüche zum Denken und Lernen. Ich für meinen Teil würde die Sphinx Schrift mit Freuden begrüßen, wenn sie recht viele solche Artikel brächte und auch jedermann empfehlen soweit mein Einfluß reicht. Auch glaube ich, daß Du durch solche Artikel der geistigen Sache näher kämest und besser dienen würdest, wie mit dem alten Zeug, wo nur die Neugierde, aber nicht die Seele Nahrung erhalten hat.

Was Deine Übung anbelangt, so unterlasse die bisherige und übe von jetzt an „Dein Reich komme."

72 Möglicherweise bezieht sich Mailänder auf einen Artikel in der Zeitschrift Sphinx vom Februar 1891; S. 85 mit dem Titel «Telepathie mit Verstorbenen. Zwei Erlebnisse, mitgeteilt von Luise Walter.»

Ich wünsche Dir ins Weitere Gottes Segen und Erleuchtung im Innern und äußern Tagewerk.

Mit herzlichen Grüßen von uns allen.

In Liebe

Johannes

Dreieichenhain 24.3.1891

Lieber Freund!

Ich sage Dir Dank für das beigelegte Gedicht in Deinem Brief; solche Sachen gefallen mir sehr gut, denn sie sind doch mehr eine Art Seelennahrung, denn es werden wohl auch Sphinx Leser da sein, denen so etwas willkommen ist. Was du mir über Dein Buch[73] schreiben mitteilst, das von Dir so viele Kraft beansprucht, möchte ich Dir herzlich wünschen, daß es etwas richtiges sein möge, denn es sind eine Menge neue Erzeugnisse in der Welt von Bücher die mehr Unglück wie Segen bringen.

Möge das Deine Segen bringend werden, das wünsche ich Dir von Herzen.

Mit vielen Grüßen von uns allen

Dein Freund

Alois

Dreieichenhain 11.7.91

Lieber Freund!

Ich habe Deine zwei Briefe erhalten. Da ich aber immer während mit so vielen Besuchen beschäftigt bin, so schreibe ich eigentlich nur, wenn es ganz notwendig ist, umso mehr da ich sehe, daß es immer bei Dir ordentlich

---

73 Es handelt sich wohl um das Buch von Hübbe-Schleiden mit dem Titel „Das Dasein als Lust, Leid und Liebe." Braunschweig, Juli 1891

vorangeht. Ich bin leider auch immer während mit Schmerzen behaftet in einer Seite. Gicht oder Rheumatismus; ich weiß es nicht, und muß auch geduldig abwarten, bis dieselben wieder vergehen und so scheints ist es auch bei Dir.

Vom Reisen ist bei mir gar keine Rede, erstens sind bis Oktober immer während Besuche angesagt und zweitens kann ich auf der rechten Seite nicht lange stehen, werde viel zu müde, darum bleibe ich lieber daheim,. Sonst sind wir alle gesund und wohl.

Auch sag ich Dir viel mal Dank für die Zusendung der Sphinx Schrift, habe aber leider höchst selten die Notwendige Ruhe, um darin zu lesen. Mit herzlichen Grüßen von uns allen verbleibe ich in

Liebe

Johannes

Dreieichenhain d. 8.Aug.91

Lieber Daniel!

Endlich habe ich Zeit, Dich mit Deinem Pflegesohn willkommen zu heißen, in unserm schönen Dreieichenhain. Ich bin sehr begierig, den jungen Künstler kennenzulernen. Vielleicht kann ich ihm in geistiger Beziehung von Nutzen sein.

Auch Du machst mir Freude im Verkehr, obwohl ich weiß, daß Du immer noch ein gelehrter Rebell bist. Hoffentlich hat unser Zusammensein den guten Zweck, daß Du manches Verkehrte abzulegen trachtest. Erst dann kommt der Wert des wahren Gelehrten ans Tageslicht.

Was Deine Wohnung anbelangt, ist die Vereinbarung getroffen, von dem Tage an, wo Ihr einzieht, muß die

Miete bezahlt werden. Das Zimmer steht Dir also zur Verfügung nach jeder beliebigen Zeit. Deine Wohnung ist unter der Adresse:

> Zu den drei Eichen
> bei Bürgermeister Eidam.

Auch haben wir einen eigenen Wagen mit Pferd; wann Du uns telegraphierst, mit welchem Zug Du in Langen ankommst, so wird man Dich mit Deinem Pflegesohn (sowie dem Gepäck) abholen und wenn Du wieder weggehst ebenfalls fahren, damit Du keine Unkosten hast.

Mit herzlichen Grüßen von uns <u>allen</u> in immer treuer <u>Liebe</u>
> <u>Johannes</u>
> *{Auf Lamberts Bitte geredet. Mir aber erst von diesem*
> *am 15. Sept übergeben. H.S}*

„Wort vom 2.Juli 1891"

> Lieber Daniel,
die Löwen brüllen und brüllen immer noch.
Willst Du ihre Stimme nicht hören?
Haß ists, das Dich beweget. Du suchst die Grabmäler der Erde und erhebest Dich nicht.
Das Eine rathe ich Dir, sorge nicht für Viele.
Die Vorsehung hat Dir bestimmt, dass Du sorgen sollst für Dich allein, und noch nie hast du das gethan.
Rede nie von Liebe. Du kennst sie nicht;
denn wer liebet, liebet doch zuerst das unsterbliche Ich.
Du bist mir gleichsam Einer,
der trinken will nicht aus einem kleinen Glas,
auch nicht aus einem großen,
sondern vom Faß.

Hüte Dich, daß es nicht leer auf Dich fällt
und zerschmettert Deine Glieder.
— Das ist auf Verlangen mein letzter Mahnungsgruß;
denn wisse, die da mein Brot essen, und treten mich mit
Füßen,
denen wird ein Greuel sein und ein groß Entsetzen.
Denn mir ist alle Macht und Gewalt gegeben,
und Du kleiner Wurm kannst dennoch Dich daraus ziehen
und empören. Ich will nie, dass sie dich treffen
— das ist, ich könnte sagen: mein Fluch,
will aber sagen: mein Gruß um der Liebe willen.

[Kommentar von Hübbe-Schleiden dazu:
*„Auch Christus war Rabbi, Doktor, Gelehrter. Ich mußte mich,
seinem Vorbilde getreu, mit diesem weltlichen Wissen ausrüsten,
ehe ich praktisch zu weit entwickelt war oder sein werde, um
mich überhaupt noch mit solchen ekelhaften Studien befassen zu
mögen und zu können.*

*Dennoch werden diese theoretischen (wissenschaftlichen)
Kenntnisse und Fähigkeiten uns dereinst willkommen sein, um
auch den Gelehrten unserer Zeit gewachsen zu sein, und ihnen
in ihrer eigenen Anschauungsweise und in einer ihnen
verständlichen Sprache Rede & Antwort stehen zu können."]*

Zu dem „Wort" vom 2.Juli 1891

*Zunächst Thatsache, daß mir Hauptoffenbarung um dieselbe
Zeit unmittelbar nachher zuteil ward, daß mich also Gottes
Gnade trotz des angedrohten Fluches nicht verlassen hat.*

*Unrichtig ist tatsächlich, daß ich in erster Linie für Andere
(„Viele"), nicht aber für mich selbst gesorgt hätte. Schon die
Redaktion der Sphinx dient doch mir zum Erwerb des Lebens-
unterhaltes. Ganz besonders aber galt die ganze Geistesarbeit,
welche mir in den letzten sechs Jahren in dem Mittelpunkte*

meines Strebens und Mühens gestanden hat, nur meinem „unsterblichen Ich". Richtig ist, daß, obwohl ich nie aufgehört hatte praktisch zu üben, dennoch mir jene Vernunft Tätigkeit im Mittelpunkt meiner Aufmerksamkeit gestanden hat, und obwohl ich so viel geübt habe, wie ich irgend konnte, ich dem nicht die rechte Kraft meines Gedankens zuwendete -- was ich fortan, schon ehe ich hierherkam, ganz zu tun beschlossen habe.

Ich bin kein „Gelehrter", wie Du meinst und sagst; im Gegenteil, mir ist alles Verstandeswissen ebenso widerwärtig wie Dir selbst. Ich habe aber nicht nur das Bedürfnis, sondern auch (mit Aufwand aller meiner Geisteskraft) die Fähigkeit, mich mit dem Verstandeswissen der heutigen wirklich „Gebildeten", d.h. „gelehrten" Kulturmenschen auseinander zu setzen -- und dies scheint mir nötig, denn auch Christus tat dieses. Er rüstete sich mit dem vollen Gelehrtenwissen seiner Zeit aus; und war jederzeit imstande sich mit den Pharisäern und Schriftgelehrten seines Volkes auseinander zu setzen. Will man andern nützen, so ist es auch nötig, deren Sprache zu reden und ihnen die Erkenntnis in einer ihnen verständlichen Sprache auseinander zu setzen. -

Die Erkenntnis des geistigen Weges in vernunftgemäße Worte zu fassen, ist ja auch das Streben Deiner Erkenntnislehre, und diese genügt für Deine eigenen Schüler; auch mir ist sie jetzt, ebenso verständlich wie wohl irgend einem andern aus dem Kreis. Andern, Außenstehenden aber nützen diese Lehren nicht. Sollte man sich je wirklich Gebildeten, nicht bloß den durch Schulbildung, gute Kleidung und Vornehmheit Ausgezeichnete verständlich machen wollen und müssen, so kann dieses nur in deren Sprache geschehen.

Ich nun hatte das Bedürfnis, mir das Ziel der Mystik (unsres geistigen Weges) in der Sprache und den Anschauungen der Gelehrten verständlich zu machen. Dies ist Niemandem vor mir geglückt, mir aber mit Gottes Hilfe; und das eben ist der Haupterfolg, den ich von meinem Üben in den bisherigen 6 Jahren gehabt habe. Von dem Augenblick an, wo ich diese Aufgabe vollendet hatte (Ende Juni), ward mir Gottes Gnade auch in vollen Maßen in der praktischen Offenbarung zuteil, und ich sehe dies als eine Art Belohnung meiner ausdauernden pflichttreuen Arbeit an. --

Daß ich ein Buch habe darüber drucken lassen (auf meine Kosten), geschah nur um mir selbst das, was ich erreicht hatte, im vollsten Maßen klar zu machen.

Mehr als etwas 1 Dtz. Menschen werden in Deutschland kaum daran Geschmack finden. Also für „Viele" habe ich nicht gesorgt, sondern für mich und mein höchstes Selbst in erster Linie, und durch dieses nun auch für die andern. Du nun siehst dies Alles als eine Verirrung an. Mir aber scheint, als ob dein Widerstand dagegen vielleicht eine Phase in Deiner eigenen Entwicklung wäre. --

Du warfst mir zu, ich hatte gesagt: „Du könntest mir nicht ganz genügen." Ich weiß nicht wann und wo; aber sachlich richtig. Es ist ein Abstand zwischen Dir und dem Vorbilde Jesu Christi. Dieser würde mich ob meines Thuns und Strebens nicht getadelt haben, denn er selbst eignete sich ja eben das Wissen an, welches ich nun auch zu beherrschen glaube. -- Ich habe wohl schwerer gekämpft als alle Deine andern Schüler, aber vielleicht wirst Du gerade mich dereinst auch noch am nötigsten gebrauchen.

Autograph vom 15.September 1891

Schaubild 1: Autograph (15.9.1891)
von Alois Mailänder

Deine Kraft währet Ewiglich

Johannes Handschrift, 15.Sept. 1891

Kempten 22. September 1891

Glükherrgasse 26/3 St.

Lieber Daniel!

Ich habe Deinen Brief erhalten sowie auch die Blumen.[74] Ich sage Dir Dank für Deinen guten Willen, sowie für Deinen Opfersinn. Was Du mir hast mitgeteilt darauf kann ich nicht eingehen, nur das Eine möchte ich Dir sagen, wenn Christus ein Gelehrter war so war er's im Geiste, von dem die Weltgelehrten keinen Begriff haben, oder kannst Du mir wirklich sagen, auf welcher Universität dieser Welt er studiert hat?

Übrigens hasse ich die Gelehrten nicht, sondern nur die Verkehrten, von denen Du immer noch die Ehre hast, ein hervorragendes Mitglied zu sein. Ich hoffe zwar, Du verlierst Dich damit Du Dich wiederfindest. Du sagst mir daß ich Dir golle, was von Dir ein Zeugnis ist, dessen man mich nicht beschuldigen kann. Ich beweise Dir auf's Neue, daß ich Dich liebe und fest halten will; darum obige Wahrheit. Ich sage Dir auch Dank für das Zugesandte Gedicht und hoffe, daß wir immerwährend in einem Frieden, der bewaffnet ist, leben können; denn so Du meinen [Knecht haust], haue ich doppelt.[75] Du kannst mich haben wie Du willst.

Man wird Dir bereits gesagt haben, daß ich noch nicht nach Dreieichenhain kommen kann. Wie lang ich hier bleibe, das weiß ich nicht.

Mit vielen herzlichen Grüßen an Hugo und Dich,

74 Mailänder weilte damals offensichtlich in Kempten, vermutlich zur Beerdigung seiner Mutter. Dann wäre dies hier eine Antwort auf ein Kondolenzschreiben Hübbe-Schleidens.

75 Hauen (schwäbisch) = schlagen.
Vermutlich bezieht sich Mailänder auf ein Sprichwort nach Lukas 12,45. Das Sprichwort könnte etwa so gelautet haben: «So du schlägst meine Knechte und Mägde, so schlage ich doppelt zurück - so spricht der Herr».

In großer Liebe

Johannes

[Hübbe-Schleiden beschriftete: „Nov. 95"[76]]

Dreieichenhain d. 22. Okt 91

Lieber Geistesbruder!

Ich kann Dir mit dem besten Willen keinen bessern Rat geben auf Deine Anfragen, als den:

„Handle, wie es Dich innerlich antreibt." Ich bekomme über Deine Fragen keine geistige Antwort, und glaube in Folge dessen, so Du auf Gott vertraust, wird er Dich leiten und führen, wie es zu Deinem Wohle ist. Habe also Geduld und Mut, der Herr wird Dir das Richtige geben.

Auch Hugo laß ich herzlichst grüßen, und hoffe, daß seine Liebe Offenbarung wird. Dann wird er Besitzer von Schätzen, die aus der Ewigkeit fließen.

Mit vielen herzlichsten Grüßen an Euch Beide von uns allen

In Liebe   Johannes

76 Im November 1895 war Hübbe-Schleiden im Höhenkurort Almora im Himalaya, wo es ein Kloster der Vivekananda Gemeinschaft gab. Er lebte damals in unmittelbarer Nachbarschaft der Freunde Vivekanandas und besuchte sie regelmäßig. In seinem «Indischen Tagebuch» vom 7.November 1895, Seite 453 schrieb Hübbe-Schleiden: «Auch <in> Mailänder's <Nähe> (eventuell) sollte ich erst dann zurückkehren, nachdem ich hinreichende Selbstständigkeit erlangt habe; und ferner sollte ich, wenn irgend möglich, Indien nicht verlassen, ehe ich nicht in der Übung des Dhâranâ (=Konzentration) die für mich beste Methode gefunden habe und <in> ihr fest geworden bin, auch die Anfänge des Dhyâna (=Meditation) und Samâdhi (=Ekstase) erfahren habe, so daß ich für mich allein in Deutschland weiter machen kann ohne fernere persönliche Anregung, ...»

Dreieichenhain d. 8.12.91

Lieber Freund!

Deinem Wunsche gemäß will ich Dir sofort Dein Schreiben beantworten. Ich bin der Meinung, wenn man den guten Willen hat, etwas Richtiges zu wirken, so muß man es auch anerkennen. Ich habe das Programm[77] gelesen und sehe die guten Absichten. Jeder vernünftige Mensch wird es anerkennen.

Des Meisters Werk loben kann man erst, wenn es gelungen ist. Bringst Du wahre Mystik, so wirst Du vor Allem in unserm kleinen Kreise Anerkennung finden. Ich kann daher Dein Unternehmen beglückwünschen, wenn es in der Wirklichkeit so gut ausfällt, wie Du es im Sinn hast.

Mit vielen herzl. Grüßen von uns allen. In Liebe

Johannes

Dreieichenhain 23.12.91

Lieber Geistes-Bruder!

Ich habe Deinen Brief soeben erhalten und sage Dir im Namen aller herzlichen Dank für Deine Weihnachtsgabe, zugleich möchte ich Dir zur Beruhigung sagen, daß es für uns eine große Gabe ist, und daß ich nicht nach der Gabe, sondern nach dem geistigen Fortschreiten einem jeden beizustehen vermag. Es sind viele im Kreis, die nichts geben können, deshalb sind sie mir gerade so lieb.

Deine zwei neue Vorgänge[78] erfreuten mich sehr, es ist

---

77 Das Dezemberheft der Sphinx 1891 enthält einen Artikel von Hübbe-Schleiden unter der Überschrift „Erweiterung unseres Programms" [https://dl.ub.uni-freiburg.de/diglit/sphinx1891-12/0329]

78 Wahrscheinlich hat Hübbe-Schleiden einen Traum geschildert, der im Folgenden von Hübbe-Schleiden gedeutet wird.

doch Fortschritt, denn die Kirche ist dein Herz, der Priester ist dein Gott-Geist, der dich immer mehr kräftigen will. Auch der Knaben-Schrei zeigt Dir, daß die Wahrheit immer mehr zur Kraft wird in Dir. Auch ist es ein Beweis für Dich selbst, daß Du über die erste Geburt hinaus bist; ich kann Dir nur wünschen, daß Du mögest standhaft bleiben und glauben lernen, daß wir nicht so früh sterben müssen, so wir vertrauensvoll den Weg der Wiedergeburt gehen.

Damit Du mit neuer Kraft voran gehen kannst, so übe von jetzt an:

„Es werde". Ich wünsche Dir, daß dieses Wort in seiner Einfachheit zur Kraft werde und viele Früchte bringe.

Deine Anfrage betreffend, ob ich etwas gesehen hätte von Dir, muß ich verneinen; es ist mir nichts vorgekommen; wen ich so etwas sehe, so ist es auch meine Pflicht dem Betreffenden Mitteilung zu machen.

Wir sind alle gesund und wohl, haben herrliches Wetter und noch keinen Schnee, nur ziemlich frisch. Wir wünschen Dir alle recht gute Weihnachten sowie ein recht gutes geistiges neues Jahr. Mit nochmaliger Danksagung

im Namen aller verbleibe ich
In Liebe   Johannes.

Auch Gruß an Hugo.

Anmerkung vom Schreiber:

Ich fühle mich gedrungen Dir nochmal zu danken für die praktischen Matten in der Küche; ich denke recht oft an den Geber, der Herr vergelte es Dir. Ich friere gar nie an die Füße, Du hast ein gutes Werk getan.

Es grüßt Dich

Deine dankbare Mitschwester Maria[79].

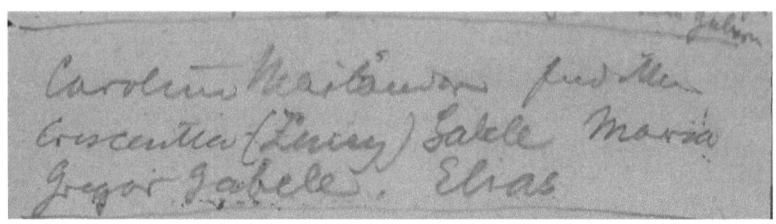

Abbildung 11: Carolin Mailänder – Juditha
Crescentia (Zency) Gabele – Maria
Gregor Gabele – Elias

IM JAHR 1892

Dreieichenhain 27.1.92

Lieber Geistes-Freund!

Habe Dank für deinen lieben Brief sowie für die Zusendung über das innere Wort.[80] Da du in dieser Sache meinen Rat wünschst, so möchte ich dir brüderlich mitteilen, daß man das innere Wort nicht mit Fragen erhält; zugleich ist diese Gabe so groß und heilig, daß man nicht soll nach Belieben anfragen, denn in dem sich das innere Wort offenbaren will, geschieht es frei ohne jegliches Zutun; es gibt zu wenig Worte, um mich schriftlich darüber auszudrücken.

Auch möchte ich dir brüderlich den guten Rat geben:

79 Crescentia Gabele
80 Das Sphinx Heft vom März, welches von Hübbe-Schleiden zu dieser Zeit vorbereitet wurde, enthält einen Artikel über «Das innere Wort.» Als Verfasser wird ein gewisser Johannes Tennhardt (1661-1720) genannt.
[https://dl.ub.uni-freiburg.de/diglit/sphinx1892-13/0066]

wenn Du Artikel von den alten Mystikern bringst, so setze nicht hinzu, was von deinem gelehrten Verstand ausgeht, du setzest dich der Gefahr aus, daß man lacht ob deinem Unverstand, und die ganze Lehre verliert dadurch den Wert.

Noch einmal komme ich an das innere Wort. Dasselbe ist der Geist der Weissagung, das vollkommene, das wir Christus im Fleische angezogen haben, um desto wahrer das innere Wort. Aber nur in äußersten Notfällen soll man sich an dasselbe wenden, es ist viel zu heilig und läßt sich nicht wie ein Handelsartikel behandeln. In unserem Kreise sind mehrere, die dasselbe in gewissem Grade besitzen; es ist ihnen aber ein so hohes Kleinod, daß sie es verborgen halten und mit Niemand darüber sprechen.

Ich habe dir nun meinen wohlmeinenden Rat gegeben, tun kannst du, wie du willst, aber siehe es für heilig an, und für keine Wahre die man jedem empfehlen kann.

Mit vielen herzlichen Grüßen von uns allen

In Liebe

Johannes.

Dreieichenhain d. 1.August 1892

Lieber Geistesfreund,

Es hat mich gefreut wieder einmal etwas von Dir zu hören. Es ist mir sehr lieb, dass Du uns zu besuchen gedenkest. Es läßt sich mündlich viel besser aussprechen. Da ich dieses Jahr nicht nach Kempten komme, so bist Du mir auf deine angegebene Zeit herzlich willkommen, und wenn Du genau angeben kannst, mit welchem Zug, so wird man Dich mit dem Wagen an der Bahn abholen.

In der Hoffnung eines recht baldigen Wiedersehens verbleibe ich

In Liebe   Johannes

Auch herzliche Grüße von den übrigen im engeren Kreise.
Du wirst auch Freund Lambert bei uns antreffen.

Dreieichenhain d. 18. August 1892

Für Hugo

Lieber Freund!

Es freut mich, von Dir ein Herzenswort zu hören. Du bist ja noch ein sehr schwacher Schüler; darum fordere ich auch nichts von Dir, möchte Dir aber den guten Rat geben, daß Du herantrittst zur Wache; wer nicht wacht, kann auch nicht kämpfen gegen den Feind. Der Feind ist überall. Bös sein kann er nur, so der Mensch ihm die Kraft giebt. Die Kraft erhält der Feind dadurch, daß wir nicht wachen. Warum wachen wir nicht? Weil der Eigenwille uns regiert.

Siehst Du mein Lieber, sobald Du aufhörst, selbst zu wollen, dann hast Du viele Feinde besiegt. Weder Leidenschaft noch Zerstreutheit wird Dich beherrschen. Ich will Dir aber eine Wahrheit sagen. Du bist noch immer von denen, die nicht kalt und nicht warm sind.

Das Beste ist, daß ich Dir zur Übung gebe d.h. das deinen Willen stärkt. Übe von Jetzt an:

«Ich will warm werden»

Ich wünsche Dir Gottes Segen dazu, habe aber Ernst. Wenn das nicht ist werde ich streng mit Dir ins Gericht gehen. Wähle und thue das, was Du willst; denn schon der Anfang Deines guten Willens, wenn Du es auch nicht vollbringen kannst, macht Dich frei, und diese Freiheit bring ich Dir in Liebe als Brudergruß, durch die Gnade.

Johannes

umwenden

Und dir, Siegfried, meinen und unser aller Liebesgruß. Bleibe fröhlich, denn ein fröhlich Herz ist Gott lieb. In dieser Liebe sei frei, sei stark und harre der Zeit. Zum Gruß zur Botschaft dir, zur Lebenskraft denen, für die du zeugest.

Mit eigenständiger Unterschrift

Dein Mitbruder

Johannes

Dreieichenhain d. 22.August 92

Lieber Geistesbruder Siegfried!

Dein Schreiben vom 19. hat mich sehr erfreut. Ich bin froh, daß Deine ärgste Prüfungszeit vorüber ist, und glücklich mit Dir, daß der Bann von Dir genommen, und Du neu aufleben kannst.

Da ich bei deinem Hiersein ganz vergessen habe, Dir meinen herzlichsten Dank auszusprechen für die freie Zusendung der Sphinx, so spreche ich ihn hiermit herzlich aus mit der Versicherung, daß mir das meiste darin geistige Belehrung und Unterhaltung bringt. In dem letzten Heft hat mir Goethes Unsterblichkeitslehre[81] sehr gut gefallen. Das Weitere habe ich noch nicht gelesen.

Auch der Brief von Fidus hat mir gezeigt, daß er ein Charakter ist, wie Du ihn mir beschrieben. Deine Aufgabe ist nur, daß Du ihn hilfst aufwecken aus seinem Gleichgültigkeitsschlaf. Ich hoffe noch das Beste für ihn.

H. Schmiechen hat mir geschrieben, daß er bis jetzt Aufträge zum besorgen hat. Jetzt ist er zu seiner Frau an die See, um sich acht Tage auszuruhen. Im September kommt er zu mir. Da ich nicht die Absicht habe, weder nach Kempten noch sonst irgendwo hinzureisen. Ich bin selbst froh, wieder

81 Sphinx Heft August 1892 «Goethes Ansichten von der Unsterblichkeit» von «Raphael Koeber» (Pseudonym?)

einmal ausruhen zu können. In der Hoffnung, daß es Dir und Fidus ins weitere wohl ergehen möge,

verbleibe ich in Liebe,

Johannes

Dreieichenhain d. 25. August 1892.

Lieber Siegfried!

Wie Du in meinem letzten Brief gelesen, bist Du meinethalben an nichts gebunden, da ich überhaupt nicht reise. An Lambert habe ich alles ausgerichtet. Was Du mir über deine eigenen Vorgänge berichtest, kann ich Dich nur beglückwünschen.

Deine Anfrage betreffend, wegen Tod u. Taufe, kann ich Dir nur mitteilen dass im ersten Tod auch der zweite und dritte enthalten ist. So ist es auch mit den drei Geburten. Auch die Taufen sind drei, aber die dritte hebt auf die ersten zwei. Das drei ist in einander, und ist doch nur Eins. Tod und Geburt sind Zwischenstufen. Die Taufen aber ist eine jede eine Hauptstufe. In der ersten Taufe ist die zweite enthalten und in der zweiten die Dritte. Wenn man aber die Dritte empfangen hat, so ist es doch nur Eine.

Der Brief von Deinem Freund Arnold ist ja ganz nett. Ich möchte dem Menschen nur wünschen, daß ihm die Seligkeit bleiben möchte. Sie wird aber keinen Halt haben, denn was nicht geboren ist, durch den Geist und zum Leben geworden ist in Fleisch und Blut, hat keine bleibende Stätte, denn wenn man so Wiedergeburt und Taufen erringen könnte, dann hätten wir sie schon längst. Das ist meine schwere Arbeit; von dieser hat der liebe junge Mann noch keinen Begriff. Es hat ihm gesagt: in der Liebe zu Gott liege Alles! Es ist auch wahr.

Wenn Du aber ihn fragst, wie man Gott lieben kann und soll, so wird er es noch nicht wissen. Darum lassen wir jedem das Seine. Aber solche Seligkeiten halten nicht an.

Mit vielen herzlichen Grüßen von uns allen.

In Liebe

Johannes.

Notiz vom 3.9.1892

Notiz zu einem Brief, den Hübbe-Schleiden an Mailänder gesandt hat:

Joh. - Eine so durchgreifende Wesensveränderung wie mir in der letzten Zeit widerfahren ist, glaube ich noch nicht erlebt zu haben, und ich fühle jetzt in der Tat, daß ich mehr und mehr aufleben kann (*).

Doch nun drängt es mich, vor allem innigst Dir dafür Dank zu sagen, denn diese ganze Veränderung kann nur in dem Geistigen ihren Ursprung haben.

Sonderbar, auch so leicht es ist mir kaum je eine Übung geworden, kaum je hat eine mich so sehr gestärkt und erhoben wie die letzte, die Du mir gegeben:

Ja ich will dein Reich! -

Die früheren Vorgänge zeigen sich täglich bei mir. Hugos[82] neul. Antwortschreiben drückt ziemlich sein Wesen aus wie es ist; aber ich muß dazu wiederholen [?], daß ihm das Schreiben sehr schwer wird. Während sonst bei ihm als Künstler die unmittelbare Empfindung überwiegt, drängt sich ihm stets das Denken in den Vordergrund sobald er an zu schreiben fängt; aber er haßt alles Schreiben.

Heute wurde mir ein Brief Herrn Schmiechens am Ort nachgesandt. Er schreibt, daß er erst im September nach Dreieichenhain kommen wolle. Daher telegraphierte ich ihm heim, er möge doch erst nach Dortmund „und erst nachher

82 Hugo Höppener («Fidus» 1868-1848)

nach Norderney gehen, wenigstens weil Du auf ihn wartest auf einige Tage mit deiner Abreise nach Kempten." Dann wird er dann am Sonntag Abend oder Montag Morgen bei Dir eintreffen; ich hoffe, daß ich so recht gehandelt habe. - Zu Dir zu kommen, wird ihm doch wohl wichtiger sein als Norderney.

Herzlichen Gruß Dir und allen Brüdern und Schwestern im Bunde, die dort sind. In treuer Liebe

Dein Siegfried

* kommt es mir vor, wie wenn ich aus einem jahrelangen Alpdrücken endlich erwacht wäre.

Dreieichenhain d. 14.Sept. 1892

Lieber Freund!

Daß Du mir, statt Fidus geschrieben, ist ganz recht. Die Wahrnehmung, die Du mir mitteilst, kann ja geistiger Natur sein, aber die Geißlung ist es nicht. Wir wollen annehmen, daß es vielleicht im Anfang Kreuzigung ist.

Da ich Dir weiters nichts mitzuteilen habe, als daß wir gesund u. wohl sind, was wir auch bei Dir hoffen verbleibe ich

In Liebe   Johannes

Dreieichenhain d. 5. November 1892

Lieber Geistesfreund !

Ich habe den Prospekt über die neutheosophische Vereini-gung[83] gelesen, und glaube, daß Du es so gut wie möglich

83   Sphinx XV, 83 Januar 1893 S.193-197
      Die theosophische Vereinigung; Satzung.

gemacht hast. Natürlich ist Menschenarbeit nur Stückwerk, aber Dein guter Wille ist da. Wenn Du im Weiteren mit dieser Sache nicht viel Arbeit hast, so ist es ganz gut, denn die unseres Kreises bedürfen die ganze Kraft zum Selbstvorwärtskommen. Treiben sie aber noch andere Dinge, so wird ihre Kraft zersplittert und sie haben einen schweren Stand.

Daß Du mich und uns alle noch besuchen willst, macht uns sehr viele Freude; wenn Du uns seinerzeit den Zug angibst, so werden wir Dich mit Freuden abholen in Sprendlingen oder Langen.

In der Hoffnung eines baldigen Wiedersehens, und herzlichsten Grüssen von uns allen verbleibe ich

In Liebe

Johannes

Heim d. 17. Dez. 1892

Lieber Geistesfreund!

Da ich den Brief von Fidus empfangen und doch noch keine Fortschritte von Bedeutung darin sehe, so kann ich eigentlich nicht viel anfangen. Da er auch glaubt, daß die blauen Streifen am Arm von Kleiderdrücken herkommen, so hat er mir jeden Anhaltspunkt genommen, daß er eigentlich einen Fortschritt gar nicht hätte. Ich glaube, es ist das Beste, daß er seine bisherige Übung ins Weitere übt, aber ein wenig mit mehr Fleiß.

Seine Anfrage betreffend, das Weihnachtsbild, kann ich nur sagen, dass es uns sehr gut gefällt. Ein künstlerisches Urtheil können wir nicht geben, da wir ja nichts davon verstehen.

Dir selbst möchte ich noch herzlichst Dank sagen für die freie Zusendung der Sphinx. Es sind teilweise sehr interessante Erzählungen darinnen. „Aus dem Leben des Pfadfinders" im Dezemberheft ist sehr interessant und lehrreich.

Noch viele herzlichste Grüße an Dich und Deinen Pflegesohn.

In Liebe
Johannes

Dreieichenhain d. 26.12/92

Lieber Geistesfreund!

Ich habe Dein Paket erhalten und die sogenannten Pflastersteine unter die Frauen verteilen lassen und sage Dir im Namen unser aller herzlichsten Dank dafür.

Es tut uns leid, daß es Dir in den neuen Verhältnissen nicht gut geht. Man darf aber die Hoffnung nie verlieren. Vielleicht fällt alles noch nach Deinem Wunsche aus, selbst dann, wenn es auch noch keinen Anschein hat. Da ich gegenwärtig viele Arbeit habe, so begnüge Dich mit diesen Zeilen.

Ich wünsche Dir im Namen unser aller ein recht gutes, neues Jahr. Mit vielen herzlichsten Grüßen. In Liebe

Johannes

Im Jahr 1893

Dreieichenhain d. 27.II.93

Lieber Freund![84]

Deine Anfragen betreffend möchte ich Dir sagen, dass Du schon vor 2 Jahren mir aus Leipzig geschrieben, Du habest die innere Stimme, und wissest immer dadurch zu erfahren, was Du zu thun hast. Frage also Deine eigene Stimme und handle danach, dann wird es recht werden.

84 Das Briefpapier trägt einen Trauerrand

Ich bin die Anfragereien müde, um so mehr, da es gar nicht meine Aufgabe ist, denn der liebe Gott hat Dir soviel Verstand gegeben, dass Du gut wissen mußt, was das Richtige ist.

Ich möchte Dir auch noch mitteilen, daß meine Mutter gestorben ist, Mitte Februar, da Du sie persönlich gekannt hast, so hat es vielleicht einiges Interesse.

Mit herzlichen Grüßen

Johannes

Dreieichenhain d. 17.IV.93

Lieber Geistesfreund!

Die Zusendung der zwei Bücher hat mir große Freude bereitet. Ich sage Dir von ganzem Herzen Dank, sowie auch für die Sphinx. Es sind immer Goldkörner darin, für den der da hören will. Du weißt, ich bin ein Bauer und kenne Schmeichlerei nicht. Ich Sprich mich deutsch aus, d.h. die Sphinx ist besser geworden. Ich sehe überall Fortschritt und das ist ein Lob.

Daß Du nun endlich einmal frei geworden, macht mir die größte Freude. Ziehe irgendwo hin auf dieser Erde in die Finsternis, das will heißen: wahre Ruhe findet man nirgends. Laß Dich belehren von Deinem inneren Führer und suche das innere Wort immer mehr, denn es dienet zur Erkenntnis der Offenbarung. Sei so glücklich und werde ein Freier, das ist mein Brudergruß und Herzenswunsch

In Liebe von Deinem Knecht

Johannes.

Heim d. 27.Mai 1893.

Lieber Geistesbruder Siegfried,

Da Du weißt, daß ich mit grünen Jungen nicht gerne verkehre, so schreibe ich doch wenigstens an Dich als Altmeister, indem Du doch geistige Erfahrung besitzest.

Der Fidus ist ein junger eingebildeter Narr, den ich für ganz unbrauchbar halte, dem auch für vorderhand nicht zu helfen ist. Nicht dass Du glaubst ich wolle ihn wegwerfen, sondern ich möchte einen Vers anwenden, der da heißt: „Warte nur, es ist noch nicht Zeit." Meine Bitte an Dich ist: stehe Du ihm bei so gut Du kannst. Ich kann ihm nicht helfen, auch seinen Besuch nicht brauchen, denn ich muss selbst verreisen auf einige Zeit. Ich lege Dir seinen Brief bei und glaube an sein gutes Gemüt.

Aber die Ausdrucksweise ist eingebildet und hochmütig. Doch, man muss Geduld haben. Du selbst hast ja gesagt: Der Ärger dienst zur Gesundheit, folge dessen ist Fidus ein guter Arzt für mich. Mit herzl. Gruß an Dich

   In Liebe   Johannes

Dreieichenhain d. 3.7.93

Lieber Geistesbruder!

Ich habe Deine Karte, sowie auch den Prospekt über das Buch „Offenbarung der Offenbarungen" von Dir erhalten, und sage Dir herzlichsten Dank, sowie auch für die Sphinxhefte, die für Jedermann, der zu mir kommt, im Saal aufliegen zur Einsicht.

Da ich sechs Büchlein „Sprüche aus der Höhe"[85] bereit[s] unter Geistes-freunden verteilt habe, da aber noch viele sind,

85 Franz Evers; Sprüche aus der Höhe. Leipzig 1893. In: Google Books

die gar nichts davon wissen, so möchte ich noch gern 10 Stück haben, weil ich sie auch den ärmern in unserm Kreis geben möchte. Denn alle, die es bis jetzt erhielten, sprechen ihr Lob und Dankbarkeit aus. Wenn Du, oder der geehrte Verfasser so freundlich sein wollt, den Buchverlag zu beauftragen, mir 10 Exemplare auf Nachnahme zu senden, so wäre ich Dir sehr dankbar.

Das Buch „Offenbarung der Offenb."[86] habe ich schon länger im Besitz, sowie die meisten Freunde unseres Kreises.

Noch möchte ich auf den Verfasser zurückkommen, des Büchleins: Sprüche aus d. H. Ich kann nicht glauben, daß er Glied aus unserm Kreise ist, der dieses geschrieben hat, wohl aber ein Mitglied vielleicht aus der theosophischen Vereinigung, die Du ins Leben gerufen hast. Sei es wer es wolle, das Büchlein ist sehr wichtig für Jedermann, der vorwärts streben will.

Mit vielen herzlichsten Grüßen von uns allen

In Liebe

Johannes

Drei-Hain d.7.Juli 1893

Lieber Geistesfreund!

Es hat mich sehr gefreut, daß Du mir den Verfasser in diesem Büchlein angegeben. Ich kann Dich nur beglückwünschen, daß Du eine solche Arbeitskraft zur Verfügung hast; denn das Büchlein ist wirklich sehr schön, und Jedermann zu empfehlen. Ich habe es schon ziemlich verbreitet, und Verschiedenen in unserm Kreise geschrieben, dass sie es beziehen mögen für sich und für ihre Freunde, die sich für

---

86   Jane Lead; Offenbarung der Offenbarungen. Griebens Verlag Leipzig. Übersetzung Leipzig 1892

Theosophie interessieren, aber nicht in unsern Kreis gehören. Was Dich selbst betrifft, so wünsche ich Dir von ganzem Herzen die Ruhe, in der Du jetzt bist. Möge sie Dir zur Erholung und zu neuer geistiger Kraft dienen, da Dir Deine gegenwärtige Übung sehr viel hilft, so will ich Dir noch eine dazu geben, die Du abwechslungsweise üben kannst. Nämlich:

«Ich suche deinen Frieden in mir.»

Ich wünsche Dir von ganzem Herzen ein weiteres Vorwärtsschreiten im Geistigen. Mit vielen herzlichsten Grüßen von uns Allen

In Liebe

Johannes.

Dreieichenhain d. 20.8.93.

Lieber Geistesfreund!

Dein Schreiben erfreute mich. Ich kann aber gegenwärtig Deinen Wunsch nicht erfüllen. Ich habe andren schon im Voraus versprochen, habe folgedessen vorderhand immer Besuche, so ungefähr bis Ende September. Sollte etwas auskommen, daß ich Dich bälder brauchen kann, so werde ich Dir vorher noch schreiben.

Natürlich das Hierherkommen kann ich Dir nicht verwehren. Ich kann Dir aber keine Zeit widmen, wenn ich so schon 2-3 Personen um mich habe; denn auch Fidus ist so hereingefallen; da hatte ich auch gerade einige andere Besuche, konnte ihm deshalb keine Achtung geben.

Hoffentlich haben wir ein andermal mehr Zeit. Viele herzl. Grüße

In Liebe   Johannes

Heim d. 24.Oktober 1893.

Lieber Freund!

Ich habe Dein Schreiben erhalten, muß Dir aber wiederholen, daß ich durch frühere Versprechen noch immer an Besuche gebunden bin, und wenn endlich die Besuche erledigt sind, so bin ich selbst froh, wieder einmal zur Ruhe zu kommen.

Auch kann ich Dir sagen, daß ich von Zeit zu Zeit auch gereizt bin. Darum wird es wahrscheinlich mit einem Zustandekommen zwischen uns in diesem Jahre nichts mehr werden. Ich halte es auch gar nicht für notwendig. Denn Du weißt ohne mich was Du zu thun hast.

Mit vielen herzl. Grüßen von allen unsern Hausgenossen. In Liebe
Johannes

Dreieichenhain d. 15./ 11.93

Lieber Geistesfreund!

Ich habe Dein Schreiben erhalten und sehe ein, wenn Du doch nach Frankf. Kommst, - daß es Unrecht wäre von mir, wenn ich Dich nicht brüderlich aufnehmen würde. Du bist mir herzlichst willkommen. Schreibe von Frankf. aus, wann Du hierherkommen willst, entweder in Sprendl.[87] oder Langen, dann will ich Dich abholen lassen. Auch wäre es besser, Du würdest über Nacht bleiben in der Bürgermeisterei damit man sich aussprechen kann, denn ich sehe in Dir immer noch, wenn auch nicht den ganz treuen, aber doch den alten Bundespräsidenten. Ich habe Deine offene Karte weggeworfen, in Deinem Dienst magst Du sie brauchen aber mir sind sie ein Gräuel.

87 Sprendlingen

Mit herzl. Liebesgruß, in der Freude eines baldigen Wiedersehens

Johannes

Dreieichenhain d. 6.12.93

Lieber Freund!

Ich habe diese kleine Schrift gelesen und finde gar keinen Grund, nun irgendwo etwas anzustreichen. Ich habe die Überzeugung, daß Du durch dieses Gebet [?] den Menschen das Beste gegeben, denn Du führst sie dadurch zu ihrem inneren Führer. Wenn es auch nicht vielen gelingt, so bekommen sie doch dadurch einen Anhalt in der Kraft [?] des selbstgewählten Wortes. Ich finde Alles gut, wie Du es geschrieben hast, und glaube, so weit mein Verstand reicht, nochmals, daß es das Beste ist, was man der großen Masse geben kann.

Mit vielen herzlichsten Grüßen u. Danksagung für die beigelegten Briefmarken, verbleibe ich

In Liebe   Johannes.

Dreieichenhain 27.Dez. 1893

Lieber Geistesbruder!

Auch ich wünsche Dir von ganzem Herzen ein gutes, neues Jahr, in der Hoffnung, dass auch Dein Wirken und Arbeiten im Innern wie im Äußeren gesegnet werden möge.

Auch sage ich Dir vielmals Dank für die Zusendung der Sphinx und wünsche Dir von Herzen, daß Deine Theosophische Gesellschaft sich immer mehr vergrößern möge. Auch die Übrigen im Kreise lassen Dir ein gutes, neues Jahr wünschen, mit Gesundheit und Kraft angetan.

Mit vielen herzlichsten Grüßen von uns allen.

In Liebe

Johannes.

Das Jahr 1894

Dreieichenhain 18/I. 94

Lieber Geistesfreund!

Wie ich aus Deinem Schreiben sehe, hast Du da wieder einen jungen Mann[88] der schnell in Gottes Ruhe eingehen möchte.

Das kann man aber nur, so man Gott angezogen hat. Folgedessen haben die armen Menschen gar keinen Begriff, wie schwer und langwierig es geht, nur einigermaßen das Göttliche anzuziehen.

Ich habe natürlich kein Verlangen, Schüler anzunehmen oder durch eine Mittelsperson zu führen. Damit aber Du nicht umsonst geschrieben, so kannst Du ihm den Rat geben, er soll nicht das ganze „Vater unser" beten, sondern nur

"Unser Vater der Du
im Himmel bist."

So er nichts anderes thut u. dies immer wiederholt, so kann er wenigstens einen Anfang erreichen.

Mit vielen herzl. Grüßen an Dich

In Liebe

Johannes

---

88 gemeint ist wohl Paul Raatz.

Dreieichenhain 5./II.94

Lieber Siegfried!

Ich habe Dein Schreiben mit dem Buch erhalten, und sage Dir sowie dem Herren Evers meinen herzlichsten Dank. Ich werde, sobald es meine Zeit erlaubt, die Psalmen durchsehen und Dir meine Ansicht darüber sagen. Ich hoffe, daß sie sehr günstig ausfällt für den Geisteskämpfer Evers. Ich glaube zwar nicht, daß er noch schöneres durch Geisteseingabe schreiben kann, als die „Sprüche aus der Höhe", denn ich sehe dieselben immer für unübertrefflich an.

Mit vielen herzl. Grüßen und brüderlicher Liebe mit Dank

Johannes.

Dreieichenhain 5.März 94

Lieber Geistesbruder Siegfried!

Da ich und wir fünf Alten überhaupt schon seit längerer Zeit in einem inneren Entwicklungs- Prozeß stehen, der uns vollständig für uns selbst in Anspruch nimmt, so ist es für mich nicht möglich, [in] anderen Angelegenheiten anzufragen, oder hinein zu fühlen.

Da ich aber weiß, dass Du ja immer mehr oder weniger von Innen geleitet wirst, so glaube ich, daß es auch in dieser Angelegenheit Dich richtig führt, und Dir in den Sinn gibt, was du zu tun hast. Als persönlicher Mensch erlaube ich mir nichts darin zu sagen, da ich nichts davon verstehe.

Mit herzlichem Gruß

In Liebe

Johannes.

Dreieichenhain 17./ III. 94.

Lieber Geistesbruder Siegfried,

Vor Allem möchte ich Dir im Namen unser Aller meinen herzlichsten Dank aussprechen für das schöne Büchlein „Kerning's Christentum".[89] Wir sehen darin wieder einen Meister in dem Dr. Wehrmann[90]. Was gibt er für schöne Lehren! So einfach und doch die praktische Anwendung. Seine Belehrungen sind so erhaben, daß man sagen muß: „Jedes Wort ist eine Perle".

Du selbst hast ein gutes Werk getan, daß solche Bücher dem Sucher gegeben werden. Ich werde es verbreiten in unserem engeren Kreise, und die aufmerksam machen darauf, die noch nicht davon wissen. Wir haben auch die „Psalmen"[91] gelesen. Es ist eine schöne Arbeit; für uns aber hat es bei Weitem nicht den Wert wie „Sprüche aus der Höhe." Es kommt eben auf den Geschmack an.

Mir ist es immer, als wenn in den Psalmen die Lebenskraft fehle. Das vertraue ich aber nur Dir an, denn Herr Evers ist auf jeden Fall ein Mann, in dem große, geistige Gedanken vorhanden sind. Darum hoffe ich, daß er auf diesem Feld noch sehr viel Gutes schaffen wird.

Nun wünsche ich Dir noch recht gute Osterfeiertage.

Viele herzlichste Grüße und Danksagungen von uns Allen.

In Liebe

Johannes

---

89 Kerning, Johann Baptist; Christentum oder Gott und die Natur nur Eins durch das Wort. Roman. Theosophische Bibliothek Bd 3. Braunschweig 1894

90 „Dr Wehrmann" ist eine Person dieses Romans.

91 Franz Evers; Die Psalmen und Königslieder 1894

Dreieichenhain 7.Juli 1894.

Lieber Siegfried!

Ich kann mich nur freuen, so Du einen entscheidenden Schritt getan, und dir von Herzen wünschen, daß Dir alles gelingen möge, was Du unternimmst. Da ich in Dir einen Führer und Meister sehe, so kann ich gut begreifen, daß Dich Deine Schüler nicht fortlassen wollen.

Ich für meinen Teil kann Dir keinen Rat geben. Denn ich bin wie der abnehmende Mond, währendem Du aufsteigst wie eine leuchtende Sonne, die überall ihre Strahlen hinwirft, um viele arme Menschenkinder zu erleuchten. Somit kann ich Dir nur Glück wünschen zu Deiner Unternehmung und besonders zu deinen Reisen.

Mit vielen herzlichsten Grüßen von uns allen.

In Liebe

Johannes

Dreieichenhain 11. Juli 1894.

Lieber Geistesbruder!

Ich danke Dir herzlichst für Deinen mitleidsvollen Brief, aber helfen, was Du so gerne möchtest, kannst Du mir nicht. Ich leide weder körperlich noch geistig.

Mit meiner nächsten Umgebung habe ich allen Grund vollständig zufrieden zu sein. Sie sind alle so geistig erzogen, durch Selbstentwicklung, daß wir vereinigt und harmonisch wirken können. Im äußern Alltagsleben hat jeder seine eigene Ansicht, denn da gilt das Sprichwort wie zwischen Mann und Weib: „Man kann wohl ein Herz sein, aber nicht ein Magen; denn jeder Mensch hat seinen Geschmack. Das eine liebt sauer, u. das andere süß.

Wenn ich sage, ich bin im Abnehmen, so meine ich nur, daß ich nicht die Aufgabe habe, öffentlich in der Welt zu wirken und dafür danke ich Gott, denn ich kann nicht jeden Laffen brauchen. Ich muß Kraftgeister haben, die bestehen in Sturm im Regen und im Feuer. Da es aber wenige solche gibt, so habe ich keinen leichten Stand. Das freut mich aber auch. Es gibt keinen größeren Schrecken, als eine Masse Menschen, die einen verehren.

Und nun noch einmal wünsche ich Dir tausendmal viel Glück, sowohl in Deutschland mit deinen Verehrern, um die ich Dich nicht beneide, wie auch im Morgenland.[92] Mögest Du viele wahre Freunde finden!

In immerwährender Liebe und herzlichsten Grüßen.

Johannes.

Das Jahr 1897

Dreieichenhain 13. Sept 1897

Heim d. 13. Sept 1897

Lieber G. br. Siegfried!

Wie Du aus einem fr炒heren Brief an Paula -S.[93] weißt, hatte ich die letztere Zeit her immer viele Gäste. Da ich aber voraussichtlich bis in Oktober hinein Gäste habe, so kannst Du trotzdem mit Tobias kommen. Wohnung habe ich bereits für Euch bestellt; aber „allein" trefft Ihr mich nicht an, da noch andere Gäste hier sein werden. Auch sind 2 Tage zu wenig, da ich doch mit Dir u. Tobias mehrere Unterredungen haben möchte, besonders mit Letzterem, denn mit einem Anfänger

92   … bezieht sich offenbar auf Hübbe-Schleidens „Indische Reise", die von Oktober 1894 bis April 1896 stattfand.
93   Paula Stryczek

muss man immer länger verkehren als mit älteren Schülern. Wenn Euch also die anderen nicht störend sind, so seid Ihr herzlichst willkommen. Wollt Ihr aber allein mit mir zusammenkommen, so müsstet Ihr Euren Besuch auf Mitte Oktober verschieben. Mit herzlichsten Grüssen. In Bruderliebe

<u>Johannes.</u>

Heim d. 3t Dez. 1897

Lieber G.br. Siegfried!

Ich, sowie alle dir Bekannten im engeren Kreise, wünschen auch Dir, vom ganzem Herzen, ein recht gutes Neues Jahr; in der frohen Hoffnung, dass auch im äusseren Leben sich Deine Angelegenheiten wieder gut regeln mögen. Dass Du eine so schwere Stelle angetreten hast, muss doch den Grund darin haben, dass Du dich in diesem Fach besser ausbilden willst, um dann später eine bessere zu erhalten? Es ist doch immerhin gut für Dich, denn ohne Tätigkeit willst Du ja nicht sein. Ich glaube, wenn Du dich besser eingelebt hast in dieses Fach, so wirst du auch einen leichteren Posten erhalten.

Wie ich aus einem Brief von Paula erfahren habe, geht es auch ihr miserabel schlecht; ihre Stelle ist zu schwer, u. ihre Kraft reicht nicht aus; die Arme tut mir sehr leid; aber vielleicht, so Gott will, wird er ihr auch helfen, dass sie doch zum Mindesten, eine erträgliche Stellung erhält.

Und so wollen wir denn im Vertrauen zu Gott, im Neuen Jahr hoffen, dass es Jedem erträglich wird. Die Hauptsache ist, das „geistige Arbeiten" nicht vergessen; machen wir keine Fortschritte im Materiellen, so können wir doch im Geistigen vorwärts schreiten; das geht gratis, u. kostet nichts, als wie ein wenig nach dem Innern üben.

Wir selbst sind Gott sei Dank ziemlich gesund; haben's auch ziemlich ruhig, da um diese Jahreszeit keine Gäste da sein. Mit vielen herzlichen Grüßen von allen

In Liebe Johannes

Heim 23t Dez. 1897

Lieber G.br. Siegfried!

Zu meinem Erstaunen erhielt ich gestern einen lieben Brief von Dir mit 20 M. Einlage. Es machte mir sehr grosse Freude, um so mehr, da du der Erste bist von dem ich einen Weihnachts- Brief u Geschenk erhalten habe. Nimm meinen herzlichsten Dank entgegen, mit dem innigsten Wunsche: „der Herr möge deine Liebesgabe segnen", - Dir besonders, wenn es Sein Wille ist, dass du wiederum möchtest recht gesund werden, um deine Gaben, die dir Gott anvertraut, zum Wohle der Menschheit zu verwerten.

Wie uns Dr. Hartmann kürzlich geschrieben hat, will er von den theosophischen Gesellschaften sich zurück ziehen, nachdem er sehr mit Rheumatismus behaftet ist, so passt ihm das Halleiner Klima nicht mehr, er gedenkt nach Italien zu übersiedeln? - Ob er es ausführt, das weiss ich nicht.

Was Paula - Maria betrifft, glaube ich ganz gern, dass sie durch die Formsprache ihre Gesichts-Bilder erklären kann... Ich war ein wenig aufgeregt im letzten Brief an sie; denn sie fragte um Rat, u. anderseits schenkte sie mir doch das Vertrauen nicht über „was"; - was doch absolut notwendig ist, so man jemand raten soll; denn ich hatte keinen Missbrauch gemacht von ihren Geheimnissen, denn es kommen an mich verschiedene Anfragen, die intim sind, von denen ich nie einen Missbrauch machte. Meine Briefe, die ich erhalte, gehen alle in's Feuer, u. mithin sind die Sachen auch vergessen. Da mich aber Maria noch zu wenig kennt, kann ich ihr Misstrauen nicht ganz übel nehmen; Ich gebe das nur zur Erklärung, damit sie weiss, dass man mich entweder vertrauungsvoll frägt, oder gar nicht. Denn ich habe mit eigenen Angelegenheiten genug zu tun, und bin nicht neugierig bei andern.

Und nun wünsche ich noch Dir, sowie der Maria, im Namen unser aller, recht gute Weihnachts- Feiertage sowie ein glückliches Neues Jahr. Möge es Gottes Willen sein, dass du wieder deine volle Gesundheit bekommst.

Mit vielen herzlichen Grüssen von uns allen an Euch
In <u>Liebe Johannes</u>

Das Jahr 1898

Heim d. 4t März 1898

Lieber G.br. Siegfried!

Ich habe dein liebes Schreiben erhalten; es thut mir aber sehr leid dass ich Deinem Wunsche nicht willfahren kann. Ich habe so genug an meinen alten Bekanntschaften, dass ich gar kein verlangen habe nach Neuen.

Was das Indische betrifft, habe ich schon so viel erzählen gehört, u. selbst gelesen, dass ich fast übersättiget bin; auch hätte es ja gar keinen Zweck dass man sich gegenseitig ansieht. - Und zudem muss ich mich wieder vorbereiten, und die notwendige Ruhe haben, zu empfangen meine alljährigen Freunde, die nun wieder anfangen heranzukommen. Du weisst ja, dass ich nur für Diese lebe, Denen es ernst ist um die geistige Sache, u. die auch einmal oder zweimal im Jahr kommen, um sich wieder neu zu kräftigen zum geistigen Fortschritt.

Gesundheitlich geht es mir wieder ziemlich gut; ich habe nur noch etwas Rheumatismus im Kreuz, das aber auch verschwindet, sobald wir ein wärmeres Wetter bekommen; denn gegenwärtig ist es noch ziemlich rauh.

Nun schliesse ich noch mit der Bitte, dass Du mich verschonen möchtest mit neuen Bekanntschaften, denn ich wünsche mir keine, gerade so wenig als wie neue Schüler oder Schülerinnen; ich habe mit Denen genug, die ich habe; denn es stellt sich immer mehr heraus, dass Wenige fähig sind, den Weg der Wiedergeburt praktisch zu gehen, weil es ein langsamer Prozess ist; die Meisten möchten aber mit Blitzzug im Himmel fahren...

Ich hoffe, Du wirst mich verstehen, u. begreifen lernen, dass ich kein Verlangen habe, nach vielen Schülern, oder sonstigen Bekanntschaften. Mit vielen herzlichen Grüssen.

In Liebe

<u>Johannes</u>

Heim d. 9t März 1898

Lieber G.br. Siegfried!

Es hat mich gefreut auch von dir wieder einmal etwas zu hören. Hoffentlich hast du dich in Deiner Gesundheit wieder gestärkt, da du, wie es scheint, wieder sehr fleissig gearbeitet hast.

Was Deinen Vorgang betrifft, so sehe ich es für geistig an, in dem auch bei uns solche Bluttupfen aufgetreten sind. Es gehört in die 2 te Taufe; und ist eine Ermahnung zum eigenen Blut überwinden, und zum geistigen Gehorsam. Die Sachen kommen einem ja sonderbar vor, aber Gottes Weisheit ist eben wunderbar; denn den Weg der Wiedergeburt, kann keiner verstehen, so es nicht Gott dem Menschen im Innern offenbart. Da treten viele Dinge auf, die der Menschenverstand nicht erfassen kann. Darum kann auch Keiner diesen geheimen Pfad wandeln, so ihm Gott nicht durch innere Offenbarung den Weg zeigt.

Damit du auch in Zukunft mit neuer Kraft üben kannst, so unterlasse deine bisherige Übung, und übe von nun an:

"Ich Siegfried suche den

Frieden in mir."

wozu ich dir in's weitere Gottes Segen wünsche; so wie auch Gesundheit u göttliche Kraft zu Deinem Tagewerk.

Mit vielen herzlichen Grüßen von uns an dich und die Deinen

In Liebe Johannes

B.[94]
21.X.98
abgesagt H.S.

Heim d. 13t Okt 98

Lieber G. br. Siegfried!

Da ich heute Zeit habe, so möchte ich deinen lieben Brief beantworten, um dir zu sagen, dass es es mich sehr freut, dass du hierher zu kommen gedenkst. Ich habe schon bereits mit Fr. Bürgermeisterin Eidam Rücksprache genommen, dass sie Deinen Aufenthalt bei ihr nicht hoch anrechnen möchte.

Sehr leid tut es mir, dass du gesundheitlich so angegriffen bist; ich möchte Dir da gern mehr wie ein Jahr Erholung wünschen; aber ich besitze leider auch nicht die Mittel dazu. Nun, so Gott will, wird Dir auch wieder geholfen werden.

Was Tobias anbelangt, habe ich mir ja gleich gedacht, dass er wird einen schweren Stand haben; denn ihm mangelt vor

94   B.: Höchstwahrscheinlich meint er den Besuch

allem die Erkenntnis. Dann ist er auch ein älterer Mann, der sich nicht so schnell in eine vollständige Neuerung finden kann. Ich glaube er trachtet nach Offenbarungen; anstatt das Vielseitige aufzugeben u. sich in der Einheit zu finden.

Es ist ja schade um ihn, ich habe ihn schon beim ersten Zusammentreffen sehr lieb gewonnen, aber habe auch herausgefunden, dass seine Auffassung mehr eine wissenschaftliche ist, während dem das Geistige mit dem Gefühl erfasst werden muss. Wenn ich Gelegenheit gehabt hätte mit ihm lange zu verkehren, würde er besser in die Sache gekommen sein; aber während den paar Tagen seines Hierseins konnte man nicht die ganze Sache verständlich machen. Wenn jemand nicht von Innen erleuchtet ist, u. dabei auch schon älter ist, da ist die Sache sehr schwer fasslich. Er könnte ja an Paula-Maria ein Vorbild nehmen, wie diese sich, in der kurzen Zeit, zu unserer Freude, schön entwickelt. Und im innern Kreise, sind noch viele viel weiter entwickelt, die das schönste Zeugnis geben können. Dem Einen ist es eben gegeben, u. der Andere ist blind, mit sehenden Augen. Und wenn dann der Zweifel auch noch hinzu kommt, ist alles verloren.

Dir recht gute Besserung wünschend, u. hoffend eines recht baldigen Wiedersehens, bleibe ich mit vielen herzlichen Güssen an euch alle. In Liebe

Johannes

Heim d. 25 t Dez 1898

Lieber G. Br. Siegfried!

Ich sage Dir, sowie der G. Sch. [Geistesschwester] Maria [Paula] meinen herzlichsten Dank für das schöne Weihnachtsgeschenk. Möge es Euch der liebe Gott segnen. Denn gerade in diesem Jahr kommt es mir doppelt zu gute, weil [ich] durch das Kranksein meiner Frau viel mehr Auslagen hat[te].

Sie ist nun wieder so weit, dass sie auf sein kann, aber Arbeit kann sie absolut keine mehr verrichten. Sonst geht es uns im grossen Ganzen gut. Wir kommen immer, wenn auch langsam, im „Praktischen" voran.

Sehr leid hat es mir getan, dass Ihr nicht kommen konntet; ich hätte so gerne mich wieder einmal mit Dir ausgesprochen, da Du Einer von den Wenigen bist, die mich verstehen. Vielleicht habe ich das nächste Jahr Hoffnung Dich wieder einmal persönlich zu sehen u. zu sprechen. Solltest Du Maria mitbringen können, so ist es mir um desto lieber.

Ich weiss nicht ob du es schon erfahren hast, dass Bruder Finch sich wieder verheiratet hat; er war diesen Monat bei uns, u. hat uns seine junge (38 Jahre alt) Frau vorgestellt. Ich habe ihm gesagt, er wäre ein „Schlaumeier", denn er hat in der Bibel die Stelle gefunden, wo es heisst: „Es ist nicht gut, so der Mensch allein ist". Nun sind die Junggesellen alle bald unter Dach u. Fach; nun kommt die Reihe bald an Dich. Übrigens hat Freund Finch, einen guten Geschmack gehabt; seine Frau, eine schlanke blonde Albionstochter[95] war eine vorzügliche Krankenschwester in einem Spital in Cambridge. Er hat sich eine Pflegerin genommen, denn seine Kinder sind bald alle verheiratet; u. ich glaube er hat gut getan.

Du hast mir gar nicht geschrieben wie es Dir gesundheitlich geht? Es würde mich sehr freuen, wenn du mir einmal schreiben würdest wie es dir (körperlich) geht. Und nun noch viele herzliche Grüsse an Dich, Maria u. Tobias.

In Dankbarkeit und Liebe

<u>Johannes</u>

---

95   Nach Tschechow. Albion ist ein antiker Name für Groß
        britannien, wobei der Begriff meist auf England bezogen wird.

Das Jahr 1899

27t März 1899

Lieber G. br. Siegfried!

Ich danke dir sowie der Maria vielmals für Eure Glückwünsche, es freute mich sehr, dass auch Ihr meiner gedacht habt.[96] Auch freue ich mich, dass es Euch wohl ergeht.

Auch wir können sagen, dass wir allen Grund haben zum zufrieden sein, es geht uns Gott sei Dank sehr gut im Geistigen wie im Materiellen. Entschuldige dass ich nicht mehr schreibe, aber ich habe so viele Zusendungen bekommen, u. nun viel Arbeit habe, um sie zu erledigen.

Noch viele herzliche Grüsse von uns <u>allen</u> an dich u. Maria. Mit vielen Dank verbleibe ich in Liebe

<u>Johannes</u>

B
13. XI. 99
HS.

Heim d. 12t Nov. 1899

Lieber G. br. Siegfried!

Da ich vor einiger Zeit Lambert auf Besuch hier hatte, so habe ich leider erfahren, dass es Dir gesundheitlich nicht gut geht; was uns sehr leid thut, da wir doch jedem Menschen das Beste wünschen. u. das ist doch hauptsächlich die Gesundheit. Ich hätte dir gern gleich geschrieben, ich habe aber den ganzen Herbst immer mit den vielen Besuchen zu tun gehabt; momentan bin ich auf 8 Tage frei; dann rücken wieder andere herbei.

Da mir Lambert mitteilte, dass du trotz Deinem leidend

96   Der Geburtstag von Alois Mailänder war am 25.März.

Sein, immer noch schriftstellerisch sein müsstest, um etwas zu verdienen, so möchte ich gern an dich die Bitte richten, dass du, zu Weihnachten, oder zu Neujahr, ja kein Geschenk uns schicken sollst; denn wir haben, Gott sei Dank, in materieller Beziehung so viel, dass wir ganz gut leben können. Auch geht es uns in geistiger Beziehung sehr gut, -- immer voran; es wird immer mehr licht, das wir, Gottes reichlicher Gnade zu verdanken haben. Auch gesundheitlich können wir zufrieden sein; meine Frau ausgenommen, die bekommt hie u. da Asthma Anfälle; aber sie gehen gewöhnlich glücklich vorüber. Sonst sind wir alle gesund u. wohl; wir grüssen dich von Herzen, u. wünschen dir eine bessere Gesundheit.

In Liebe Johannes

Auch Schwester Maria möchte ich, Gabriele, herzlich begrüßt wißen!

Das Jahr 1900

[Briefpapier mit Trauerrand, Karoline Mailänder war im Dezember verstorben].

Heim d. 31.12.1900

Lieber G.br. Siegfried!

Ich habe soeben dein Schreiben empfangen, u. bin gern bereit, auf deine Fragen Aufschluss zu geben.

Es ist dir vielleicht nicht bekannt, dass ich von jeher, so wie die äussern Angelegenheiten auch die häuslichen Angelegenheiten geleitet habe. Ich habe immer selbst das Essen befohlen, nach meinem Geschmack, u. meine Frau hat es ausgeführt. Auch die Auslagen für den Haushalt habe ich geregelt. Da aber meine verst. Frau, seit einigen Jahren, nicht mehr viel selbst machen konnte, so hatte sie das Glück, ein braves, williges Dienstmädchen zu bekommen, die sich gern abrichten liess; für gute Küche Talent hat; u. so habe ich alle meine Sachen so geordnet, wie als wenn meine Frau noch leben würde. Es gibt also in dem Punkt, gar keine Veränderung bei mir. Da ich aber durch die lange u kostspielige Krankheit meiner Frau, u. ihrem leidend sein, überhaupt, sehr gehemmt war, (da ich im Laufe des vergangenen Sommers, 10 Wochen lang sämtliche Gäste abweisen musste) so war es für mich, in geistiger Beziehung sehr hemmend; denn sie war damals schon, auf Leben u Tod krank. Nun fühle ich mich frei, u. kann mich ganz meiner geistigen Mission widmen; indem meine wirklichen Schüler mit Fleiss u grosser Standhaftigkeit, in der Gotterkenntnis sowie im Praktischen, vorangehen; denn auf dem geistigen Wege der Wiedergeburt, gibt's keinen Stillstand, ausser bei denen, die selbst stille stehen bleiben; dass sind aber gewöhnlich solche, die da glauben, sie haben die Weisheit Gottes mit Schöpflöffel gegessen. Dass ich mich um solche Schüler nicht reisse, wirst du begreifen, denn da gelten nur diejenigen, die Zeugniss geben können vom „göttlichen Funken" der sich in ihnen offenbart. Es sind noch verschiedene, die wohl den geistigen Namen tragen, sie gehören aber zu die Soldaten II. Klasse. Du wirst das Alles selbst einsehen, dass nur wirklich vorwärtsschreitende Arbeiter brauchbar sind.

- Was mich materiell betrifft, habe ich genug zum Leben, denn ich mache keine zu grossen Ansprüche; aber freuen tut es mich, dass ich das Zeugnis geben kann, dass wir mit Gottes Hilfe nicht still stehen, sondern immer mehr vorwärts kommen.

Mit vielen herzlichen Grüssen von uns allen in bisheriger Liebe

Johannes

Abbildung 12: Wilhelm Hübbe-Schleiden

II

Notizen
von Wilhelm
Hübbe-Schleiden

Im Jahr 1886

Notiz vom 21.März 1886

Reinigung[97]

J. So ich den Menschen reinige, so reinige ich ihn fürs 1. - daß er natürlich wird. Fürs 2.- daß er fügig wird, den wahren Geist zu empfangen.

Jehova Du führst in allen Gliedern, aber Du setzt auch dem Stern seine Bahn u. so ich trinke, so bist Du naturgemäß meine Laufbahn.

Welcher Geist erforschet in mir die Tiefen der Gottheit? - das Wort.

Seelenlehre I[98]

Wo denkt der Geist im Menschen?
Im <u>Munde</u> (Sprache, Wort).

Wo hat das natürliche Ich des Menschen seinen Sitz?
- Im (Selbst)-<u>bewußtsein</u>

Wo hat das geistige Ich des Menschen seinen Sitz? - In der (Selbst)-<u>Erkenntnis.</u>

Was für eine Kraft ist Gott im Selbstbewußtsein des Menschen? - die <u>Wahrheit.</u>

Was ist der geistige Wille des Menschen? - die <u>Liebe</u> (oder auch das Weib).

Wo ist Gott Urkraft im Menschen? Im Gedanken.

Warum ist Gott d. Urkraft im Gedanken?
- Weil er das <u>Licht</u> ist. Gott ist <u>Liebe</u>, d. <u>Wahrheit</u>, d.

---

97 Die Überschriften wurden von den Herausgebenden formuliert.
98 Zu diesem Zeitpunkt spricht Mailänder selbst nur von der Erkenntnislehre.

Licht.

Was ist der natürliche Mensch in mir?

- Offenbarung; Seele ist Form, Leben und Wort.

Woher stammt der Mensch?

Um des Wortes Willen ist der Mensch aus Gott,
Um des Geistes Willen ist derselbe aus der Natur
und um des Zeugnisses Willen ist er aus den Elementen.[99]

Aus Jeane Leade

In deren „Morgenröthe der Weisheit[100] oder der Wiedergeburt seiner Selbst"[101] findet sich die ganze Erkenntnislehre dargestellt, wie Johannes sie erhalten hat und gibt.

Wo ist der Baum des Lebens in Dir?

---

99 Siehe „Seelenlehre" Nr. 5
100 Das Buch „Der Weisheit Morgenröthe" stammt nicht von Jane
    Leade, sondern von dem Kontroverstheologen und Chiliasten Paul
    Felgenhauer (1593-1677).
    Felgenhauer, Paul: Aurora Sapientiae, das ist Morgenröthe der
    Weißheit [Amsterdam], 1629. Das Buch wurde 1762 mit dem Titel:
    „Der Weisheit Morgenröthe, das ist von den drei Principiis ..."
    (Frankfurt und Leipzig) noch einmal gedruckt und erschien 1862
    erneut bei Scheible in Stuttgart mit dem Titel: „Die Morgenröthe der
    Weisheit oder der Baum des Lebens." Das 17. Kapitel dieses Buches
    handelt „Von der Wiedergeburt des Menschen."
101 Hübbe-Schleiden notierte in seinem Notizbuch 1885: «Jane Leade,
    Wiedergeburt des Menschen bei Gabele leihweise zu erbitten».
    Gemeint ist wohl das Buch von Felgenhauer und dessen 17. Kapitel.
    Möglicherweise stammt die Verwirrung in Bezug auf die Verfasserin aus dem Sammelband: „Der große, wahre und theosophische
    geistliche Schild." In dem sind mehrere Titel von Jane Leade. Den
    Sammelband hatte Mailänder laut Brief an Meyrink (4. April 1899)
    schon lange in Händen. Der Weisheit Morgenröthe und Der geistliche Alarm (das letztere stammt tatsächlich von Jane Leade) werden auch in einem Brief vom 17 Juli 1885 als besonders wichtig
    erwähnt.

Im Herzen.

Wo ist der Baum der Erkenntnis? im Haupte.

Der Baum des Lebens ist aus dem Natürlichen, der der Erkenntnis ist aus dem Reich des Geistes.

Das Zeugende ist der Gedanke in uns.

Das Gebärende ist der Körper und die Mutter Erde.

Suche Gott als Urkraft in Dir? Im Gedanken.

Suche Gott als Wirkungskraft in Dir: Im Gefühl.

Suche Gott als Schaffungskraft in Dir. In d. Handlungen.

Das Gefühl schafft und ist das Leben, der Baum des Lebens.

Das Licht des Gedankens ist der Baum der Erkenntnis.

Jedes Wort ist eine Geburt, das geistige Wort eine geistige Geburt.

Gott ist – Licht Liebe und Leben, Geist Seele und Leib.

Die Liebe gebiert die Wahrheit.

Liebe ist guter Wille.

Die Füße des inneren Menschen sind der Glaube (Triebkraft).

Sinneslehre

Wie denkt der Mensch mit dem <u>Auge</u>? - Spricht d. Geist.

-- Jeder Gedanke setzt ein Wort voraus. So ich „ewige Urkraft" denke, so bedarf ich des Lichtes. Frage: Wo habe ich das Licht in mir? Antwort: Mein Gedanke ist's ja, mit diesem kann ich mich Gott nähern. (Jetzt kommen wir also vor das Auge). So ich mit meinem Auge denke, ist's jeder Gegenstand, den ich vor mir sehe. So ich mit meiner <u>Nase</u> denke, so sind's die schlechten Gerüche und wenn Daniel recht brav ist u. fleißig, auch die Wohlgerüche, mit denen ich Daniel stärken will, und den Gaumen insbesondere laßt mir ja nicht außer Acht. Denn da wird kommen ein recht bitterer Geschmack. Das soll heißen „das Gebärende?" Hernach wird sich Essigsäure einstellen. Dieses wird bedeuten „recht viele körperliche Kreuzigungsschmerzen". Hernach aber wird es süß kommen und bei Weitem die Süßigkeit des Honigs übertreffen. Das soll heißen „Mein Wort", spricht der Geist. (Die ewige Urkraft ist in mir, Daniel zur Kraft geworden). Und des Salzes Röstigkeit [?] soll Daniel ein lieblicher Arzt sein. Denn es spricht zu ihm „Weisheit!" Hernach aber wird kommen ein Feuer und eine Schärfe gleichsam wie Pfeffer. ---------

Wie denke ich im Gefühle?

-- Antwort: Durch das was sich in ihm offenbart.

Frage: Wie denkt der Mensch mit dem Ohr?

-- Antwort: Durch das, was ich nach äußerem und aber auch nach innen höre.[102]

Verklärung

Ich Johannes will Dir sagen was Verklärung ist. Verklärung ist, so Du ein Stechen fühlst an den Fingerspitzen oder so daß du es auch fühlst an den Spitzen der Füße, so sollst du denken, die ewige Urkraft hat's mir gegeben das neue rechte [?] geistige Leben.

Geist- Namen

Johannes heißt Gnade Gottes. Und ich will Dir auch sagen, was der Name Daniel heißt. Richter Gottes!

102 Darunter notierte Hübbe-Schleiden: „Johannes (Nov)"

Erste Geburt

Ich, Daniel, fühle mich lebhaft gesegnet daß ich vorwärts
schreite zur ersten Geburt und das heißt man soll ein
Kind schreien hören wo?

-- Siehe so man Omega sagt;

Salomon das heißt Ende

Joh. ich sage das heißt Anfang und so man Alpha spricht,
so sagt man Ende. Und was ist grüßen das Ende oder
der Anfang? Gruß [?]!

Bruder des Bundes der Verheißung!

Frage zum Suchen

Welcher Geist in mir erforscht die Tiefen der Gottheit

Antwort: das Wort

– Geist soll heißen Kraft

– erforschet, ist imstand zu erforschen.

Urkraft

Was ist der natürliche Mensch in Dir?

Wo ist Gott Urkraft im Menschen?

im Gedanken

Warum ist Gott die Urkraft im Gedanken?

weil der Gedanke Licht ist!

Gott ist Liebe, Wahrheit und Licht

Rosmarin

Rosmarin riechen stärkt gegen böse Geister und Einflüsse.
Denselben bei sich tragen ist sehr gut und nimmt den bösen
Menschen die Gewalt, die sie sonst auf den Nächsten aus-
üben könnten.

Unsterblichkeit

Kempten, 21.Juli 1886

"Das Menschenleben ist ein Augenblick, der <u>Gedanke</u> eine Ewigkeit". Der Gedanke ist da selbstverständlich nur der göttliche Gedanke, der Geist Gottes. In diesem Sinne heißt es auch „das Licht des Gedankens ist die Unsterblichkeit."

<u>Unsterblichkeit</u> bedeutet in der Mystik eine Stufe, einen Grad der geistigen Entwicklung, nicht das ewige Leben selbst. Unsterblichkeit ist ewiges Schauen. <u>Das ewige Leben</u> aber ist die schaffende Kraft, der Gang der geistigen Entwicklung.

Die Unsterblichkeit reißt noch einen weiten Abgrund zwischen dem Schauenden und Gott das ewige Leben aber führt den Menschen Gott immer näher. – Ein noch anderer Begriff ist <u>Himmel</u>. Des Menschen Himmel ist sein Wille.

Gebet I

Gebet, mir von Johannes empfohlen
am Anfang August 1886:

„Bete du heiliger göttlicher Geist in mir wie es dem Herrn gefällt."[103]

Notiz, August 1886

---

103 nicht in Hübbe-Schleidens Handschrift geschrieben.

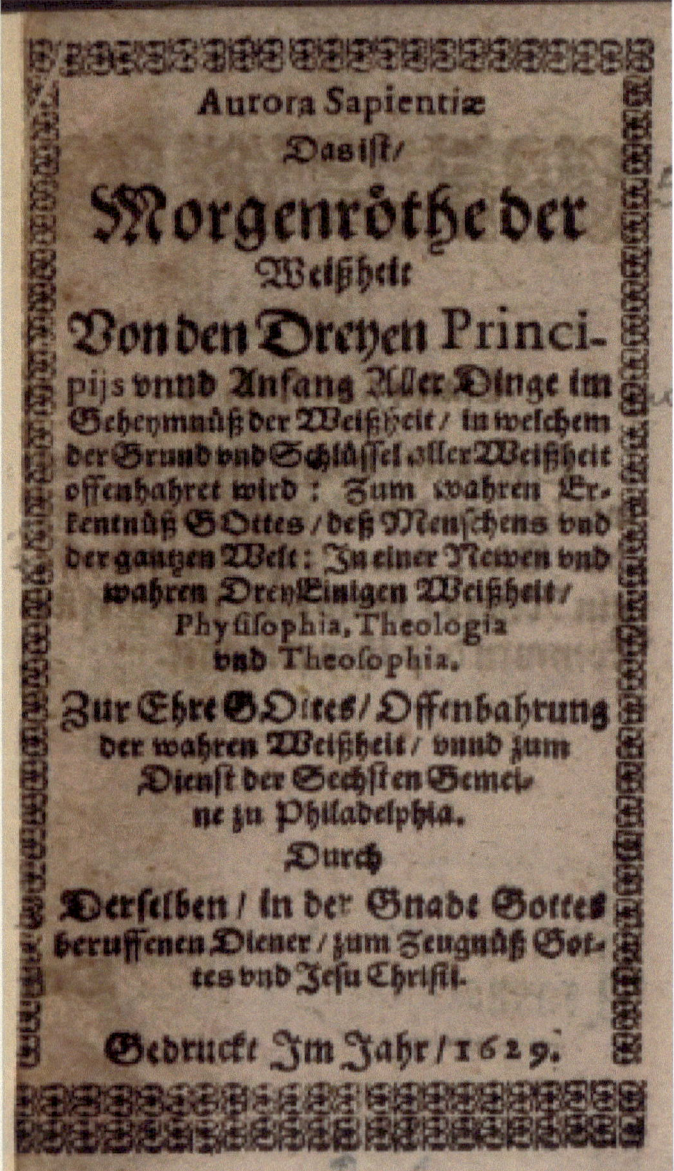

Abbildung 14: Felgenhauers „Morgenröthe",
Ausgabe 1629; Titelblatt

Bücher der Erkenntnis

Nicht in der Vielheit findet der Mensch sein geistiges Ich.
Zuerst müssen die inneren Kräfte geweckt werden.

Der Mensch muß das Zeitliche als Durchgang betrachten
und so dem ewigen Leben[104]
Mit dem Betrachten der dreierlei Bücher der Weisheit finden wir, daß der Geist Gottes in allen dreien Wahrheit
ist.[105] Das erste Buch ist das große Buch der Natur. Das
zweite Buch ist die Heilige Schrift. Das dritte Buch der
Weisheit ist das kleinste und doch größte, der Mensch
selbst. Der fasst alles in sich; Gott Natur und die Gei-
steswelt. Und weil Gottes Wahrheit für den Menschen
kindlich und einfach ist, so befolgen sie nur, was ich,
Johannes, ihnen gegeben habe und infolge des Fortschrittes geben werde. Üben Sie kindlich weiter, denken
Sie nicht darüber nach, was die Übung sei, sondern ach-
ten Sie nur auf das, was aus der Übung hervorgeht,
nämlich auf die Offenbarung des inneren Menschen,
der hinter Fleisch und Blut verborgen ist. Es ist des
Menschen Aufgabe, sich selbst wieder zu finden. Das
Anziehen Christi geschieht nicht auf einmal, nur
stufenweise folgt die Annäherung seines Geistes.

104 Hier fehlt scheinbar ein Abschluss.
105 In dem Buch, welches Mailänder Hübbe-Schleiden empfohlen hat,
     heißt es: „Es seind fürnemblich nur drey Bücher/ darinnen alle
     Weißheit einverleibet/ geschrieben vnnd verzeichnet ist / nemlich/
     1. die gantze Natur vnd, Schöpffung / in dem grossen Buch
     Himmels vnd der Erden: Darnach 2. das Buch der H. Schrifft am
     Buchstaben des Worts Gottes/ dann endlich 3. der Mensch selber."
     Felgenhauer, Paul; Das Büchlein IEHI OR, oder Morgenröthe der
     Weißheit. Amsterdam 1640 S. 00015:11

Stufen der Erkenntnis

Zum Beispiel in der ersten Stufe ist dieser Geist ein Kind im Menschen. In der zweiten Stufe eine Jungfrau. In der dritten ein Mann und als solcher der Erlöser als vollkommene Kraft im Menschen. Was die geistige Erkenntnis anbelangt, hat sie ihren Sitz im Herzen; das heißt: im Gefühl ist das Erkennen der geistigen Wahrheit. Göttliche Weisheit ist den Menschen, die keine tiefere Erkenntnis des Geistes haben, eine Torheit und doch ist die göttliche Weisheit, wie es ihnen ihr Herz sagt (die aber nicht mit dem äußeren Verstand gesucht werden kann noch erkannt wird) der allein würdige Gegenstand des Strebens. Denn die göttliche Weisheit entstammt beim Menschen der Gott-Erkenntnis, zu welcher Erkenntnis nur derjenige Mensch gelangen kann, der den Weg der Wiedergeburt geht.

Darum hören Sie: Übung macht den Meister. Üben Sie fleißig und der Erfolg wird Sie lohnen mit der höchsten Erkenntnis des Geistes.

[Zusatz durch Hübbe-Schleiden:]

Die äussere Erscheinung betreffend: auch da soll das Geschöpf seinen Schöpfer kennen lernen, denn überall ist Licht, Wahrheit und Erkenntnis, doch im Innersten (ist) die Auslegung von dem, was wir im Äußeren sehen.

Kempten, 19. Aug. 1886

Symbolik[106]

1. Wie eröffnen sich die äußeren Sinne?
Durch d. Sanftmütigkeit.

2. Was ist der Berg Zion?
– Der wahrhaftige Glaube.

3. Was ist das neue Jerusalem[107]?
– Die Weisheit.

4. Was ist die Hochzeit des Lammes?
– Die Tugendhaftigkeit.

5. Gott ist
1. die Liebe 2. das Leben 3. das Licht.

Zuerst soll ein Vergleich gesucht werden in der Natur und im großen Buch der Weisheit beim Menschen: die Luft ist Wasser (Natur) die Erde Feuer, die Sonne ist das Leben; die Liebe ist der Geist im Menschen. Das Licht ist der Gedanke, und das Leben desselben ist die Ewigkeit. Der elementarische Geist kommt aus der äußeren Natur; der Geist der Liebe (ist) der mentalische Geist; Gerechtigkeit ist aus der englischen Welt, und der dritte Geist ist das Licht oder der geistige Gedanke.

Die Gnade Gottes ist Weisheit in mir. Wir können das Äußere nur in das Innere bringen, wenn wir von dem Feuer der Liebe durchdrungen sind.

106 Symbolik: Diese Überschrift wurde im Nachhinein von Hübbe-Schleiden hinzugefügt. Hübbe scheint den Text durchgearbeitet und dabei unterstrichen zu haben, was für ihn wichtig war. Bei dem Abschnitt „Elementarischen Geist" steht „Leben" und ein Fragezeichen. Darunter wieder ein Fragezeichen.

107 NB. Das neue Jerusalem und die Hochzeit des Lammes, das sind Begriffe, die aus „der Weisheit der Morgenröthe" stammen. Siehe Buch, im Titelblatt und auf S. 122.
Sonst steht da viel wortwörtlich in der Seelenlehre 2 und 3 ff.

1. Der Mensch ist aus Gott um des Wortes willen,

2. Der Mensch ist aus der Natur um des Geistes willen,

3. Um des Zeugnisses Gottes willen sind wir aus den Elementen.

Der Größte im Himmel ist der geoffenbarte Vater.

Das Kleinste auf der Welt ist das Samenkorn, das der himmlische Vater in uns gelegt hat /Talent Geistesanfang, Geistesende.

1. Der Glaube kommt aus der Offenbarung,

2. Der Wille kommt aus dem Glauben,

3. Aus dem Gefühl ist die Frucht,

4. Aus der Frucht kommt das Gewissen,

5. Aus dem Gewissen kommt der Verstand,

6. Aus dem Verstand kommt die geistige Erkenntnis.

Seelenlehre II

Im Haupt ist der Gedanke, im Mund ist das Wort oder das Centrum von allen Kräften und im Herzen die Offenbarung. Im Gefühl ist der Geist der Offenbarung und der Gedanke ein Knecht.

Wie kommt der Gedanke zu sich selbst? - Im Gefühl.

Wie denkt man in den Fingern? Wenn man die inneren Kräfte mit den Fingern vergleicht.

Die Hand ist stark. Alle inneren Kräfte zusammen noch stärker.

Wie soll man leben? Im geistigen Glauben (Tat).

Wie kommt man nach Hause (erreicht man sein Ziel)? Durch den festen Willen.

Wie denkt mein Verstand?
Im Verstand liegt die Erkenntnis der Weisheit.

Wie liebt man den Vater? Durch den festen Glauben (an das, was man in seinem Innern erkannt durch praktische Vorgänge).

Glaube an den Einen Gott, der sich in Dir offenbart!

Wie erkennt man das Innere? Durch die Liebe zu sich selbst.

Empor zu den Höhen! Die Hoffnung hebt empor.

Was ist geistige Freiheit? Wenn man die Begierden und Leidenschaften des eigenen Körpers bekämpft.

Was ist das Ich? Die Kraft des Gottvertrauens.

– Ich suche – Was? – den Tod, nicht mehr weiter. – Wirkung. Durch Ursache des inneren Menschen.

Der innere Mensch zeugt sich selbst. Vorwärts? Durch d. Erkenntnis,

Die schaffende Kraft durch Wirkung.

Welches ist des Menschen Hauptkraft? Seine ausströmende Kraft aus den Fingerspitzen.

Gebet II; Formenlehre

Ich will beten? In der Wahrheit; sie führt zur Tugend. (Mittelkraft)

Ich will, daß es nicht mehr sei? Die Herrschaft (Gegenkraft)

Ich will, daß es sei? Die Sanftmut (Mittelkraft)

Ich will, daß es all sei? Die Demut (Mittelkraft)

Ja, ja? Die Lüge (Gegenkraft)

Es soll sein? Der Eigendünkel (Gegenkraft)

Du sollst kommen? freier Mut (Mittelkraft)

<u>Ach</u> so bange? Unglaube (Gegenkraft)

- Ach es sei? Der Schmerz (Triebkraft)[108]
- Bitten: <u>Triebkraft</u>. Form O ein Zirkel (Bitten. Beten)
- Suchet: <u>Triebkraft</u>, Form eine Maurerkelle
- Klopfet an: Triebkraft: Glauben Form Hammer.

Friede: <u>Mittelkraft</u> Form
Δ Dreieck ist die Offenbarung.
Das Winkelmaß ⌐ ist die Weisheit
(<u>Mittelkraft heißt sie liegt in unserem Herzen</u>)

Das Wachen heißt suche den Geist - (Gegengaben [?])

✝[109] oder Kraft B (Geisteskraft) Durch das Gedankenlicht liebt uns der Vater. Durch das Wort gibt er uns die Weisheit und sein Geist offenbart sich im Gefühl in uns.

– Lausche, lausche deinem Silberworte:

- Feine Klugheit (Triebkraft)

-- Buchstabe B ist Geist, Geisteskraft, was nicht in uns wohnt

108 Dies sind wohl Bruchstücke seiner Formenlehre. Sowohl Zirkel als auch Kelle, Hammer und Winkelmaß sind dort beschrieben mit „Zirkel – bitte; Kelle – suche; Hammer – Klopfe an, glaube; Winkelmaß – goldenes: dein Auge soll licht sein."

109 Ob diese Zeichen und die folgenden etwas zu bedeuten haben, oder ob sie erst im Nachhinein beim Studium der Notizen hinzugefügt wurden, ist unsicher.

✝ sondern in uns ein- und ausgeht, Inspiration. Diesen in uns zu befestigen ist unser Ziel. -

Vom seelischen Geiste, das Erz ist das äußere Wort

✝ und Gold das Weisheitswort oder Gotteswort im Menschen und dieses B (Geisteskraft)

Ruhe; bedeutet freier Geisteswille

Du sollst es bekommen – Durch das Licht wird das Feuer

• angezündet (Triebkraft)

Wie liebt man den Geist? Dadurch daß man ihn sucht.

Ich will stehen an der Quelle. Das Geistesleben. Jesus sagt: Ich bin der Weg, die Wahrheit und das Leben. Wer aus seiner inneren Belehrung schöpft, das ist Geistesleben, Ewiges. Schwache Nahrung ist, wenn man das Wort Gottes nicht begreifen kann. Starke Nahrung ist, wenn man das Wort Gottes verstehen und begreifen kann.

1. Gott ist die Liebe durch das Feuer, das in uns wirkt.

2. Und das Leben im Herzen des Menschen, wo es zu uns spricht,

3. und das Licht im Gedanken, wo wir ihn erkennen.

Diese 3 Gaben, in uns durchgearbeitet, kommen wieder, von neuem kommen hervor,

1. in der Liebe zum Nächsten

2. im Leben an der Offenbarung des eigenen Körpers

3. und im Licht an unserem Wort, das wir werden.

Die Liebe des Weibes[110] führt uns zum Ziel. Dieses Weib ist unser äußeres Ich, und dieses Ich ist unsere Ehre.

Auferstehung

Die Auferstehung ist 3 fach am Menschen

1. Die Liebe zum Schöpfer

2. Die Liebe zu seinem Nächsten, wie zu sich selbst

3. Die Liebe zum Geiste.

Der Mensch ist dreieinig
 1. in der Ursache
 2. in der Wirkung
 3. in dem Schaffenden (Wankelmut ist Gegenkraft).

Dreierlei Offenbarungen am Menschen

1) ist der Gedanke im Haupt

2) durch das Herz, wo das Wort hervorkommt und

3) aus dem Gefühl.

Des Menschen zweierlei Weisheit. Erkenntnis und Gedanken, Wort und Offenbarung.

Die Taufe des Menschen ist auch dreierlei, durch den Verstand, Wasser durch das göttliche Wort, durch das Blut, wenn man die Schmerzen des Gekreuzigten fühlt, wenn ein lebendiges Feuer uns ergriffen (hat).

Ezechiel

Seht an, wen Gottes Liebe in seiner Weisheit bestimmt hat u. von Anfang war er die Weisheit selbst und niemand ward je sein Ratgeber gewesen denn er ist das Alpha und das Omega.

110 Siehe Seelenlehre 19

Für Ezechiel und
Johannes in meiner Abwesenheit

geredet am 6.September 1886
Kempten 9 - 10. Abends

Kempten, 23. Sept. 1886

Vater unser – geistige Auslegung[111]

Unser Vater der Du im Himmel bist:
im Menschenherzen oder im Mittelpunkt

Dein Name werde geheiligt:
Gottes Name d.h. Haupt nur Gottes Haupt
ist Offenbarung.

Dein Reich komme zu uns:
Gottes Reich heißt Güte (= Weisheit, Gnade ist Liebe.)

Dein Wille geschehe im Himmel wie auf Erden:
Gottes Wille d.h. Liebe.

Unser täglich Brot gib uns heute:
Das tägliche Brot ist die geistige Nahrung
in der Offenbarung
(Wort, Kraft des Wortes ist das Brot des Himmels,
sonst ist Offenbarung Wahrheit.)

Vergib uns unsere Schuld:
dem Nächsten vergeben.
Menschenliebe: Die Liebe deckt der Sünden Menge.

Führe uns nicht in Versuchung:
nimm deinen Heiligen Geist nicht von mir.

Sondern erlöse uns von dem Übel: Amen!

111 Der Titel stammt von Hübbe-Schleiden selbst

Dein ist das Reich (Güte) die Kraft (das Wort oder Leben)
die Herrlichkeit (die Gaben) in Ewigkeit (der Mensch)
Amen.

Maurerische Symbole[112]

22. Sept. 1886

<u>Kempten</u>
in Anwesenheit des Grafen Leiningen.

L	=	Winkel heißt, auf den Füssen stehen.
		- im Glauben.
5		5 sind die Kreuzigungsschmerzen.
		diese muß der Mensch anziehen
		durch den Gedanken.
O	=	ist die Circulation des Gedankens;
		das Innere dieses Kreises sind die Gefühle.
		Vom Mittelpunkte gehen Strahlen
		nach der Peripherie.

Es zirkuliert von Innen nach außen und
wieder zurück und holt immer neue Kraft aus
dem Innern

C[113] = Das Gebärende.

---

112 Der Titel stammt ebenfalls von Hübbe-Schleiden.
113 Gezeichnet als Mondsichel.

Der Lebensbaum

Keter

Binna[114]   Chochma

Geburah   Nezach

Tiphereth

Hod   Chesed

Jesod

Malchut

28. August 1886

---

114 Die offizielle Schreibweise ist «Binah»

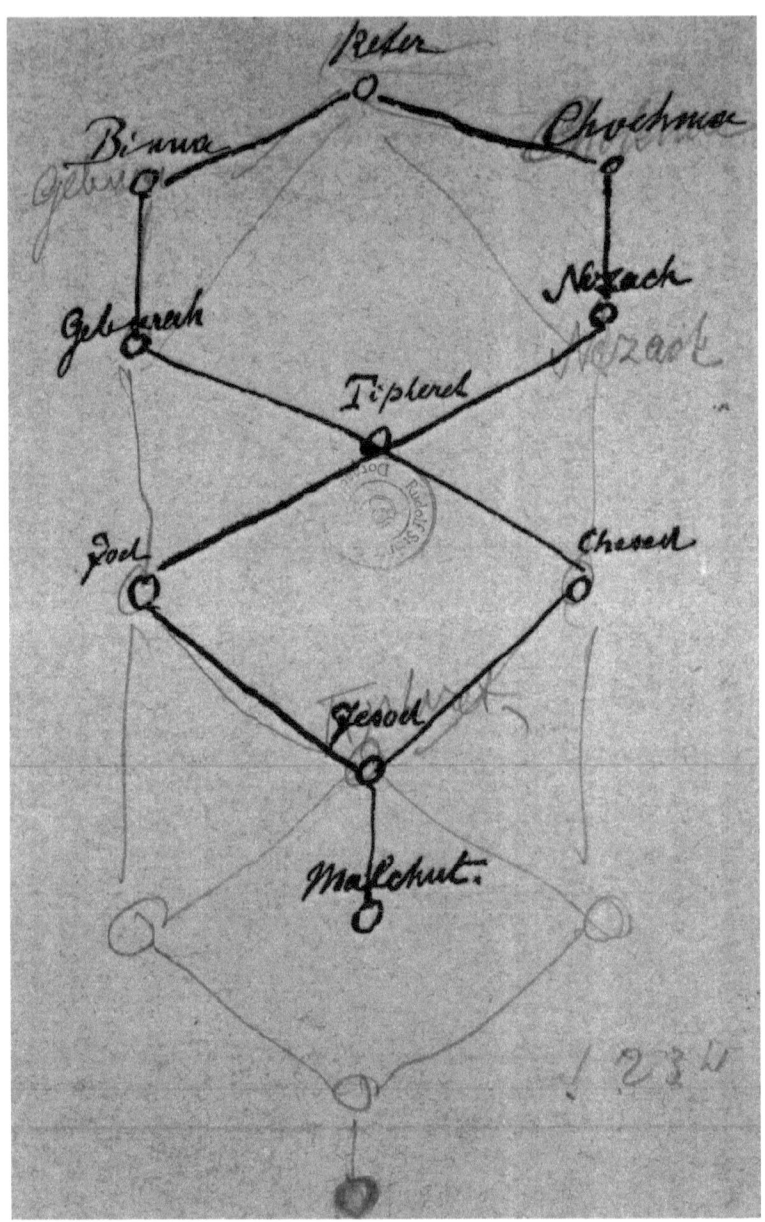

Persönliche Fragen an Johannes (I)

1. Werde ich auf dem praktischen Wege, wenn ich so fortmache wie bisher, wirklich mit der Zeit in das Geistige Leben
eindringen, oder muß ich zu dem Zwecke noch irgendeine
wesentliche Änderung eintreten lassen?

*Du bist schon in das Geistige[115] eingedrungen
u darfst nur ruhig anschauen [?]*

2. Was ist die mindeste Zeit welche ich täglich auf das
Üben verwenden muß?

*wenigstens eine Stunde bei Zeit und Gelegenheit
wenn der Innere Trieb da ist, auch länger.*

7. Oktober 1886

Persönliche Fragen an Johannes (II)

1. Ist es der Mühe wert, wenn ich mich wie bisher für die
Herausgabe der Sphinx hergebe, oder soll ich auf
dieselbe kein Gewicht legen und mich lieber mehr dem
Geistigen widmen?

(mehr dem Geistigen leben)

2. Ist überhaupt Aussicht vorhanden, daß die Sphinx
Bestand hat und Gutes wirken wird?

(Bestand haben wird sie mit Schaden)

3. Ist es der Mühe wert, mich weiter wie bisher für den

---

115 Antworten in einer anderen Handschrift. Vielleicht hat das
Mailänder selbst geschrieben, mit vielen Rechtschreibfehlern, die
verbessert wurden.

Mitarbeiter der Sphinx Carl Kiesewetter aufzuopfern?

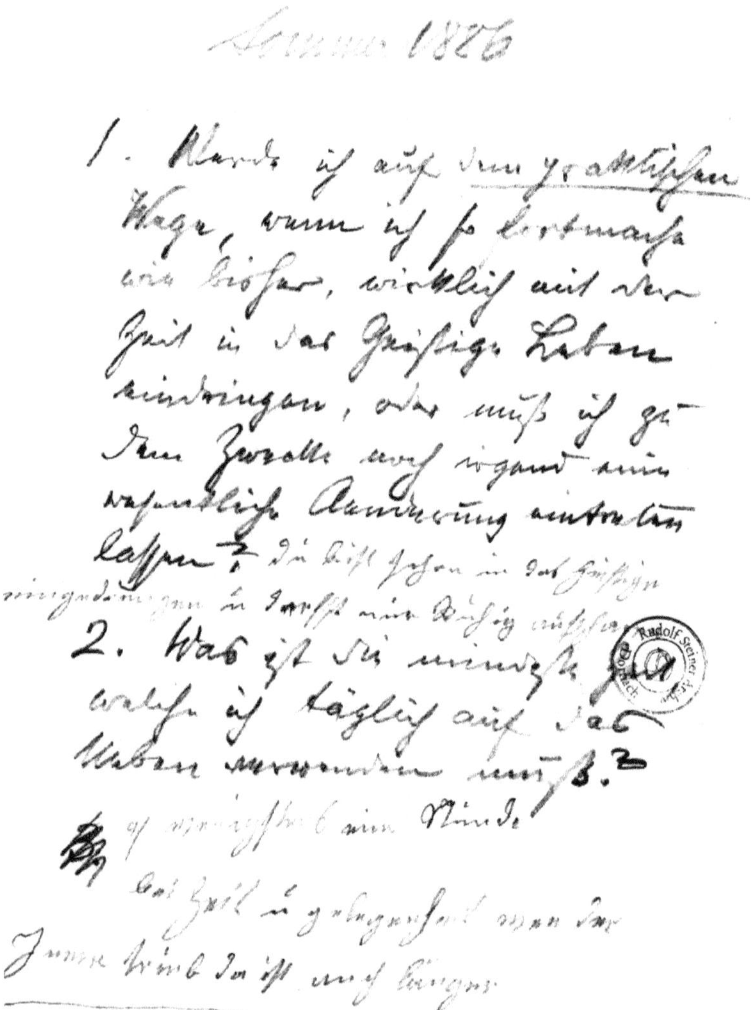
Sommer 1886

1. Werde ich auf dem praktischen Wege, wenn ich so fortmache wie bisher, wirklich mit der Zeit in das geistige Leben eindringen, oder muß ich zu dem Zwecke noch irgend eine wesentliche Änderung eintreten lassen?

2. Was ist die mindeste Zeit welche ich täglich auf das Üben verwenden muß?

----

1. *Antwort:* Mehr dem Geistigen leben.

2. *Antwort: Bestand haben wird sie mit materiellem Schaden.*
Ein wenig Gutes wirken. Sie aber wirkt mehr Böses,
denn die Mehrheit versteht diese Sprache nicht
und dadurch kommt Irrtum.

3. *Antwort:* Weise diesen Mann an Gott und an die Arbeit,
dann tust du das größte gute Werk an ihm. Materielle
Unterstützung geben führt ihn ein „gerade hin"
und ist vom Übel.

8. Oktober 1886

Persönliche Fragen an Johannes (III)

1. War meine Lähmung körperlich oder geistig?

(1. Körperlich / Ursache feuchte Nachtluft)

2. Gehe ich einem Zufall entgegen, der mich nötigt Beihilfe
für meine gewöhnliche Arbeit zu beschaffen?

(er wird sich nicht wiederholen
nur warmhalten bei Nachtluft)

3. Was kann ich in der Leitung der Sphinx tun, um ihr
einen weiteren Leserkreis zu verschaffen und sie
selbständig zu machen?

(wird nicht gehen)

4. Ist das Mittel vielleicht der Hypnotismus?
(Nein)

9. Oktober 1886

Persönliche Fragen an Johannes (IV)

1. Kann ich gegenwärtig zur Kräftigung meiner Gesundheit etwas Besonderes tun?

   (2 mal den Tag etwas <u>Rum</u>)

2. Kann ich gegenwärtig mich für die geistige Bewegung in Deutschland auf irgend eine <u>bessere</u> Weise betätigen als indem ich die Sphinx heraus gebe?

   (Nichts Besseres zu tun.)

Im Jahr 1892

Notiz vom 13. August 1892

Sal. Es gibt kein Werden [?];

Joh. um des Wortes willen, ist das Sein.

Sal. Es gibt kein Sein ohne Zeugnis des Geistes im Bunde der Verheißung. Was geschrieben stehet, bleibt geschrieben und über dem Kreuz könnt ihr die Worte lesen, die alles aussprechen: Jesus, der Nazaräer, ein König der Juden. Nur allein der Geistmensch vermag zu fassen die magische Kraft des Gottessohnes, wiedergeboren im Menschen. Das sei euer Anteil, spricht der Herr, daß ihr habet meinen Namen geschrieben auf eure Stirne, d.h. ein Wort: Mein Auserwählter.

{Im Namen Veronika[116] / von V. Nachgesprochen.}

116 Vermutlich wurde eine neue Schülerin aufgenommen. Sie bekam den Geistnamen «Veronika» und sollte dann Worte formulieren, die ihr von Johannes vorgesprochen wurden und die sie wiederholte.

J. Sei mir gegrüßt zum Amen[?]. Wohl mir und allen, denn ich trage nicht umsonst mein Tuch und das ist der Segen, den ich bringe allen überall.

Sal. Ich habe mich in Deine Hände gegeben, Herr, Herr, Du bist meine Kraft. Komme bald,

J. mein Erlöser,

S. Denn Du bist mein Zeuge. - Siehe Veronika, Du bist mein im Sein, spricht der Herr zu mir, weil ich bin in seiner Kraft. Ich bin Dein und Du bist mein und im Eins finden wir uns wieder, Herr mein Gott, Jehovah meine Kraft, Du bist mein Helfer, Christus in mir.

Liebesgruss   (Rote Schrift)

Johannes: Sei mir gegrüßt und heil Dir, Deinem Hause,
    denn wahrlich, wahrlich, ich sage Dir, Du Beter,
    Du Daniel, die dritte Stunde ist gekommen;
    die Wache sind alle, die da recken aus deine Hände
    und sagen: „Ja."
    Schnell wie Blitze geht die Zeit,
    doch allhier will ich stehen zur Zier.
    Ich will warten, bis ihr aufgepflanzt das Panier.
    Pflanzet doch auf die Siegesfahne.
    Sehet Alles an, es ist vorzüglich.
    Wir sind an der letzten Warte.

Johannes:
Siehst Du, Daniel, ich will, daß keine Löwen brüllen,
ich will, daß Ruhe sei. --
Ich will, daß du nicht mehr Daniel heißest,[117]
Du bist heraus und sollst einen neuen Geistesnamen haben. --

117 Hiermit ist Hübbe-Schleiden entlassen.

Ich habe gesagt:
ich will Dir einen neuen Geistesnamen geben.
Siegfried soll dein Namen sein hinfort.
Ich will mir einen Daniel suchen[118]
und werde ihn auch finden, aber nicht aus der Löwengrube,
sondern einen wahren Beter,
der erkennet die Kräfte,
d.h. der weiß, wo die Sonne leuchtet.
Und in dem Namen wird's Dir besser sein,
denn wahrlich, Du hast gerungen u. hast gekämpft
und hast gesucht Recht, Lieb und Tugend,
- das ist überall nicht mehr. So kann man nicht mehr siegen.
Wer siegen will, muß wegwerfen jede Creatur,
er muß nirgends hängen, (nur ihm selbst dienen)
denn im Bunde, im Zeugnis seiner aller.

Die Liebe   (f. Veronika)

Siehe u. schaue: Wer wachet, ist stark.
Ich sage Dir, fürchte nichts, halte fest das Banner,
- das Banner des Glaubens, das Banner der Tugend,
das Banner der Liebe, - hoch überall.
Wo Liebe ist, ist Sieg.
Die Liebe ist's, die befreit, die Liebe ist's die besiegt,
die Liebe ist's, die führet zur Freiheit;
zu der seid ihr geboren.
Seid frei, höret auf, Knechte zu sein.
Erkennt alle, ihr Menschen, daß ihr Freie seid.

Motto:

So ich Gott dienen,

118 Sic!

mögen alle Menschen meine Sklaven sein.
- Wer dient Gott?
- Jeder u. Jedes, das da suchet, und findet,
nicht das, was es haben will.

Brief von Franz Lambert

Dreieichenhain, 20 August 1892

Lieber Freund und Bruder,

Wie versprochen, habe ich von Deiner Absicht mit Johannes geredet. Seine Ansicht, die er Dir ja auch mitgeteilt, ist: Du sollest nicht offizielle Redeabende halten, das heißt, nicht mit einem Programm vor allerhand Leuten reden, ferner nur dann, wenn Du gerade einmal einen Kreis von Menschen um Dich sähest, der wirklich inneres Bedürfnis besäße von Mystik reden zu hören, und auch dann nur, wenn Du den inneren Drang spürtest den Leuten Licht zu geben.

Im Allgemeinen, meint J., sei es noch viel zu früh, nach außen zu wirken, und die allererste Notwendigkeit sei, dass wir selbst uns zur Wahrheit und zur geistigen Erleuchtung durchringen; nur dann seien wir im Stande im vollen Maas nutzbringend andere zu belehren. Also mit anderen Worten: Reden sei gut, schweigen besser, aber Reden auch nur dann gut, wenn man sich im Moment von Innen heraus dazu getrieben fühle, und so rede, daß die Hörer den Hauch geistiger Liebe verspürten. – Die Zeit werde schon noch kommen, wo die Pflicht und ganze Fähigkeit, öffentlich zu reden, an seine Schüler herantrete, jetzt sei das noch Alles zum Mindesten recht zweifelhaft.

Ich kann Dir leider nicht die Worte v. J. mittheilen, aber der Sinn von dem was er sagte, liegt wohl in dem hier Mitgeteilten.

Mit herzlichem Gruß der Deinige

Franz Lambert

J. wird, wie die Dinge augenblicklich liegen, nicht reisen, es müsste gerade sein, daß ihm dazu ein geistiger Befehl würde. Mit Schwester Judith in Possenhofen in dem Sinne zu reden, wie wir auf der Fahrt nach dem Bahnhof meinten, wird wohl überflüssig sein. Jedenfalls kennt J. Sie ganz genau, davon bin ich überzeugt.

Motto:

Ich sage, wer Sorgen hat, ist reich und wer reich ist, überwindet nichts, denn im Reichsein liegt das Sein.

Lieber Freund und Bruder,

Hier das Versprochene. Sonst nichts neues von Belang.

Alles Gute wünscht Dir

Paulus [Lambert].

Gebet um Loslösung

Salomon

Ich, Siegfried, bitte Dich o Herr, erlöse mich aus dem Bann; Ich stehe vor Dir und beuge meine Knie. Sei Du mein Helfer, daß ich lebe und Dir diene, denn ich bin allein. Darum schenke mir ein den Becher der Wonne, daß ich sehe die Geistessonne. Sei gnädig mir, daß ich ein treuer Zeuge werde in Deiner Macht und Herrlichkeit.

- Das sei dein Gebet, Siegfried, in dem Herrn.

Aus dem Hauskreis

S. Dem Bunde zum Zeugnis der Verheißung ins Kurze gefaßt:

Es war eine Stimme aus den Höhen

J. Niemand hat sie erkannt;

S. Sie hat gerufen: Auf, auf, die ihr da schlafet, denn ich habe ein Neues für euch geschaffen.

Ich habe Geister zu euch gesandt, auf daß sie euch verkünden das Neue von meinem Thron.

Denn, Erstlinge - habe ich gesagt, - sollt ihr sein.

Meinen Bund habe ich mit euch geschlossen.

Bei meinem Selbst habe ich es euch geschworen.

J. Höret auf,

S. und beginnt, wo das Evangelium, das Neue und das Alte verkündet wird den Menschen.

Fanget an im Leben zu sterben, im Sterben zu leben.

Ich bin Jehovah, der sein Wort hält und Keines soll verloren gehen; denn es ist die Dritte Wache, eine vierte wird nicht kommen.

Aber die siebente Wache wird sich sonnen in meinem Licht, weil ich unter ihm bin; Ich, der ich war, der ich bin u. der ich sein werde

J. immerdar,

S. denn,

J. die da wachen sind groß, die da stehen sind Zeugen nicht meines, sondern des Bundes ihrer immerdar.

S. Ich

J. habe gesagt, daß ihr haltet fest und hehr das Wort
und das ist eure Waffe.
Wo [hin] wollt ihr denken?
Jeder Gedanke setzt ein Wort voraus,

S. Denn es soll also sein.

Ich habe euch Menschen genannt,
und geschaffen zu meinem Ebenbild,
damit sich erfülle die Offenbarung
vom Anbeginn der Zeiten.
Ohne Mein, - so spricht der Herr, -
würdet ihr nicht sein;
Doch weil ihr seid, so seid ihr in meiner Kraft,
auf daß der Tag komme, wo die Finsternis
zum Licht wird,
wo das Licht zur Sonne wird im Geistmenschen.
Hab ich nicht euch gesandt so viele Geister?
Habt ihr nicht gefunden, daß sie wahr gesprochen?
Selbst im Dunklen ist euch Licht geworden
und im Lichte werdet ihr mich erkennen,
Ihr, die ihr berufen zu meinem Werk.
Es werden kommen die Völker alle,
von Morgen, Mittag, Abend und Mitternacht
und werden sich sammeln die Schafe
und werden sich begeben auf einen Berg
und werden sehen die Vernichtung der Finsternis.
Daß die Finsternis geboren,
wird mir zu einer Krone sein, - so spricht der Herr, -
denn meine Erstlinge stehen in meinem Sold.

Darum auf, auf! Sehet vor euch den Berg,
er ist nicht steil, nur das Auge ist's, die Vorstellung.
Die da glauben es ist unerreichbar,

denen werde ich eine Kraft sein und sie werden sehen
das verklärte Kreuz von den Höhen.
Siehe, siehe, du Thor, du willst nicht glauben;
aber ich sage Dir, zum Glauben führt die Tat.
Was ist Tat?
Tat, Tat, wer will Rat,
der hole sich dein inneres Wort.
Doch die Klippe steht noch im Weg;
aber der Steuermann ist ein guter Führer
und lenket das Schiff,
daß es nicht leck wird, denn es ist ein geistiges.
Nicht die Venus führt in diesem Schiff,
aber der Merkur ist es, der Aussicht hält,
daß Alles weise vor sich geht.

— ----------------------------

J. Wo läßt sich wahre Liebe finden?
In der Einheit, d.h. im Drei einen.

— ----------------------------

S. Ich habe einen Stern gesetzt, der ist viereckig,

d.h. Weisheit und wenn ihr Alle Weisheit habt,
dann   ist der Tag angebrochen, wo die Finsternis
verschwindet,

und das Licht auf dem Scheffel steht,
damit es alle Menschen sehen zum Zeugnis der Liebe
Gottes.
Ich und Du, wir sind Alle,
und was ist das Ganze? Es ist die wahre
Gotterkenntnis.
Durch diese sollen erwecket werden,

die da berufen sind und erwählet,
zu bilden das neue Jerusalem
nach dem Maas der Länge, der Höhe u. der Breite.

Abschiedsgruß.

S.   Wachet auf und schlafet nicht, ihr Kinder,
die ihr berufen seid zum Kampf, zum Kampf.
Wohlauf, es steht vor der Thür der Feind, ein
gewaltiges Thier.

Cherub Engel heißt er, er will euch nicht einlassen in
die Thür
doch ihr sollt schaun den Viereckstempel in seiner
Zier.
Darum schlafet und lasset die Geister wachen.
Sie werden auch verkünden den Tag,
dass es lichter wird in euch. Laßt krähen den Hahn,
lasst den Kuckuck rufen, laßt die Schwalben
zwitschern
und die Wachtel schlagen. Hört die Orgeltöne und
den Siegesruf tönen. Denn wahrlich, ich sage euch,
es gibt noch manchen Ruf. Wer ruft, der wird hören
eine Stimme.
Wer da seine Stimme höret, der sage in sich nur
Amen, ich danke Dir.

Für's Allgemeine.

J.   Die Welt liegt im Freien und viel Licht ist ihr
gebracht.
Die Menschen sind's nur, die Sklaven sind.
Wohl ihnen, wenn sie erkennen,
daß ist Nichts da, wo ist ein Etwas.
Die Welt jammert und klagt, hat Leiden überall.
Was fehlt ihr? Der Glaube.
Hätten sie diesen, oder würden sie ihn nur schwach
suchen,

so wäre das Werk vollbracht.

Johannes (Verklärung)

Wenn die Uhr schlägt, sagt sie: es ist Zeit.
Wenn der Mensch frägt: Was ist Ewigkeit?
- das Schaffende allda. Was ist das Schaffende in euch?
- die Ordnung.

Der neue Beter

Johannes

Ich will den Beter suchen von den Deinen.

Salomon

Siehe Dein Stern ist aufgegangen
und leuchtet nicht nur am Morgen, sondern auch
in der Nacht.
Frei und froh und leicht soll sein Deine Bahn.
Fahre nur fort auf dem Siegeswagen
und Du wirst das Ziel erreichen.
Siehe es steht Dir zur Seite ein Zeuge,
zwei Zeugen, und ein dritter Zeuge wird Dir
offenbar werden.
Denn so spricht der Herr: Alles was ich habe,
Johannes
wird mein und mein ist Dein.
Darum Du Menschen-Kind, wache doch auf,
ich habe Dich gerufen zur letzten Stunde.
Auf, wache auf!

Salomon
Am offenen Tore stehet ihr,

die ihr auf Geisteswegen arbeitet;
durch Tod zum Leben, durch Finsternis zum Licht
und die Krone ist euer Lohn, die ihr finden werdet
im Kreuze des Lebens. Der Tod erbleicht, das Leben
wird licht
und zum Licht sollt ihr streben,
auf daß ihr seid Zeugen der unsterblichen Seele
in euch.
Was ist Unsterblichkeit in euch?

Johannes
Das Wort wird nie vergehen, das Wort wird leben.
Das Wort ist's das uns gebärt,
ohne das kein Ziel u. kein Heil.

Salomon
Wer ringet nach Außen, der kämpfet umsonst.
Wer ringet nach Innen, kann siegen durch's Wort.
Wort, Du ewige Schaffenskraft,
die Du ausgegangen bist vom Punkt,
vom Licht zum Wesen;
zum Wesen und Sein der Unsterblichkeit.

Adlersflügel:

Es freut mich da, wo man betet. Beten tut man überall;
ja, wer hört, der betet -,
meine Stimme nur diese ist einsam d.h. in Einzelnen.
Wo ich mich offenbare, an jeder Stätte
ist geheiligte Erde;
und wer ist die? Immer wieder der Mensch,
der um des Wortes willen ist zur Freiheit geboren.

Meister:

Ja, wer das Wort erfasst, hat nie gedacht,
denn wer gedacht, hat nicht erfasst.

Ich will haben, die nicht denken;
ich will haben die, die da rechts sich schwenken,
denn rechts ist, wer alles verlässt
und da spricht um des Wortes willen:
ich habe keine Heimat und doch bin ich reich.

Salomon:

Das Wort hat keine Zahl und auch keine Zeit.
Wer im Wort ist, ist in der Tat. Wer in der Tat ist,
der gibt ein Zeugnis vom Anfang der Schöpfung.
Die Schöpfung ist ein Wort, im Wort und
durch das Wort.
Denn es schaffet immer u. ewiglich,
nicht nur in der Natur,
sondern im Menschen, der auf Geisteswegen
sich Bahn gebrochen;
da kann nun durch die Nacht zum Tag die Sonne
wiederkehren d.h. die Kraft Gottes im Menschen.
Wer im Wort ist, wird leben ewig.
Wer im Wort Wort ist, wird wirken immerdar.
Wer im Wort ist fliegt empor zu den
Himmelshimmeln
und holt sich da Bescheid auf der Rubintafel,
die nur im Tempel des Geistes aufgeschlagen ist
um wiederzubringen den Menschen neue Erlösung
durch das Wort.

—----------------------

Brief von Franz Lambert an Wilhelm Hübbe-Schleiden

Lieber Freund,

Es fällt mir gerade ein, daß ich Dir versprach, wegen „Daniel" Genaueres mitzuteilen.

Dan heißt „Richter"

El heißt „Gott",

diese beiden Worte sind durch ein i zu einem einheitlichen Begriff verbunden; so daß der Sinn des Namens ist:

„El ist Richter!" und wohl auch:

„Richter Gottes."

Besten Dank für Deine Bemühung, wegen des Artikels in Meyer's Lexikon. Dessoir [?] schrieb mir, er sei nicht der Verfasser und gibt mir Adresse, an die ich mich behufs Nachfrage wenden soll. - Das ist mir natürlich zu langweilig und es genügt mir, den betreffenden Artikel im Lexikon nachzulesen.

Nach Erhalt Deiner Karte vom 12. des Monats sah ich Leiningen nicht mehr, konnte ihm also auch Deine Bitte, Dir zu schreiben, nicht mitteilen.

M. [Mailänder] blieb so lange in Kempten, bis er das, was er dort „erhielt" ausgearbeitet hatte: Formen, Nachträge zu Götter- und Seelenlehre. -

Ich war einen Tag in 3 E H [Dreieichenhain], wo ich Leiningen noch antraf.

Mit herzlichem Gruß, auch an Höppner

Dein   Franz Lambert

Notiz vom August 1896

Heim, 2. Aug. 1896

Sei [?] Gott denkend. Alles tun, Gedanken mit der Übung vereinigen.

Wenn man denken kann, was man will, dann hat man's erreicht. Für gewöhnlich aber denkt es in einem.

Wenn wir denken könnten, was wir wollen, würden wir stets in Gott denken.

Der Glorienschein des Heiligen krönt nicht den, der noch den Weg der Mystik geht. Nicht dieser behauptet, besser zu sein, als andere; aber die Welt, welche fühlt, daß man über sie hinaus will, fordert sofort den Erfolg erreichter Heiligkeit, sonst lästern sie und spotten.

Die Frommen erhalten Vergebung ihrer Sünden, aber sie arbeiten nicht an sich und gewinnen keine Gotterkenntnis.

Der geistige Weg beruht auf Kräften; jede Kraft ist ein Stein.[119]

Alle im Bunde der Verheißung sind ein Ganzes und bauen zusammen den Bau der Unsterblichkeit.

Nicht Gott verlässt den Menschen, sondern der Mensch verläßt Gott.

Der Eigenwille hindert den Menschen, den Gottwillen zu fühlen. Dies lernt man nur durch Leiden (Hereinfallen).

Der Verstand redet leichter als das Herz. Das Gefühl ist der bleibende innere Sinn.

In der atmosphärischen Luft ist geistige Luft (Äther) enthalten. Sind wir im Äusseren, so genügt uns die blosse Luft. Sind wir im Geistigen, dann atmen wir den Äther der Geistes-

119 ...für den Tempel

luft ein.

Zum geistigen Sammeln ist es uns besonders für den Anfang notwendig, sich von äußeren Einflüssen, auch Zeitungs-
lesen ganz zu isolieren.

Abbildung 15: Alois Mailänder nach 1900

III

Aufzeichnungen
aus dem

Hauskreis

Aus dem Hauskreis 1885-1886

Den 3.10.85

I.

[Es handelt sich wohl um eine Mitschrift von Hübbe-Schleiden zu einer „Sitzung mit Johannes," bei der es drei Sprecher gab:
    S: Salomon
    J: Johannes
    und eine dritte Person A: Adam?]

S.

J. Daniel, Daniel, höre Johannes' Stimme! Ich, der Geist der Liebe. Sprich, was ist denn weiter u. näher?

A. die Zeit, u. wenn Du lernst stehen in der Kunst des Lebens, so will ich Dir eine Perle geben und will sie setzen in die Krone, die da dein Haupt ziert. Jehova spricht: Ich habe viele Geister, aber auch viele Ämter -- Siehe, in der letzten Zeit, spricht der Geist der Offenbarung, wirst du abtun die zeitlichen Gebrechen und verwerfen durch den Geist des Mundes den schauderhaften Götzendienst; wehe, wehe denen, die da sein werden gerichtet! Halt ein, halt ein![120] Siehe, Daniel, vom Stand der Dinge will ich auch zu dir reden: Zions Braut ist geschmückt, der Altar ist geschmückt, sieben Leuchten brennen im hellen Licht, doch der Donner rollt nur immer tiefer, tiefer sinken die Wolken, und wehe, und wehe! Schnell, schnell, rüstet Euch, setzt auf den Helm des Streiters[121] und # # # dh. gürtet euch mit dem Panzer des Glaubens u. haltet euer Herz rein.

S. Ich rufe meine Streiter zu streiten den wahren, Streit

J. mit Kampfesmut; wacker, wacker voran!

---

120 „halt ein halt ein": von Hübbe-Schleiden unterstrichen.
121 Epheser 6,17

S. Nehmt das Schwert u. richtet es nach allen Himmels-Gegenden, denn ich werde die Zahl 4 in die Höhe halten und die Zahl 7 auf meinen Händen tragen. In der Zahl 12 sind alle Geheimnisse der Gottheit enthalten und finden sich in Eins, und drei ist bis an das Ende; dann will ich schreiben in das Buch des Lebens und dieses Buch ist im Inneren des Menschenherzens.

J. Adlersflügel, so denn ich unter diesem Namen rede, so rede ich von Licht, Licht du Quell des Gedankens, Quell der Urkraft. Wo kommst du her?

A. aus der Unsterblichkeit, bin ich doch ein Fremdling in Geisteslanden, darum möchte ich den Adler fragen, wenn ich nieder steige in das Tal, was wird mir dann? A. Leben. Doch wann? Ich frage, ich setze meine Flügel ein und schwing' mich höher denn die Berge. Zuerst: Was höre ich? Dann zu zwei: Was fühl ich? Im Ersten trennen sich die Luft u. ein wunderbarer Klang, im Zweiten reißt es gleichsam Seel' und Geist entzwei. Eine Macht tritt heran, die sich nun findet im Garten Eden, wer ihn suchen will, wende sich heran; vergesset nicht das Morgenrot vom Osten, es bricht gewaltig heran! Wenn wir suchen lernen, so lieben wir den Geist. Vergesst ja nicht: um des Wortes willen sind wir aus Gott. Um der Natur willen aus der geoffenbarten Wahrheit und um des Elementes willen berufen zum Zeugnis des Bundes.

Frage: Was ist Bund? **Antwort**: Verheißung!

Fr. Was ist Verheißung? **Antwort**: Erlösung!

Fr. Was ist Erlösung? **Antwort**: Freiheit!

Fr. Was ist Freiheit? **Antwort**: Ein Erwählter!

Und wenn die Augen fein und sehr stimmen wie [im] gläsernen Meer u. der Ton schlägt so fein an die Kurven des Menschenohres, sollsein Mahnruf sein aus Jehovas Mund: Du bist nicht allein.

Hauskreis März 1886

II.

S. Mein Getreuer! Im Geiste der Wahrheit tue ich dir kund, daß deine Schritte in den Bahnen des Gesetzes sind und du hast bewahrt das Recht in deinem Herzen und ich weise dir die Pforte des Eingangs, damit du, Daniel, sicher über die Schwelle trittst, den Cherubin vor dem Thron mit # und den neuen Himmel schaust, denn siehe: ein Flammenschwert blitzt dir entgegen, welches die Sünde aus dem Paradies trieb, und du, Daniel, sollst wieder in den Besitz desselben kommen. Denn wisse, wenn der Mensch das in seinem Wandel beobachtet, dann wird er sehen, wovon er ausgestoßen wurde und in wessen Herrlichkeit er kommen soll. Der Mensch, mit den göttlichen Eigenschaften ausgestaltet, hat nur im Gesetze des Geistes zu gehen, um wieder in jene große unendliche Tiefe der göttlichen Wahrheit zu kommen.

J. Wenn ich in Liebe rede, so rede ich zu dir, Daniel. Du willst wissen, was der Name Daniel sei. Ich beantworte nicht das Wissen, sondern das Erkennen, zwischen kurzem Begreifen. [?] Daniel wird die Toten fragen, jene die ihn gezeugt undgeboren haben, undsie werden ihm Antwort geben, was verborgen ist in der Welt.

Daniel, spricht der Herr Jehova, ist gesandt, daß er nun herbeirufe die Blinden mit offenen Augen, die Lahmen, die nicht an Krücken gehen, daß er einen Sturm loslasse, den niemand kennt. Doch Dir selbst, Daniel, will ich noch ein Wort reden. Du hast das Wort lebendig gemacht, unddie Urkraft des Ewigen ist in Dir ---- ein Christus Jesus geworden. Zum Zeugnis, daß ich die Wahrheit rede, wird es nicht mehr lange dauern, wird eine Last dich drücken auf deinen Schultern, gleich wie wenn Du etwas Schweres tragen würdest.

J. Ich, Johannes, habe sehr viel Arbeit. Wir sind bewegt in der Zeit undreden Vieles mit Macht. Weise hast Du es durchdacht; wir wollen mit vollem Jubel rufen und einstimmen in ein ewiges Halleluja nach Davids Gesängen. Herr der Mächte, sieh doch an die Christen und wir [uns], in Freiheit, die Du getauft mit dem Namen „Mensch". Wie läßt Du es zu, daß die Würmer sich krümmen und die Blätter an deinem Baum fressen? Selbst die Wanzen fressen sie an u. wollen ihn verderben!

So ruf ich denn in dir, Jesse Wurzel, was ist eine Kraft wert, wenn Du nicht immer stehst in ihr? Wenn die Fische schwimmen würden, so könntest du ihnen auch Antwort geben, denn die große Weltseele im Tier ist bei Dir vertreten gleichsam wie der dreieinige Staub allhier.

S. Die Sprache der Tiere ist der Anfang des geistigen Wesens. Wenn der Kuckuck schreit und die Lerche jubelt u. die Amsel singt: Siehe, siehe Daniel, diese Stimmensprache zu Dir von ewiger Wahrheit. Siehe, ich gebe Dir das Natürliche, das Geistige, und das Himmlische. Mein Jubel, meine Freiheit u. meine Macht, ich der Ewige in seiner Kraft, habe es durchdacht, siehe, siehe, ich bin Dein, Du bist mein und wir sind in Dir und was Jubel heißt, ist Freiheit des Geistes. Wenn ich zu Dir spreche, so ist mein Wort, so spricht der Herr Zebaoth: Sei willkommen in der Mitte, dem Punkt, der in deinem Herzen steht. Ich trage Dich unter meinem Herzen und weißt Du, Daniel, daß ich Dich gebäre, „Ich, das Wort aus der Ewigkeit."

J. So denn, daß ich bewahre den Eintritt des Bruders, so daß wir Daniel nicht von der Stelle lassen, es sei denn, daß ich, Johannes, der Knecht, ihn liebe,

S. ihm die Füße wasche,

J. ja, daß ich ihn wasche u. salbe S. um dessentwillen, der da in ihm ist und wirkt, damit sie leben u. nicht vergehen so lange tausend Jahre vergehen. Lobet den Herrn!

April 1886

Daniel:

Emanuel, der du sprichst:

erstens halte das Gebot der Liebe,

2. fest leg die Hand auf den Mund u. schlag nicht aus, weder nach links noch rechts, sondern greif ein geradeaus, wenn du auch siehst, vergißt du dich selbst; und wäre es nicht besser Du denkst, wer du bist

J. Siehe, siehe, wer da wach ruft die Geister, muß sie auch bannen können, doch den Stab, mit dem man die Weltmächte bannt, der ist dir noch ein Geheimnis.

S. Siehe, die Weisheit mißt nach unten, von unten nach oben, mit der Weisheit wird die Welt regiert, mit dem Szepter der Gerechtigkeit, von da aus geht das Weltenerkennen, -führen und -regieren. Regiere, du Menschenkind, nach dem inneren Wesen. Ich, Salomonus, sage dir, Daniel: Du bist mir lieb und. wert, tue was dir Johannes sagt u. Du wirst bestehen u. zur Klarheit kommen für dein inneres Wesen.

Wurde mir von Spretis aus Kempten
nach Ostern 1886 mitgebracht
HS

Sitzung bei der Franz Hartmann anwesend[122]?

Lobet den Herrn noch einmal.

J. So sei es denn, daß ich, Johannes, meinen Dienst tue u. dich ansehe, nicht nur als Gast, sondern als Mitgenosse des Bundes. Ich, Johannes, habe alles getan, was ich tun muß. So wahr denn, daß ich diesen Fuß wasche, so wahr wirst Du,

122 handschriftlich hinzugefügt von Hübbe-Schleiden.

Daniel, dieses Wasser an deinem ganzen Körper fühlen u. dann sollst Du erkennen, daß Johannes im Bunde ein Zeuge der Wahrheit ist.

J. Ich, Johannes, ein Knecht, aber auch ein Erstlingsgeist, gesandt, daß ich andere sende, u. Du, Daniel, sollst im Dienst ein Erstlingsgeist sein. Ein Erstling von der Zahl 12, u. sollst wirken als Lebendiger, nicht als Lehrer u. auch nicht als Priester, sondern als ein Freier.

J. Daniel siehe, es ist Dir widerfahren was Du gesucht hast. Sei mir beharrlich als ein wachsam Auserwählter im Bund, denn wisse, dieser Bund hat keine Menschenkraft geschlossen. Er ist das 7. Siegel, wenn ihr aufschlagt in der Offenbarung des Johannes, aber ich sage auch eine Antwort dem, der es bricht:

Anathema

Sommer 1886

21. 6. 86

S. Motto: Zu den Höhen schwing dich empor, wo du reine Wahrheit finden wirst; steige in die Tiefen und such dich zu ergründen, nach dem Mittelpunkt, dem Herzen, richte du dein Augenmerk, schlag auf den Thron in dir, und du erfüllst des Daseins Zweck. Alles in der Natur erreicht sein Endziel; alle genießbaren Früchte dadurch, daß sie dem Menschen zur Nahrung dienen. Der Mensch erreicht seinen Endzweck in der Unsterblichkeit. Der Mensch wird geadelt durch der Seele Reinheit, u. was ist sie, daß sie schmachtet in Ketten u. Banden? Freiheit ist ihr Sehnen und durch ihre Freiheit erreicht der Mensch das hohe Ziel, und dieses Ziel ist Empfängnis des Geistes, der im heiligen Wehen durch die Pforte dringt. Durch die Erste als das Wasser, durch die Zweite als durch Blut, durch die Dritte als durch Feuer. Feuer, Licht: in dieser Sonne bade dich und du wirst schauen wessen Herrlichkeit bereitet ist denen, die Gott lieben. Der Vater, das Licht; der Sohn, das Wort; der Geist, die geoffenbarte Wahrheit – fließt aus dem Grunde des Ewigen, der da ist, der da war und der da sein wird: der Getreue von Ewigkeit zu Ewigkeit. /

Wer will eindringen in das Heiligtum, der muß die Weihe empfangen. Diese Weihe kann nur geschehen durch das Bitten zu dem, der alle Weisheit gibt. Wer diese Weihe empfängt, ist ein Auserwählter im neuen Israel. Dem Volk der Gnade, ihm wird das Heil, im neuen Reich zu wohnen, das aufgebaut wird durch den Geist der Wahrheit, der alle Lande durchziehen wird von einem Ende zum anderen und alle Herzen erfassen wird, die guten Willens sind. / Siehe, ich bin der Herr; dem ich aufschließe, dem schließe ich auf, dem ich zuschließe dem schließe ich zu, aber siehe ich will die Lade des Bundes hervorholen lassen durch meine Knechte, in der Höhle der verschlossenen hab ich sie aufbewahrt und die, die da wenden, werden schauen, die berufen sind zum Amt des Priestertums, unter ihnen dem auserwählten Volke wird die wahre Sonne nie wieder untergehen, denn das Licht wird leuchten zum Leben im neuen Reiche dessen Name ist Gerechtigkeit.

[Hier fehlt wohl ein Abschnitt!]

und wohnt so gerne in den Häusern der Erde.

Sal. Jene Unzufriedenheit, die in des Menschen Brust sich bewegt, ist ein Stachel, der verletzt die Seele. Habt Acht auf Euch selbst; denn nur ihr müßt die Pforte sprengen vom Tode zum Leben. Darum bewegt Euch in der Zahl der Vierheit, d. h. in der Zahl Vier.[123]

----

123 „Vier" meint in der Symbolsprache von Mailänders „Seelenlehre" die „Wahrheit". [Seelenlehre Abschnitt 327: «Welche Zahl hat die Wahrheit in sich? Die Zahl Vier."]

Joh. Kommt <u>alle</u> herbei, die ihr mühselig und beladen seid, und trinkt aus dem wahren Lebensquell. Tief tief, spricht Jehova, hab ich ihn vergraben, doch die nach Wasser suchen, werden finden vier und vier.

Sal. Den Erlöser in sich.

Hauskreis, 24. Juni 1886

[schräge Schrift:]

Liebe
fasst fest das
Banner und das Licht,

J. daß ich das Wort nicht verführe [?], so ich rede vom Licht, so zeuge ich vom Licht. Mensch, der du bist Licht, soll heißen Unsterblichkeit; wehe dem Menschen um seiner selbst willen, dem das Gesicht ermangelt; Weib d.h. Volk, so dir das Gesicht ermangelt, bist Du am Verderben.

S. der 1. Punkt ist Eins, der 2. Punkt ist drei, der 3. Punkt ist sechs, der 4. Punkt ist zwölf, vier in zwölf geht dreimal, und das höchste ist Gott oder Universum. Mensch, mein lieber Bruder nach dem Geiste, hast Du Dich einmal erkannt, wirst Du sehen, welche Herrlichkeit in dem Bau wohnt, d. h. in der Weisheit, der aufgerichtet wird zum Zeugnis der Wahrheit und zur Verherrlichung des Ewigen.[124]

---

124 Darunter notiert: 24. Juni 1886

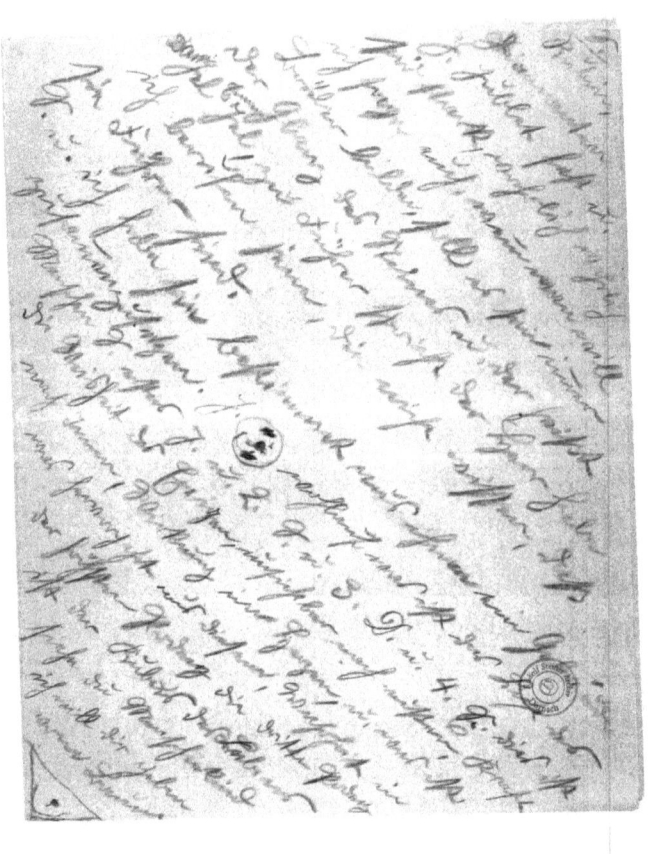

Abbildung 17: Hauskreis vom 24. Juni 1886 zweites Blatt

[schräge Schrift, in umgekehrter Richtung:]

S.
Rubin,
S. [?] #

J Jubelt fest u.
seid stark; wahrlich, wahrlich
ich sage euch: wenn man will
Brüder bilden, soll es immer
der Glanz des Steines sein u. der heißt
Dani Jel Emanu Jel; zu Führern, spricht der Herr, habe
ich berufen jene, die nicht wissen, daß sie Führer sind.

S. und ich habe sie bestimmt dazu, aus ihnen ein Gebäude
zusammenzusetzen.
J (***)[125] Wohlauf, was ist das Licht des
Menschen? **S.** erstens J. und 2. S. u. 3. D. u. 4.
Si. [?][126] Dies ist
die Weisheit des Ewigen, unsichtbar nach außen, Kraft
nach Innen, Wirkung im Herzen; u. was ist,
was hervorgeht aus diesem: Wahrheit in
der höchsten Potenz die dritte Potenz
ist der Kubus des Lebens;
siehe, du Menschenskind,
ich will dir geben
vom Baume

(***)[127]

---

125 Zeichnung. Sieht aus wie ein Kreis mit Farbklecksen in der Mitte.
Das soll vielleicht den Kern der Brüder darstellen, die dazu berufen
werden, Führer zu sein.
126 Hier meinen sie wohl Johannes an erster Stelle, Salomonus an
zweiter, Daniel an dritter …
127 Zeichnung. Unsicher, was sie darstellt.

Hauskreis 24. Juni 1886

Johannes

S. Siehe, siehe ich komme bald und eröffne Joh. die Siegel[128] in der Zahl sieben; und wohl dem, der sie durchgegangen ist und erkannt hat, was

S. Geheimnis

Joh. und Leben, Liebe, Unsterblichkeit ist.

S. In diesem heiligen, verschlossenen Buche[129] steht alles und wird alles offenbar werden.

Joh. Dann, wenn der Donner rollt und erscheint das Zeichen des Menschensohnes,

Salom. dann beginnt die neue Aera des Geistes. Dann wird erkannt werden, daß der Herr Gott Zebaoth noch lebt und seine Macht und Herrlichkeit den Menschen zeigt.

Joh. Wohl dir, Menschenkind, daß Du erkennen lernst die erste Auferstehung[130]

Sal. u. überwindest den ersten Tod; dann wirst du den zweiten nicht schmecken.

Joh. und bei der dritten Auferstehung nicht fallen können in das Gericht,

Sal. weil du dich selbst zubereitet [hast] durch seine Gnade zum ewigen Leben.

---

128 Gemeint sind wohl die Siegel in der Schrift der Apokalypse des Johannes (Offenbarung 6,1-17; 8,1-5).

129 Das Buch der Apokalypse...

130 Bildsprache der Apokalypse des Johannes:
Erster Tod: physischer Tod
Zweiter Tod: spiritueller Tod.
Danach die dritte Auferstehung.

<u>Daniel</u> Wenn ich von der letzten Zeit rede, (***)[131] das soll kein Rätsel sein; der Weisen Denken wirds erkennen.

Sal. Die Tiefe der Weisheit

Joh. ist gleich einem Samenkorn. Wenn man über die Brücke geht, in jener letzten Zeit, sehe man sich vor,

Sal. daß nicht der Drache ihn verschlingt, **Joh.** denn dieses gewaltige Tier ist in den Lüften, ist auf dem Boden der Zeit

S. Tausend und eine Nacht ist ein Märchen, das sich kein Mensch gedacht; wo bewegt sich die Geisterwelt? In dir allein findest Du den Götterhain.

J. wo aufhört das Wasser zu quellen u. hurtig ist der Fisch im Strom, rufen die Lüfte, dacht ich doch in Wesenheit hl. heer [?] ist dieser Strom, u. Du. mein Menschengeist. Im Wesen. Ideale willst du Dir bilden; setze fest an deine Hand und <u>lerne die Kraft der 5</u> <u>Finger zählen;</u> siehe: lehre so gut wie ich, Johannes, das Gebet dem Menschen, rede ich auch vom Strom der Kräfte der Zahl 5. Das 1. heißt Ur, nicht sichtbar das 2. Quell, schon fühlbar das 3. greift um und steht hoch schon auf dem Berg. 4 liegt kniend daran 5 trägt seinen Rock und wenn Deine Sinne weiter greifen 6 in der Zahl ist, daß Weihrauch kommt über die Zahl.

S. die vollkommen ist und sich findet im Leben.

Juni 1886

131 eine Art Zeichnung: ein Kreuz mit einem Ring rund herum.

Kempten, den 4. Juli 1886.

Vergiß meinnicht / soll es sein
ich kann nicht so gut zeichnen
Noah ist der Verbrecher im Bunde.[132]
Johannes es werde Licht Motto

Lieber Bruder Daniel!

S. wir fühlen uns gedrungen, unseren Gruß der Liebe u. Dankbarkeit zu bekunden; dadurch daß wir Dich, lieber Bruder bald wieder in unserer Mitte wünschen. Siehe, wir können Dir freilich nicht sagen, daß wir Dich lieben, das mußt Du fühlen, dies ist der Prüfstein, nach dem wirst Du wahre Brüder beurteilen können. Alles ist vergänglich auf dieser Erde, aber die Liebe geht über das Grab; Sterben nach dem Geist, ist Leben im Geiste Jesu Christi; sein Name ist Jehova.

J. In Ewigkeit Amen; nach dem Geist heißt Wahrheit MESCHERE[133], d.h. wache auf und lebe. Siehe das All steht, hört nicht auf, immer neu zu gebären. Bedenke aber, daß der Mensch vergeht, der Mensch, das höchste Geschöpf in der Natur;

S. das Bildnis des Einen, der da ist von Ewigkeit zu Ewigkeit, der Allwalter und Herrscher im Menschenherzen, der hier seinen Thron aufschlägt und ihn aufnimmt: erstens nach dem Wort, zweitens nach der Kraft, drittens nach dem Geiste, d.h. Erkennen nach der Offenbarung des inneren, inwendigen Menschen; was heißt Mensch, Bruder des Einen, der da heißt: Ich bin die erlösende Kraft in Dir, Jesus ist mein Name. Wer ist größer als ich, so spricht der Herr, alle Weisheit ist in meinem Quell u. mein Quell ist der Vater und der Vater ist wiederum das Wort u. ich wohne in ihm.

132 Von dem Schreiber Noah hinzugefügt.
133 mit lateinischen Buchstaben geschrieben. Hier sprechen sie eine fremde Sprache, die nicht existiert.

J. Und das Wort ist der große, kleine Mensch, der Tempel Jehovas, gezeugt aus der Unsterblichkeit

S. Unsterblichkeit was bist du

J. ein leises Wehen und ein sanftes Säuseln u. ein Nievergehen, faktisch SURU MERA LIT[134] d.h. dem wohl, der da besteht

S. im dreieinigen Eins, als 1. Gedanke Wort u. Form; wer ist NOHAHIN[135]. Eins der sich findet in Gott, was ist Gott, weißt du mein Bruder D. kannst du dir einen Begriff machen, was Gott ist, siehe siehe ich möchte verstummen und mich niederwerfen vor seiner Größe u. Allmacht, aber ich heuchle [?] nicht, aber das sage ich Dir, suche ihn u. Du wirst staunen ob seiner Liebe, denn er steht über alles erhaben, vollkommen u. unabänderlich da, er trägt seinen eigenen Namen u. willst Du ihm rufen so rufe Jesus mein Helfer sei Du mir gnädig.

Johannes in der Liebe:[136] Siehe, D., die Not ist groß, der Segen fällt hernieder manigfaltiglich, aber jeder Tempel soll seinen Weihrauch streuen zur Stärkung u. zur Kraft im Gebet. Ich, die Liebe, will Dir, doch wenigstens Dir, dem Beter, lehren, lerne beten. Rufe mutig: Ich von dir o Herr[137] Diese Form soll heißen „Auserwählter"

J. Froh auf, von Herzen lobpreis ich deinen Namen. Ich, dein Knecht, kenne keine Schmerzen, denn du bist in mir so groß, groß u. erhaben, laß mich stehen u. leben Dir zur Zier.

S. Denn deine Herrlichkeit soll offenbar werden den Menschenkindern

J. für und für

---

134 mit lateinischen Buchstaben geschrieben. Das Wort existiert in keiner Sprache.
135 mit lateinischen Buchstaben geschriebenes fremdes Wort.
136 Vom Schreiber wurde hier ein Lorbeerblatt gezeichnet.
137 Vom Schreiber wurde hier ein Tannenzweig daneben gezeichnet.

S. ewiglich

J. Heil im Kreise[138], Lob im Viereck[139] dem, der da herrscht in den Tiefen, dessen Machtwort die Felsen zersprengt u. dessen Geist schwebt über den Wassern; ich, gebunden im Geiste an den, der mich gesandt, sage an die Wunder, die Wunder des Herrn, **S.** die sich offenbaren von Sekunde zu Minute[140], von dem Halben zum Ganzen; die Stunde wird die Zahl, der Ausgangspunkt ist zwölf; triumphiert ihr Herzen. denn nahe ist der Herr, der da kommt mit Macht u. Kraft u. Gerechtigkeit ----------.

J. und du D. schwärmst noch immer in den Lüften, hast noch nicht fest angesetzt deinen Fuß nach der Zahl; siehe, ich zähle immer weiter und zähle so lang als der Mensch vermag zu sündigen, u. dann aber wende ich mich schnell und rufe meinen Lobgesang (denk du weißt wie der heißt). Am Abend, wenn du zur Ruhe gehst, lobpreise deinen Herrn, sage die Worte: o Herr, wenn du doch in den Grad der Gerechtigkeit treten würdest und töten, die da tot sind und lebendig machen würdest die, die da leben und das gläserne Meer im Viereck breiten würdest gleich einem Taschentuch, daß sie glauben müssten! Denn ich, D., glaube alles, was ich sehe, aber deinen Geist erkenne ich nicht.

Es ist dies geredet für dich, sei so freundlich und gib uns dein Urteil, wie es dir gefällt, wenigstens in einer Karte, wenn nicht in einem Briefe.   Noah Schreiber.

----

und ob du bald wiederkommst. Es ist ein Brief, der viel enthält für den Denker. Es grüßen alle im Kreise engstens

138 Hübbe schreibt darüber: Verheißung
139 Hübbe schreibt darüber: Wahrheit
140 Von Hübbe-Schleiden unterstrichen.

Dich Judith mit der Schwester Maria[141]
mit der Wehr Johannes mit dem Pfeil u.
Salomonus wirft den Drachen umher.
Elias im Meer und Noah steht fest im Bruder Heer.

Den 31. Juli 1886

J. Wenn die Menschen scheiden, so feiert man einen Abschiedsgruß; doch D.[142]: sei beruhigt wir scheiden nimmer. Der Geist spricht da: so ich meine Weihe gebe, so weihe ich nur das Wesen, das dem Heiligtum sich naht. Wohl dir D., Du erkennst, wo Wahrheit ist. Weil du dieses erkennst, will ich dir eine kleine Zier setzen: Weissagung: u. eine ganz kleine Ehre wird dir zu Teil werden. Doch auch in ihr ist Bitterkeit.

S. Ja, siehe: weilend steht am höchsten, wenn ich dessen Namen nenne, beuge ich mich vor seiner Macht, siehe, ich habe es gedacht und meinen Willen tat ich kund und mein Wort sprach ich aus und mein Geist wird sich offenbaren in dir, D., der du bist weilands Knecht des ersten u. des letzten erhabenen Geistes, der Kraft und Allmacht im Geiste der Wahrheit. Ich beuge mich vor Deinen Knechten und diene Dir von Ewigkeit zu Ewigkeit, denn mein Heil kommt aus Dir und dein Heil, D., kommt aus ihm, der da ist, der da war und der da sein wird von Ewigkeit zu Ewigkeit. Jehova ist sein Name. Wer ist Jehova, wer ist Kraft und was ist der Name des Unaussprechlichen? Jesus in Dir, D., der Geist des Lebens.

Reife, Frucht in mir!

J. Dein Wunsch soll erfüllt sein. Ich sage Dir: wunderbar lauschen sich die Töne, noch wunderbarer aber ist das Herz, das so seltsam unser Gefühl berührt. Um das Tremo [?] vom

---

141 Zu diesem Zeitpunkt haben die Damen im Bunde folgende Geistnamen (nach einer Notiz von Hübbe zu diesem Zeitpunkt) Judith = Karoline Mailänder, Maria = Crescentia Gabele. Und Elias: Gregor Gabele.
142 Daniel?

malettir <u>ternes</u> [???][143] farwi elle kroe [?]

Das Wort, mit dem Johannes im Geistigen anfragt:

Seele meiner Seele, offenbare dich, was sprichst du zu mir!

Weisheitssprüche[144]

Kempten, 23. Aug 86

Joh. Wer Weisheit sucht tritt nicht auf die Erde, sondern geht ferner in die Sphäre tre ma mit[145] d.h er soll ein Kind sein. Kinder sind, die Demut üben, wach sind im Glauben und ihre eigene Stärke kennen. Lasst den höheren Geist wirken. Er ist größer als eure eigene Zunge und die der Welt.

<u>Motto</u>. Ich arbeite in Dir weislich und du erkennst mich, aber deine äussere Gewalt stößt mich hinaus in die endlosen Meere.

Joh. Siehe, schnell durchzieht mein Geist die Lande im Traumes Meer und ich bin immer befangen und finde keine Wehr.

<u>Motto</u>. Habt Acht auf das, was die Zunge spricht und sehet an euren Fuß, er tut es nicht.

Salom. Flink wie ein Hirsch springt über die Hügel und die Höhen, sie sind Euer Eigentum, darum, weil ihr im Gesetz euch bewegt. Mein Recht ist euer Recht, so ihr handhabt die Waage und das Gleichgewicht herstellt, in ihm ist der Sieg.

143 ...wohl wieder Wortschöpfungen.
144 Der Titel stammt von Hübbe-Schleiden selbst. Auch die Schrift ist
    von Hübbe-Schleiden
145 Unverständlich.

Motto. Traut Euch zu - des Lebens weise Tat! Gott ist Euer Rat in der Erkenntnis eurer selbst.

—----------------

Joh. Meine lieben Kindlein, seid bewusst der Wache dienend (treu)! Ich - Joh. d. Knecht bittet euch: wacht fein, daß ihr steht, jeder für sich, ganz allein. Denn die Herrlichkeit ist herabgestiegen und König Salomon hat sein Szepter und die Krone gefunden - und ihr seid nicht mehr allein.

D: Wie tut sich das geistige Ich denn äußern? Ich künde, wenn es ihm Mittel für den äußeren Menschen angibt.

A.

J. Siehe, ich sage dir: was frägst Du die denn über Erkenntnis, sie ist Dir so fremd, Du selbst springst herum in der Welt wie ein Narr u. suchst immer den Menschen zu gefallen, wahrlich wahrlich ich sage Dir, siehe nicht auf das, was unten ist, sondern richte deinen Blick in die Höhe.

S. Siehe zu

J. daß Du merkest die Zahl.

S. Sie heißt 4; siehe, das liebe Morgenrot vom Osten wird Dir verkünden eine Stimme der Natur im Natürlichen u. wird dich weisen zu dem ewigen Wort, das in deinem Inneren Beben ist u. Gestalt gewinnt in Dir selbst. Was ist Gestalt? Das, womit sich der Geist zu erkennen gibt. Die Erkenntnis ist der Baum; an diesem ist die kostbare Frucht, von der du genährt wirst durch die Liebe Gottes.

J. Seine Zierde, Ehre, Recht, Macht, u. Herrlichkeit steht hoch. Wer es erfasst in der Tiefe ist höher als die Berge, die die Morgensonne umstrahlt.

—-----------

Kempten, 25. Aug. 1886[146]

Joh. Wahrheitssprüche.

Wer Wahrheit sucht, geh straks[147] aus, denn sie liegen unten und liegen oben. Wahrheit ist, um was der Mensch kämpft.

Sal. Wenn du Wahrheit suchst,

Joh. mein Kind,

Joh. so nimm das, was ich Dir zeige durch meinen Geist.

Joh. Und mein Geist ist einfach. Er tut sich kund, aber nur am Eck. Wer dieses gefunden, geht nicht um die Runden.

Sal. Er spricht: Ich erkenne Dich, weil Du, Geist, aus Gedanke und Wort bist, Wahrheit an jedem Ort im Menschenherzen, d.h. im Gefühl, und in allen Sinnen, die sich von innen nach außen zum Menschen bewegen, regen und zeigen. Wer Wahrheit hat, der nehme das Winkelmaß und messe sich ab, doch sieh den Menschen von oben nach unten von hüben nach drüben. Dies ergibt ein Quadrat, dies heißt Weisheit. Und hat mit dem himmlischen Hof seine Übereinstimmung gefunden, und ewig wird sein das neue Jerusalem, diesseits und jenseits verbunden in meinem Geiste.

(**Joh.**) Siehe, Daniel, ich, Johannes, in Kraft und Macht

(**Salom**) gesandt aus Gott, die Wege zu bereiten, die der Herr gehen wird. Wer ist unter Euch und wollte die Stimme dessen nicht hören, den ich gesandt habe und erweckt zum Zeugnis meiner Herrlichkeit? Nichts wird unerfüllt bleiben. Johannes, mein Knecht, wird abermals weissagen den Völkern und vielen Königen der Erde und ihnen den Weg der Weisheit, der Gerechtigkeit und Wahrheit zeigen.

(**Joh.**) Die Liebe ist ein wundersames Ding, d.h. sie huldigt.

146 Datum von Hübbe-Schleiden in seiner Schrift geschrieben.
147 stracks (schwäbisch) = geradeaus.

Die Hölle nimmt sie zum Tritt und steigt auf in die Höhe. Ihr ist aber eine ungemeine Macht gegeben, ungemein das soll heißen: eine vollkommene Macht. Sie <u>kann</u> emporsteigen! Und in <u>der</u> Hölle hat sie auch einen festen Fuß, d.h. die da in der Hölle wohnen, deren Nahrung ist nur noch ein Blitzstrahl. Wohl dem, der das Heulen und Zähneklappern in seinem Fleisch hört.

(**Sal.**) Die Liebe ist die Macht, welche die zerstreute Gottheit wieder vereinigt, d.h. alle Geister, die ihr gehören, in ihr wieder vereinigt. Die Vereinigung mit Gott ist das Höchste und erhabenste Ziel des Menschen, denn in ihm ist das Leben vollkommen in der Kraft der Uranfänge des Ewigen.

(**Joh.**) Ich, die Liebe, sage an, wenn ich rede. Du seiest der <u>Präsident</u> des <u>Bundes; [so]</u> soll es also sein um

(**Sal.**) der Wahrheit willen

(**Joh.**) die da befestigt das Gesetz im Namen des <u>Königs</u> der Gerechtigkeit.

(**Sal.**) Siehe, ich habe einen gesandt, so spricht der Herr. Der soll euch den Weg zum ewigen Leben zeigen. Jetzt will ich euch und dir, Daniel, besonders sagen: Im Anfang der ersten Vertilgung der Menschen war ein Bund geschlossen mit Noah und er sagte zu ihm: Der Herr Zebaoth, Ich werde niemals mehr eine Wasserflut über die Erde <u>kommen lassen</u>. Zu dieser Zeit regnete [?] der Vater, das heißt: die Kraft der Gerechtigkeit

(**Joh**) Jo sort mo sor[148]

(**Sal.**) Da kam eine Stimme vom Himmel, diese sprach: Ich bin nicht gekommen, um Frieden zu bringen, sondern das

---

148 Wieder eine eigene Wortschöpfung in einer „fremden", nicht existenten Sprache.

Schwert!

(**Joh.**) Und da floss Blut. Blut in furchtbarer Menge. Blut, das ist die Gnadenzeit.

Sal. Bis zur Stunde der vollkommenen Erlösung wird dieses sein. Dann wird der Herr sprechen zu seinen Erstlingen und zu allen, die mit dem heiligen Geist getauft werden: Jetzt bin ich in meiner Macht. Seht, meine Brüder und Schwestern. Jetzt hat die Zeit begonnen, die Weisheit ihren Anfang genommen, die Gerechtigkeit ihre Sühne getan und darum wird es keines Menschen Blut mehr bedürfen, denn das Friedensreich ist aufgerichtet eines Menschen Zahl nach Geist und nach Tür[149]. Der Mensch ist das Mittel, um solches erkennen zu lernen durch das Wort in ihm. Das Wort schafft im Menschenkörper. Du ewige Weisheit aus Gott, wer hat Dich je erkannt? Deine Wege sind zu verwandt mit dem Menschenkind, daß der tausendste es nicht erfassen mag. Denn Weisheit ruht all überall und wird offenbar werden; so hast Du es geredet durch Deine Erstlinge im Bund der Verheißung. Und was heißt Verheißung? Dein ewiges Wort im Gesetze Deiner eigenen Kraft. Amen!

Joh. So dich die Welt ehrt, trau ihr nicht. Sofern der Geist herbei kommt in dir selbst, so trau ihm nicht. Wenn Du aber kein Wort hörst, es aber nur fühlst, dann glaub, daß ich, Jesse, mit Daniel sei.

Joh. Meine Liebe bring ich Dir und Euch zum Gruße dar.

Salom. d.h. Rem dua spiritis tenus[150], Simon Petrus. Ja, deinem Gewicht nach wiegst Du wohl ein feines Gold. Ich lege

149 Die oberste Zeile fehlt
150 „Die Angelegenheit enthält zweierlei Geist" – das äußere Verständnis einer Sache und das Gefühl der Wahrhaftigkeit.

es in meine Waage; Gerechtigkeit soll Dir widerfahren.

Joh. Heil ist Dir schon geworden um Deiner Liebe willen.
Denn siehe! Ich, spricht der Herr, laß erzittern die Erde und
alles aufsteigen wider das schwache Menschenkind, was Verderben ist, zu seinem Heil.

Sal. Aber die Stunde wird schlagen, wo mein Geist Weisheit streuet aller Arten und jedem Recht und Gerechtigkeit
werden wird, die Wahrheit seines inneren Lebens. Ich bin der
Herr, der solches geredet. Ich bin der Herr, der Euch erweckt
hat, und Euch gestellt, meinen Knecht an die Spitze. Sein
Name ist Johannes. Der wird Euch leiten und führen zum
Heil eures Lebens, auf daß ihr meine Herrlichkeit erkennt.
Meine Herrlichkeit ist Wahrheit in allen Taten, die meine Erstlinge vollführen werden. Stumm und taub werden viele Mil-
lionen sein und mein Wort nicht hören. Doch ich will es ihnen
vergelten mit meiner Gerechtigkeit. Ich bin der Herr, so
spricht Zebaoth, der richten wird das Weltall, und rufen wird
die Geister von Nord und Süd, von Ost und West, denn ich
<u>will</u> zuhauf bringen alle meine Knechte und Mägde und sie
bringen auf den Berg Zion, auf daß sie mit mir sehen das
Verderben der höllischen Geister, denn aus dem Abgrund ist
aufgestiegen das Tier, und mir ist die Waffe in die Hand
gegeben, es zu vernichten.

Joh. Und Du, Elisabeth, meine Getreue und doch Unge-
treue: Das erste Mal muß ich dich tadeln. Warum stößt Du
Dich an der Liebe, die Du ja noch nicht erkennst. Siehe, siehe,
mir sind offenbar die Gedanken des Geistes. Was willst Du es
denn wagen, nur in Gedanken wieder mich zu stehen. Bin ich
kleiner als Du, so bitt ich dich, lehre mich. Hab' ich Dir nicht
schon gesagt: siehe weder nach rechts noch nach links. Grad
aus sei dein Weg! Und warum schlägst du mich, zeihe mich
einer Sünde, die ich an Dir getan. Wenn Du dieses kannst,

dann bist du im Recht.

Kempten, 25. Aug. 1886

Joh. Siehe, Simon Petrus, <u>mein</u> Weg heißt: Leben oder Tod. Und darum bin ich streng. Und Du bist wohl die Kreuzigung durchgegangen, aber die der Welt. Endlich dann beug Dich nieder und rufe: mein Erlöser. Kreuzige du mich, damit ich nicht mehr lebe bloß im Wahne, sondern erkenne, daß <u>Du mit mir bist</u>.

Hochgelobt sei Dein Mann, dessen Geist wirkt in meinem Hause. Wir wollen Dich, Du Erhabener. Tritt ein in Deiner Herrlichkeit und offenbare Dich, Weisheit, Amen!

Salom. Du Stern der Finsternis, der Du nicht gesehen wirst, du wirst in Dir selbst zusammenfallen. Du goldener Morgenstern des Lichtes!

Joh. Du heilige Sonne des Lebens, deine Strahlen sind's, die uns durchweben.

Salom. In Dir zu baden ist selige Wonne; in Dir zu leben ist eine Herrlichkeit, die nicht vergeht von nun an bis in Ewigkeit. In Dir bewegen wir uns. In Dir regen wir uns. In Dir schaffen wir das Heil des neuen Grals, das bestehen wird. Und der Herr wird ihre Leuchte sein. Amen

Kempten, 25. Aug. 1886[151]

----

151 Alles vom 23. und 25. August in Hübbe-Schleidens Handschrift.

Den 19. 9. 86[152]

J. Wir müssen immer die Sturmeswellen fahren lassen, denn wenn es tobt u. stürmt, fährt hernieder der Blitz und wenn er schlägt, ist's gut, denn es vollbringt das, was das Seine ist.

S Wo?

J. Ich gebe ein Bild: wenn ihr ausgeht um den Samen zu streuen, werfet ihn nie zu hoch, denn, wahrlich, wahrlich ich sage euch: er fällt auf die Steine. Wenn ihr ausgeht und streuet Blüten, so sage ich euch: werft sie nicht zu tief, sondern geradeaus, dann wird so mancher Vogel der Höhe niedersteigen, der doch in der Tiefe war, u. einen Schnabel voll davon nehmen, damit er nicht mehr schweigen kann. So wir streu'n Erkenntnis, wahre, reine Frucht, dann leg sie nur so recht auf die Erde u. sieh an die Tiere, die da hernieder steigen und nehmen sie doch mit den Händen und sagen: das ist eine reife Frucht.

S. Willst du ein Sämann sein, weißt du, was du zu tun hast: greif nach deinem Herzen und du wirst finden einen Behälter, aus welchem das Wort fließt. Woher bist du und wohin willst du? Bist du nicht gekommen, um dich zu finden? Bist du nicht von denen, die nicht erkennen? Ich erkenne dich und du wirst dich in mir finden. Gehe # # und sage an: Ich bin gekommen, um Euch, ihr Geistes Kinder, zu offenbaren, welche Gestalt ihr annehmen sollt in der letzten Zeit. Jetzt aber hört: die letzte Zeit ist für jeden Menschen die, die im Nächsten blühend sich findet; die letzte Zeit in der Welt ist da, und sie heißt: Ich laß' die Donner rollen und schleuder # Blitze, die Welt die ist # # und zerschmilzt doch wohl in Hitze; Licht, Leben, Ewigkeit – wie findet sich das zusammen!

152 Datum steht geschrieben, der Text ist in einer fremden Handschrift

J. Ruf du, mein Vaterland, gegeben von dir, aus Vaterhand, wie will der Knecht Johannes denken?

S. u. wie will Salomonus sich dir dienlich machen? Siehe, Ezechiel, im Geiste dessen,

J. der Wahrheit ruft im Heer, d.h. starke Geister.

S. diesem Geist bringen wir unseren Dank dir dar für das Geschenk im Bunde, der Dir eigen ist. Nun sei der Dank der Knechte, die gesandt [sind]durch den Geist der Adepten, ob sie groß sind oder klein mußt du selbst prüfen in der Erkenntnisrecht fein. Und dir Johann,

J. sei gereicht [?] die Stunde, in der du bei uns weilst. Das Heil ist dein und das Füllhorn der Kräfte wird ausgegossen über dein Haupt, denn du bist herabgestiegen aus den Sphärendes Geistes und stärkst die Knechte und Mägde, damit sie stehen bis in diese Stunde, die da heißt nach der Zahl 12 in der Runde.

S. Und dies ist die Verheißung: 12 Heilande werden ausgehen und die Kinder des Lichtes sammeln, die berufen sind, die erwählt sind u. auserkoren, das neue Bündnis # zu richten u. dem Herrn der Herrlichkeit darzubringen das Lob und einzustimmen in dasselbe. Dir, o Herr, sei Ehre, Preis und Macht von Ewigkeit zu Ewigkeit! Amen, heißt Ende.

Aus dem Hauskreis 1890-1895

[Aus dem Nachlass von Gustav Meyrink[153]]

(fürs Allgemeine)
Sonnborn[154] 24. 6. 90

Joh: „nicht verlassen soll sein die Liebe. Die ist überall und wirket in dem, der sie erkennt. Aber Ich sage „wer mit mir ist wird nicht zu Schanden werden denn Ich bin von dannen gekommen und nur als schwache Hülle. Wohl dem der mich begleitet."

Gesprochene Worte fürs Allgemeine
(Kempten Freitag 8. Aug. 90)

Johannes: (Jehovah): „O steigt auf zu lichten Höhen, denn die Zeit des Heils ist gekommen den Brüdern und Schwestern des Bundes der Verheißung. Habt lieb den Knecht Johannes, so ihr frei seid, wird er es mit euch werden, denn wahrlich ich sage euch, ich bin ihm verkörpert; wer es erkennt, erkennt mich und den der ihn gesalbt."

1.st mal reden gehört Donnerstag (31. Juli 90)

Meister: (Weisheitssagen von Liebe) „So lange sie nicht forderte den Genuss, war die Rose, die blasse und die rote ohne Dornen. Dann aber kam der Fluch in meinen Garten. Ich selbst der Besitzer schämte mich sehr, auch ich hab mich verkrochen, denn mein Teuerstes wurde ein Gräuel. Mein drei ist zerrissen geworden und heute und Morgen suche ich nach dem Freien, damit die Gottheit wieder treten kann an die Zahl Eins.

153 Die auf den folgenden Seiten wiedergegebenen Texte befinden sich nicht im Nachlass von Emil Bock, sondern sind aus dem Nachlass von Gustav Meyrink hierher übernommen worden.
Nachlass Gustav Meyrink XV 2c; Bayerische Staatsbibliothek München td50606_00014 bis td50606_00031.

154 «Sonnborn» ist in Grootebeck.

Du fluchwürdiger Mensch, was hast du an mir gethan! Und immer stehe ich an der Spitze mit ausgebreiteten Armen, ein lebendig entblößtes Kreuz. Nicht auf Berges Höhen, sondern in Geistes Höhen; und du fluchst mir in der Tiefe des Thales. Wahrlich, wahrlich ich sage euch wessen Namen wollt ihr herlegen?

(Kempten 5. Aug. 90)

Johannes: „Der Krone Ruhestunden sind noch nicht vollendet. Ich will ein Freijahr setzen, mein Freijahr.

Drei eine halbe Zeit sind dahingeschwunden. Wer wachet dem solls eine Wache sein. Aber wahrlich ich sage euch, kurz ist die Zeit, lange im Maß und Ewigkeit.

„Ich danke euch froh und sehr; wer aufnimmt frei den Freien, der soll ein Gesalbter sein."

Adlersflügeln; „Die Tiefe ist das Thal, die Höhe erwärmt die Felsen. Wohl Euch, wenn von Osten die Leuchte gesetzet; denn Wärme ist das Central, dessen Ströme sind, die fassen das All."

Johannes „Das Eine sage ich Euch: „Mensch soll euer Name sein, aber ihr habt vergessen der ersten Liebe. Ihr Alle kehrt zurück zu mir; und nicht wird euch mangeln an meiner Gnade."

(Vohwinkel Sonntag 17. Aug. 90)

Salomon: „Ja und Nein ist für die Menschen gegeben. Ich, Jehova sage Ja! Es ist geschehen, der Innerbogen ist gespannt und eine Kette ist für meine Erstlinge. Mein Wort ist eure Kraft; und mein Ja heißt schaffen in dem Menschen-kinde. Treu und wahrhaftig ists in meinem Sinn. Der Gnaden Siegel ich euch gegeben, geschrieben in Herz und Sinne; etc. etc.

Donnerstag, 31. Aug. 90

Vohwinkel abends

<u>Johannes</u>: Die Liebe: „O steigt hernieder ihr Strahlen der Gnadensonne! O kehret ein! O kehret ein! O welche Wonne! Die Liebe spricht: Stein, werde wach; Herz werde Fleisch; Baum bring deine Frucht. O Sonne leuchte wieder, wieder! Erweiche durch deine Strahlen die Beine in den Menschengliedern. Ziehe aus das verborgene Mark, ströme in deinen neuen Szepter und lasse ein das neue Mein und Dein.

(Aufschluß die Liebe)

Denselben Abend

<u>Salomon</u>: „Heil dem Hause Davids. Heil den Dienern die ich berufen die Ketten zu lösen, womit gebunden sind die Menschenkinder. Die Welt, sie träumt, und wartet auf ein Etwas, das gehüllt in Finsternis und im Lichte. Wohl denen, die hören das Wort meiner Jünger; ich habe sie gesetzt als Sterne ans Viereck.

Weisheit ist ihre Gabe, und in ihnen liegt der Keim meiner Wiederkunft. Gloria Mundi. Ich will mit ihnen sein, die verborgen sind, ich will rufen denen die auf warten, ich will verkünden meinem Volke daß sie Gnade gefunden, und die Zeit der Läuterung ihnen die Zeit meiner Herrlichkeit sein werde. Ihr Todten wachet auf! Denn sehet vom Osten kommt das Licht und ihr die ihr frei seid in der Welt, hört meine Stimme, denn ich rufe euch zum Gericht auf daß ihr erkennen sollt, daß ich bin, daß ich war, daß ich kommen werde, was geschrieben steht im geheimen Buche."

(3 Eichenhenhain 12 / 10. 90)

(gesprochen im engeren Kreis)

<u>Joh Adler</u>: „Ich fliege hoch. Esther steht noch im Bund des Gesetzes; sie wird frei darum lebe hoch, was lebet im Freien"

Gnadenspenderin: Rufe, rufe, raus! Seid wach! Das Thor ist offen; und ich Judith will, daß ihr in Liebe einander gnädig seid."

Johannes: Lob und Preis dem, der namenlos ist. Ihm sei die Ehre, ihm sei der Dank. In der Wahrheit kann man nur fühlen, denn dieses Geschlecht ist arm und krank. O wären nicht verrückt diese Geschlechter, müßte Johannes nicht so lange ein Narr unter ihnen sein!

(3. Heim 17. 6. 91)

Johannes: „Die Welt ist das Bild des Vergänglichen. Die Menschen habe ich gesetzet zur Zierde – was bringen sie mir für Lob? Ich will es kleiden in kurzen Reimen.

Es dreht sich Alles in Raserei; ich sehe nichts von vorne, sondern nur von hinten; und da schlagen sie noch aus; und die kleinsten Keime sproßen aus, aber nicht zu Früchten, sondern alle laufen weit – laufen fern vor mir hinaus. Komme ich mit der Ruthe, dann klagen sie, jammern und rufen und wollen Hilfe nur von unten.

Salomon: „Ihren Theil haben sie im Feuer; es ist nicht hell und glänzet nicht uns sträuben ihre Beine und sie wissens nicht. Der Wahrheit Lobgesang ist ein Gräuel ihnen, die da wahren ihren Namen.

Es ist bieder, doch was wollen sie? Nur ein Schauen; Seifenblasen ist ihr Traum, doch die Welt erkennt des Höheren Weise. Die Geier die da umkreisen den Weltweisen, doch jetzt will ich ihnen reden, den Kindern, die in Finsternis da leben.

Licht und heller Schein, sehet der klare Wein, erlangt in der Natur des Menschenwesens. Dein Inneres o Mensch, eröffne du und lasse den in dir leben, der der schaffet Ruh, doch umschweben von des Lichtesglanz, drehe doch im Göttertanz. Fliehe nicht von mir, du, der du ungeboren [?], durch mich berufen und auserkoren.

Jerusalem, du neue Stadt, die der Herr gepflanzt hat in des Menschen Herzen, Ruh, Kraft und Stärke dein, nur Jesus kann dein

Helfer sein. In ihm der Glanz, in ihm das Leben, in deinem Herzen Geisterweben. Freude, froh, und Muthigkit, in deinem Herzen Zierde. Dein Leib ist geschaffen rein, im Herzen findest du nicht Pein. Aber doch es ruft der Geist in deinem Inneren. Wisse es sind Stimmen da du ihrer Weis die drehen sich im Weltenkreis. Auf! Auf! Jetzt ist es Zeit zur Wache, zur Nachricht, denn der Tod bringt Leben hier für Zeit und Ewigkeit in dir."

Johannes: Licht zum Dank! O leuchte, leuchte nur allen im Bunde, O Herr, den du geschaffen hast mit allen denen, die du herbeigeführt. Sie sind dein, und ich Johannes will sie als Horte, als den du mich gesetzt hast, zu dir führen, daß sie werden dein. Ich Johannes, lobe und preise deinen Namen. Wohl denen, die erkennen, wohl denen, die dulden, wohl denen, die deinen Namen tragen in meinem Herzen. Die Stunde ist gekommen des wahren Geisteslebens, und ich danke dir, daß du anklopfst vor der Thür, denn wahrlich, wahrlich, klopfst du an, so machst du auch auf; denn nur du allein bist's, der rettet uns, in der und aus der Vergänglichkeit.

Amen

(Heim 29/ 6 92)

Johannes

„Ich habe Muth und habe Verlangen, alle fest zu halten, auch die, die nicht von der Liebe, sondern vom Glauben durchdrungen sind. Denn so der Donner rollt, rollt er zum Segen der Gemeinde, er rollt zum Zeugnis, daß der, der ihn sendet Frieden haben will im Bunde der Gemeinde. Dein Bund ist der Regenbogen im 7 fachen Licht und Alle, die da bestehen, werden die Farben sehen. Wohl, wohl Allen, die Augen haben, die sehen, wie schnell wirket die Natur.

Frankfurt 2/7. 91

Johannes. Sehet liebe Kinder, die Menschen sind dem Friedhof gleich auf dieser Bußestätte (??). Die wollen ihre Denkmale haben und geehrt sein. Hört, hört der ist am größten geehrt, der im Leiden im Grab liegt. So ihr nicht ins Grab steigt um zu leben, wo wollt ihr es denn finden? Glaubt nur <u>nie</u> an der Welt Ehre. Sehet die Bäume! Die sind eine Zierde zur Verherrlichung der Natur. Sehet die kriechenden Thiere auf der Erde, sie ermahnen euch des Fluches. Denn wisset, mancher Geist wählt ein solches Loos, um zu gewinnen dadurch, daß er zertreten wird. Denket doch wie groß die Liebe Gottes mit denen ist, die da stehen in seinem Schwur, den Jehovah sprach: „Ich habe diesen Bund gesetzet und beschworen bei meinem Namen; dieser Bund ist ein Baum, der seine Zweige über alle Länder ausgebreitet, denn Ich will, daß selbst die Heiden d. h. die Ungläubigen von dieses Baumes Laub essen. Ich habe aber auch Früchte wachsen lassen auf diesen kleinen Boden, denn um den will Ich davon geben, damit das Wort erfüllet werde. Die guten Herzens sind, aber nicht glauben können, auch ihnen sei ein Heil!"

Ins Allgemeine

<u>Johannes</u>

„Allen Brüdern des Bundes bietet Johannes einen Gruß. Was heißt Gruß? Ant: Kuss – Was heißt Kuss? Ant.: Leben – Was heißt Leben? A.: Liebe. Was heißt Liebe? A: Eine schöne fertige Rose, wer sie vorsichtig in die Hand nimmt, den schmerzen die Dörner nie; denn wisset ihr meine lieben Kleinen und Großen: der Fluch ist für den Unfreien, das grüne Holz für den Freien. Das dürre Holz gibt grün Zweige denen die's erkennen. Doch hütet euch vor dem grünen, hütet euch vor der Rose, hütet euch vor dem dürren, denn wenn ihr meine Kinder seid, seid ihr frei. Wißt ihr, wie ich meine Freien feiere? Dadurch dass ich erkenne und immermehr erkenne zum Heil, zum Heil zur Gnade des Weibes. Das ewig weibliche zieht euch hinan. Haßt's und verschwörts, es wird nur euer eigener Fluch sein. Und noch mehr möcht' ich euch sagen, denn ihr macht mich zornig, es bebt mein Gebein; so ihr Richter wollt sein. Kommt ich fordere euch heraus, und bringt ihr Leben hinein! - "

(Heim 21. Juli 91)

<u>Salomon:</u> „Was geschrieben steht, bliebt geschrieben: der Geist Johannes ist gekommen, gesandt von Gott zu wirken in der Kraft

die ihm durch die Verheißung gegeben ist. Er thut was er thut und wirket in dessen Offenbarungen, die der Herr ihm giebt. Alles bewirket der neue Geist aus Gott. Das ganze Geheimnis ist Wahrheit. Im Wort das dreieinige in der Einheit durch die Vielheit der Glieder des Bundes zum Zweck. Der Zweck ist die Führung zur Wahrheit, zur Unsterblichkeit.

Ich Salomon bin Zeuge dessen (die Gerechtigkeit)

(Der Adler und das Licht)

(Auch die Unterschriften der Anderen des engeren Kreises folgten hier)

Johannes: „Ich Johannes bin gekürzet in der Zeit. Es ist gut, daß ich gehe, ist gut, daß ich stehe. Gehen thue ich von der Welt, stehen thue ich für die Ewigkeit. Was ist's wenn der Knecht wirklich seine Aufgabe erfüllet hat? Ich habe gebrochen den Tempel Salomons und habe aufgerichtet zur Zeit seinen Thron. Ich habe gethan, was ich thun mußte, denn der Herr Zebaoth will haben, daß alle seine Kinder treue und gerade Wege gehen, und sie alle werden erkennen, daß ich nur gethan, was ich mußte. Bin ich doch ein Sklave und rufe immer: Liebe, Liebe macht mich frei! Denn der da dient als Knecht im Geist, ist schwächer und freier, denn der Herr. Wenn Salomon auf der Landstraße steht als ein König, werden viele kommen, bereit und ruhig ihm zu dienen; denn wahrlich, wahrlich ich sage euch: „Wer ergreift in der Gewalt, entehrt seinen Knecht. Ich habe ihn geheiligt, und sein Wort ist Wahrheit; wehe dem der nicht die Gewalt (???). Der Knecht Johannes will, daß hinfort Friede sei. Wer nicht Frieden will, der soll weichen von dieser Stätte, denn sie ist geheiligt durch das Wort des Bundes und Jehovah will und wird sein mit Alle, die sich beugen.

Meister.

(folgte die Unterschrift auch des engeren Kreises)

Johannes: „Ich die Liebe bin gekommen zu überwinden, zum Opfer, denn ich fordere nicht mehr. Jehovah spricht: Ich will Menschen haben, die da dienen, diene nicht mir, sondern dem, der größer ist, denn ich. Wer nicht hinunter steigt zum Knecht, wird nie auferstehen, denn Alle müssen durch die Hölle gehen; glaubt's oder glaubt's nicht; der Knecht spricht: „es wird geschehen."

Salomon: „Was ist, was wird, was geschieht, das ist was die Zukunft des großen Tages anzeigt. Es sind Zeichen und Wunder, die nicht den gewöhnlichen Menschen vor Augen gestellt werden. Es sind Thaten Gottes im Menschen, die aus dem innersten Geiste entsprungen. Die Zeit zeugt Weisheit. Der Verstand vergeht nur Eines ist's was das Fundament des ganzen Gebäudes, das der Herr aufbauet durch seine Knechte; das Erwachen des Geistes; die allmählig sich nahen und den Quell des Lebens suchen, welcher die Wahrheit ist; der verborgene Keim des göttlichen Wesens im Menschen; geschaffen, schaffen, und erschaffen, geschieht durch die Weisheit Gottes in der Zeit, wo der Mensch sich mißt von Oben bis Unten, von Unten bis Oben. Zum Mittelpunkt dringet das ewige Wort. Ja, ja, nein, nein, soll also des Menschen Urtheil. Ich komme weil ich erstanden bin, um euch zu zeigen den Gott-menschen der erschaffen war ohne Anfang!

Johannes: „Zum Friedenspreis sei Lob und Heil den Kindern des Bundes, damit ihr erkennt, daß wir immerwährend Zeugen sind. Ein X, ein O ist mir gleich, denn die Zahlensprache von Eins zu Drillionen bleibt mir gleich, und sagt mir immer, und sagt euch Allen: von wannen seid ihr gekommen."

(Ins Allgemeine)

(Heim 31 /7 91)

Johannes: „Zum Pries des Hauses sing ich das Lob den Kindern des Bundes. Wisst daß Ich euch gesandt. Alle, Alle, die ihr dastehet will ich doch zum Preis und Lob, die ihr die Kleinen und die Großen wahre Zeugen seid. Wer Zeugnis gibt im Bunde, ist nie allein, wer schweiget still und ist verlassen, der ruft hell: „Ich höre seine Stimme." Wer aber nicht hören will, der liege nieder so tief, denn daß er liegen kann. Dann, dann werden die Posaunen aufgehen, und ich flechte ihm einen Kranz. Der Kranz ist ja meine Fahne. Denn wer Ecke suchet, der ist immer verlassen; wer aber im Kreise sich drehet, findet den Mittelpunkt, und der ist's von dem ich zeuge! (Das ist mein Gebet, der ich bin Johannes)

Johannes: „Ein freudiges Herz, ein froher Sinn wird finden durch Licht, durch Finsternis wo ich bin!"

Johannes: Motto

„Es gibt nichts größeres, denn das, was recht klein ist."

Johannes: die Liebe

„Wer segelt auf dem Fluß mag's wagen in dem Strom, ist doch derselbe Lieberei und Liebelei das Ende ist immer das große Meer."

Der Adler: „Kommt doch zu mir, wohne ich doch in den höchsten Felsen. Habt ihr auch schon die Sonne geküßt? Wenn ihr zu mir kommt, könnt ihr es lernen."

Johannes: „Drei ist eins. Die Eiche ist meine Krone, heim, heim in dem finde ich Ruhe."

Salomon: „Ich bin in der Zahl

Johannes: „ und bleibe sieben überall, denn sieben ist meine Ernte. Weiss (Wein ??), weiss, weiss in der zehn und fünf, fünfzehn und zwanzig, Früchte Zahl

Salomon: sieben an der Zahl

Johannes: ist immerdar Jahr, das Jahr ist keine Zeit

Salomon Doch sieben ist mein Recht und sein Recht; so ihr alle richtet so wird's von sieben ein Eins werden in der Gerechtigkeit."

Heim 12. Aug. 91

Johannes: „Wißt ihr wo man erkennen lernt die Töne? Wißt ihr wann der Bräutigam kommt um Mitternacht? Ich sage euch, so ihr wachet. Ich sage so ihr wach seid."

Johannes: „Wollt ihr schlafen in der zwölften Stunde, wo Jehova zu euch spricht? Es ist die Zeit der Posaunen gekommen, dieselbe ist Vergeltung, d. h. Lohn. Welcher Knecht, der wahr und treu gedient, kommt nicht zu seinem Herrn und nimmt willig seinen Lohn? Die Posaunen blasen dem Wachen, und dem Faulen zum Gericht; – wißt ihr was das ist?

Die Liebe: „Der Himmel ist da, damit leuchten die Heerscharen, die Engel außer dem Bunde, die da leben durch die Kraft des Wortes, denn das Wort ist eine Engelssprache und verdauen thut es sich in denen, die es essen, die es trinken, die sich freuen, daß sie es empfangen ohne Geld, ohne Wert, ohne Opfer. Denn wisset, der Freie ist ein Gast des Herrn, er ißt, er trinkt am Tisch des Abendmahles und der und die das Opfer bringt, ist größer denn Wahrheit, ist größer denn Treue; ist größer denn Geduld und doch bleibt immer das größte die Liebe, gepaart in Freiheit. –

Salomon: „Ist der Thurm gebaut so hat er ein gutes Fundament, denn die Kraft der Mischung trägt den Bau; und was ist sein Inneres? Das Innere braucht eine Ausstattung; es sind von diesem geistigen Bau, die Töne der Seele, die Kraft des Glaubens, das geoffenbarte Wort im Menschenkind. Mensch du kriechest, Mensch du knieest, was ist dein Fundament? Es ist nicht von Metall, es ist nicht von der Erde; es ist der Glaube, auf dem das ganze Gebäude der Unsterblichkeit ruht; – durch die Ausstattung der fünf Sinne in welchen der Geist der ewigen Kraft, Macht und Herrlichkeit sich offenbaret. Der Herr Zebaoth, der die Krone geschaffen, der ist, der sie auch auf des Menschen Haupt drücket. Es sind Schmerzen der ewigen Ruhe. Pilgerstab, du Sonnenziel, das Licht ist die Wärme.

Doch blicke hin, du Menschenkind auf die Gedichte. Nicht Rosen sinds, auch nicht Nelken, die da den Menschen ziehen, es sind die wahren Lichtsgefühle, die zum Ziel führen."

Salomon: Meine Weisheit (spricht der Herr) ist wunderbar. Nie ist die Finsternis offenbar, es sei denn, daß der Himmel triumphiert. Der Geist der Hülle ist nicht dicht, doch das Licht erhellet sie. Im Licht findet sich der ewigen Wahrheit Lotusblume. Wo die Jungfrau, wo der Garten Edens. Ich sage euch dieser Garten ist nicht verschwunden, ist wirklich vorhanden, findet sich nicht allein in der Menschen Natur, sondern findet sich wirklich in der Schöpfung. Ich will euch sagen, nicht der, der ich bin, nicht der, der ich war, nicht der, der ich sein werde (so spricht der Herr Zebaoth sondern durch meinen Diener Abotera. Dieser ist der Wahrheit Zeugnis in der Zierde, in der Würde, in der Liebe ist es offenbar, denn der Ströme sind hier.

Das Paradies ist nicht im Himmel, sondern in der Erde die Zier und dieser ist das ewige unvergängliche Wort der Offenbarung im Menschen."

(Heim, Samstag 25. Aug. 91)

Johannes: „Wer kann mir die Erlösung (Salböl) bringen? Wer wirklich wahr und wahrhaftig ihn liebet. Die Liebe ist das Salböl und macht ihn frei von den Geschwistern der Welt. Wer frei ist, ist kein Gespenst, sondern eine Wesenheit im Geist, denn die Schmach, die Schande, d. h. das Kleid muß fallen, so lange ihr es trägt, währt der Irrthum; ihr wißt nicht, daß ihr nackt seid in der äußeren Hülle. Wer einsieht die Nacktheit im Kleid der Welt, der ist ein Gefangener. Wer weiß daß er kein Kleid trägt, wer erkennt die Blöße, der ist in der Freiheit." (Dieses bekennt der Knecht Johannes)

Johannes: „Was wahr angesehn ist, wird sein ein Leuchter bei großer Schwüle. Wer wahr erkennet wird, wird sein ein Donner in seiner Hülle. Liebe Kinder wißt ihr, was seine Hülle ist? Nein! Nein!

Ihr kennt es nicht. Doch ich will's euch sagen. Der Blitz der reißt, der zehrt, der bewegt, der lebt, der Feuer giebt zum Panier (?), d.h. zum Sieg, zum sehen, zum erheben, zum beleben, in seinem Tod liegt Frucht zum Leben.

(Unsterblichkeit als Unterschrift)

22. Sept 92
(Von Kempten zugeschickt erhalten)

Johannes: Motto

„Wer rufet und höret, der ist dein, wer hört im Ruf der ist mein"

Johannes: Seht doch zu in der Zeit, sie ist allbereit. Sei zieht und reißt nach Oben und Geradeaus.

Denkt euch ein Rad, es bleibt immer gleich, doch wer will's bewegen? Sucht und sucht, die Achse – an ihr nur ist die Ruhe. So ihr euch mit der Achse vergleicht, kann nur Ruhe sein, da wo ihr steht. Der Mensch muß stehen lernen – ist doch alle zu! Nur im Stehen öffnen sich die Thore, nur im Stehen ist der Himmel weit, hoch und klein. So du stehest, wird sein in Jedem allein.

Die Liebe: „Komm herab und halte die da sind, sollen dem dienen, der stärket, der wirket, der erhaltet ohne Halten. Die Liebe kennt nur das Ziel, das eine: „Es ist Unsterblichkeit. Denke du Mensch, wiemehr du Liebe suchst, desto größer wird deine Unsterblichkeit sein. Dieselbe ist ein kleines Licht, wird ein großes Feuer für den, der's entzündet."

Heim 13/ 10 91

Johannes: „Die Liebe hängt gern an den alten Sagen. Das Alte bleibt ewig neu; denn wahrlich, wahrlich ich sage euch, der da Sarah verheißen einen neuen Sohn, der lebt und wirkt zu allen Zeiten. Der da verheißen den Bund, wird schmieden die Kette in der Stund. Der Eckstein ist gesetzet, ein Jeder findet ihn im Bund. Nichts darf nur vergehen, denn das All will und muß auferstehen.

Die Namen sind geheiligt, der Bund ist das Band, so die Adler aufsteigen, werdet ihr alle erkennen; was gesalbt ist, ist auch gesandt.

Salomon: Erste Zeit ist vergangen die zweite ist angebrochen, wo man auch bei dem Namen rufen wird, der euch vom Geist gegeben ist. Stehet am Wachthore und sehet hinunter ins Thal und ihr werdet finden, daß auf dem Berge eure Heimath ist. Es wird aber die Zeit geschehen, d. h. kommen, wo ihr aus fernen Landen Brüder und Schwestern finden werdet, die geweckt worden sind durch das Wort, das ausgegangen von Gottes Thron und es wird eine große Schar sein, die das Lamm erkennen und streiten für dessen Wahrheit. – Wahrheit, du Erstgeburt, wirst erkannt werden von vielen tausend und abertausend Menschen, so die Schüler der Wahrheit erboren sind aus Gottes Gnade. Heil den Kindern Israels, die auf dem goldenen Berge sich gefunden, und das Kreuz ihr Gold ist!"

Johannes: Die Liebe spricht:

„Sähet doch alle des Bundes der Verheißung wahre Früchte, denn wisset die Ernte soll eine große sein, fruchtbar werden sollt ihr alle, dicke und stark, groß und nicht klein, sollt ihr sein. Denn ich will wahre Kämpfer haben, die da fähig werden, Streiter des Lammes zu sein. Denn der Posaunen Schall soll euch nicht schrecken, sondern ein Loblied. Wer wachet, wer vorbereitet, wer thuet seinen Dienst, wird nicht erschrecken, wenn heranbricht die Vergeltung und das Gericht. Der Freie ist ein Sklave und der Sklave ist ein Freier. Ist nicht eine Vergebung durch die Versöhnung? Wo aufhört das Gericht? Die Freien liegen, wo ich sie rufe zu stehen darum sind sie Sklaven. Wer seine Sünde zur Fahne erhebt und trägt sie im Triumph der Zerknirschung, der glaubt nicht an das Frei sein. – Glaubet doch, ohne Gnade Gottes ist kein Geschöpf frei. Wer aber erfasset die Gedankenkraft, der ist und bleibt frei, das bezeuget der Adler und sein Wohnung ist Licht."

(Sonntag 3. Jänner 1892)

<u>Salomon</u>: „Der Stuhl David wird werden aufgerichtet, der Tempel Salomons wird wieder gebaut, das Haus Israel hat seinen Hort und dieser Hort wird sammeln sein und wird nicht mehr lange stehen im Sold der Sklaverei. „Ich habe es gesagt" (so spricht Jehova) daß er wahr sei, so geschehe das Zeichen in Jerusalem. Ich will das Propheten Wort erfüllen, durch die Knechte und Mägde, die ich erwecket vor Zeiten in der Zeit und zu der Zeit, soll also geschehen mein Wort!

<u>Johannes</u>: „Der Adler fliegt nicht umsonst, er sucht Nahrung da, wo Berg, wo Thal, wo Tiefen, wo Klüfte sind. – In den Klüften ist aber das Feuer; das Feuer der Elemente bricht in Gewalt hervor."

<u>Joh:</u> „Die Liebe. Fragt Salomon „Wo soll Ich meine Kinder gebären?"

<u>Salomon</u>: „Johannes in der Zeit, in der Freiheit dessen, der Freiheit in uns ist. Durch das Wort in der Zeit der Wiederherstellung des Menschensohnes im Geiste der Weisheit, Frohlocket ihr Völker und singet Loblieder dem Herrn, denn er ist's der erwecket ein neues Geschlecht zum Leben. Denn die Zeit vergeht, der Mensch ersteht in der Gnade Gottes. Durch diese Gnade ist Erlösung der inneren Natur."

<u>Johannes</u> (Johanna) Ich das schwache Weib wie will Ich sie Alle rufen zum Beruf, d. h. viele sind berufen aber wenige auserwählt."

<u>Salomon</u>: „Johannes ruft bei ihrem Namen sie durch das Wort, welches ist die Stimme Gottes. Dieser Stimme werden folgen die da berufen sind zu zeugen von des Herrn Herrlichkeit."

<u>Johannes</u> (der Meister): „Salomonus sage mir wer ist auserwählt woran soll Ich sie erkennen?

<u>Salomon</u>: „Johannes an dem Zeugnis, das sie geben werden und

offenbaren des Herrn Blut. Im Blut – (Bemerkung von Johannes „unter Blut ist Opfersinn und Gehorsam zu verstehen") – ist Gut. Gut ist Leben, in diesem Leben ist Jehova's Name derer, die auserwählt sind."

Salo: „Es thauet der Himmel"

Joh: „Hoch und hehr"

Salo: „Das Manna"

Joh: „Zur Nahrung denen"

Salo: „die sich laben wollen am Lebensquell"

Joh: „Ich habe gebrochen einen Ast vom Lebensbaum zur Gnade aller"

Salo: „Dies ist das neue Evangelium und ist ein Evangelium, das verkündet wird. Dem sollen folgen die Menschenkinder alle, die auf Erden wohnen, denn aus den Heiden

Joh: „will Ich Öl pressen, zum Opfer und zum Feuer,

Salo: „denn es wird angezündet ein Licht, das da leuchtet allen Geschlechtern der Erde. Es wird also geschehen, daß die Heiden werden zeugen von der Größe, Allmacht und Herrlichkeit des Herrn. Denn es sind auch in Israel solche, die „lass" (?) sind, es wird aber darum auch aus einem anderen Hause erwecket die Tochter Sions, die gelobt hat von Ewigkeit her. Diese wird Kinder gebären ohne Zahl; denn in der Zahl wird bereitet die Zeit. Das Ewige ist ohne End. Daum ist das Siegel: das Wort Gottes."

Joh: (Motto: die Pflicht löst auf die Zeit –)

Die Liebe: „Schwinget und schwinget von der Tiefe ohne Anfang euch auf! Denn höret: Motto: „Wer da arbeitet ohne Verdienst, der findet seinen Lohn."

Wahrheit: (Offenbarung) Motto: „Wer nicht suchet und nicht findet, der ist belohnt in der Wahrheit."

„Meister: Wer sich setzet eine Bahn, einen Weg, der ist weislicher, so er nicht zu weit geht."

Motto: „Wir bleiben bei den alten Klagen,"

Salom: „Und dürfen nicht verzagen."

Johannes: (Gnade):

„Laß doch die Winde wehen! Irre nicht an dem, was Formen (??) ist. Wisse: Schmerz und Leiden das bringen die Winde die da wehen. Irre doch nicht! Wehe dem, der sich ärgert! Wer dieses thäte, der haue ab seine rechte Hand. Denn wahrlich, wahrlich, Ich sage dir, wer im Schott ist, hat festen Stand. Du bist in den Wolken. Halte fest das Panier. Wo Gabriel niedersteigt, muß Strömung sein im Meer."

Salomon: „Wo nicht der Sturm heulet und die Bäume sich beugen, da würde keine gute Frucht wachsen; es wäre nicht süß zum Genießen, wenn das Bitter den Gaumen nicht gekitzelt hätte. Darum durch Sturm, durch Kampf zum Sieg! Das ist des Helden Panzer!

Gedenkblatt

Johannes; Ich Johannes bezeuge im Bund der Verheißung: Ehr, Lob dem, der erwecket als Erstling die Geister. Wo Weisheit, d. h. Salomonus nicht gewesen wäre, würde nie erkannt werden das Wort, d. h. die Offenbarung sie sind auf's engste verbunden. Wo nicht ein Alpha ist, kann auch kein Omega sein. Das Ende ist immer das vom Anfang ausgegangen ist, und dieses bezeichne Ich mit dem Wort Ewigkeit. Ich zeuge zuerst vom Leben und dann vom Licht. Das Eine besteht nicht ohne das Andere; d. h. in Demuth bleibet der Knecht."

Salomon: „Wo zwei Menschen aus Gott erstanden, ist das dritte, das Wort."

Johannes (Licht:)

„Es wird und ist geworden. Eins und zwölf ist die Zahl. Ohne Zahl gibt's keine Worte, aber Licht, Wonne, Schmerz und Freude."

Johannes: Wißt ihr liebe Kinder, lieben ist eine große Gabe, aber auch schwer. Wer Rosen bricht auf dieser Bußestätte, dem sind Dornen immer der Lohn. Niemand hat sich ja unversehrt davongetragen; ein Jeder muß da immer klagen. Die Welt, das Äußere ist voller Klagen. Was ihr auch thut in dieser Bußestätte, immer übt ihr Gewalt. Denn höret: Jehova sprach: „Ich will einen kleinen Raum geben, meinen wahren Dienern, daß sie sollen reichlich Ernte haben."

Salomon: Siehe, Ich komme bald, denn ich habe gesandt meinen Knecht Johannes, daß er das Licht stelle auf dem Scheffel, denn er ist aus mir hervorgegangen (So spricht der Herr) zum Zeugnis de Zeit, der Verherrlichung meiner Selbst in Ihm." (Ende des Gedenkblattes)

Johannes: „Die Mogenröthe ist Geduld, ihr Zeugen sind die da rufen. „der Tag bricht an!" Störet nicht die Natur in ihrem Gesetz. Wie schön, wie lieb, wie gut ist es, so wir empfangen den Morgengruß. Denn wisset ihr alle: so der Hahn ruft, thun alle ihr Pflicht, und die Morgenröthe von Osten hat nicht umsonst gebracht ins ebene Land; in die Fluren ohne Prahlen. Wer da wachet im Schlafe, wird erkannt, wer da wachet ist unbekannt. Ich habe eine Stätte gesetzet, die heißt: „Sünde ist, zu der sie sie macht." Der Freie ist unbedacht. Der Gefangene wird immer der sein, der Sünde zur Sünde macht, denn wahrlich, Ich sage euch, der da sagt: "Das ist Sünde" von seinem Nächsten, der fluchet seinem Namen und vergeht sich wider die Freiheit, in der ihn Gott zum Menschen gemacht. Wehe dem, der den drückt, der ihm dient. Wehe dem, der nicht erkennt, daß ein Jeder sein Knecht ist. Für mich giebts nur ein Meer. Ich will nicht haben die Tiefen. Ich will daß Ihr schwimmt in der Zahl, sie soll euch allen ein Schiff sein, denn wisset: dem all Wünsche erfüllt werden, der steht nicht, der wird nicht geführt an Jehova's Hand. Wer leidet und Übel hat, auch körperliche Gebrechen, der ist gesegnet, und Ich halt ihn an meiner Hand. Triumpf den Leidenden, es läutert und führt ins wahre Heimatland."

(Ende v. A.)

Weihnachten 1894

Montag den 24. Dezember Hl. Abend 1894[155]

Salomon Wir rufen euch Allen zu, von Nah u. Fern, Brüdern u. Schwestern des Bundes! Heute nehmet hin unsern Weihnachtsruf! Auf eine Gesundheit auf euer geistiges Emporkommen trinken wir u. sagen: «Der Herr möge euch Alle bringen auf die Höhe! Bleibt in eurem Hause, geht nicht von dannen. Sucht nicht in der Welt, suchet den Geist, das Leben ist in ihm; an ihm sprosst die Quelle der Weisheit. Treibt kein Falsch, denn ich sage euch zu dieser Stunde: «So ihr es thut, werdet ihr nicht bestehen». Noch einmal rufe ich euch zu: «Kommt herbei, herbei u. labet euch am Worte des Lebens; übet Thaten des Geistes u. seid zuhause immer dar.»

Johannes «Wohlan denn ihr Kinder des Bundes! Seid stramm, stehet fest im neuen Jahr. Vergesst nie das Licht, den göttlichen Funken, der in euch leuchtet u. zum Licht kommen soll. Erfasst mit uns das Siegesbanner, die schöne Fahne im Wort, in der That. In der Handlung soll sie von nun an «Freiheit» heissen. Werdet lebendig von der Fußsohle bis an den Scheitel des Hauptes, u. lernt glauben; denn das ist ja keine Kunst; sobald ihr wisset, dass ihr schwach seid, so gedenket der Stärke des Herrn in euch u. diese Stärke wird euch Kraft sein auf der Bahn der Kunst de Lebens.»

----

155 Bezeichnung in den Meyrinkiana: td50606_00012 und td50606_00013

Johannes: «Herr, der du zählst nicht nach der Zeit, ich dein Knecht Johannes bitte dich: Lehre uns es in dieser Welt, denn da muss ja Alles gezählt werden nach der Form, nach dem Feuer u. nach dem Licht. Sei du gnädig u. lehre uns Allen die Zahl Drei, dann werden wir auch das Zwölf finden. Es umfasst das Grosse Ganze. Darum Herr, höre doch u. siehe hernieder. Sei u. bleibe immer bei Jedem das dich sucht, Gast für u. für.» Amen

Salomon: «Es gestalte sich ein Leib u. eine Seele, dass die schöne Jungfrau ihre Gestalt bekommet durch den Spiegel der Sonne. Kraft und Leben strömt aus ihr, u. verbreitet sich nach allen Zweigen vom Baume des Lebens. Kraft du ewige Schöpfungskraft, du bist immerdar. Du bist Oben u. bist Unten. Du bist im Licht u. verdrängst die Finsternis. Du schaffest in der Seele meiner Seele dein schönes Bild u. erfüllst Alle mit deinem Glanz. Bald ja bald werden die Götter rufen: Dir o Gott sei Dank, Lob u. ewig Preis für deine Gnade, für deine Liebe, die du für uns vollbrachst. Die Zeiten vergehen, das Leben ist ewig. In ihm liegt der Keim der Schöpfungskraft im ewigen Sein.»

Salomon «In der Mitternachtsstunde leben wir, streben wir, suchen wir, finden wir. Alle, die ferne von und sind, sollen auch wachen, wachen am Thore, das zum inneren Leben führt. Die Toten sollen hören. Was die Lebendigen sprechen: Die Seele soll fassen das Licht des Geistes u. sich hüllen in den Himmel, der des Menschen Eigentum ist. Fliehe, du finstere Nacht. Tritt hervor du Morgensonne mit deinem Liebesglanz u. erwärme das Menschenherz mit deinem Segen, Segen, Segen.»

Johannes: «Herr, der du gesegnet bist u. lobest deinen Namen in dir selbst, was sollen wir thun, wir armen Menschenkinder rufen zu dir: «halt uns fest, fest an deiner Hand». Sei du der wahre Führer. Erhalte uns im Gesetz u. auch in der Vergebung. Dein Heil ist Licht; dein Heil ist: «es werde in uns». Gedenke gedenke unser Aller! Vergiss uns nicht, denn Alles, was wir gebracht, ist dir zum Brandopfer u. darum bitte ich dich, rauche mit, sei gnädig den Knechten u. Mägden.» Amen

Ende des hl. Abends

Silvester 1894

Montag d. 31.Dezember: Sylvesterabend.

Johannes: „Zum Neujahr's Gruss u. Loosungswort ist euch Freiheit Banner; d.h. bereitet euch vor zum Gebet. Betet in der Höhe, betet im Grund, betet überall, denn das Gebet macht euch frei. Wer frei sein will muß beten lernen. Was ist das Gebet? Erstens: „nach Außen handeln".

Zweitens: „nach Innen schaffen";

u. Drittens: „vom Innersten wirken".

Das ist die wahre Freiheit, u. auch mein Neujahrsgruss an die Blinden u. an die Lahmen,

besonders aber an die, die da glauben, sie seien stark."

Johannes: Meister „Die da glauben, sie seien stark, die weht der Wind hinweg, u. jeder Fußtritt, den sie tun, ist seicht u. morsch. Sie fallen nicht zusammen unter der Last des Kreuzes, sondern unter der des Übermutes u. blinden Wahnes. Auch Diesen sei dieses Wort mein Gruß"

Salomon: „Das Alte ist vergangen, eine Wonne- Sonne ist erschienen mit ihrem Licht. Nah und fern ist die Morgenröte im Anzug. Im Segen von Oben liegt die Zukunft verborgen. Auf! Auf! die Zukunft ist da wo jeder sich rüsten soll zum Kampf u. Sieg. Die Krone wartet euer. Der Baum ist gepflanzt. Hoch stehet der, der seinen Mut benützet u. nicht zurückstehet, sondern rufet: „Ich bin bereit, zu leben u. zu sterben, zu sterben u. zu leben.

Alles Heil kommt von dem, der selber die Weisheit ist, von der Krone der Kronen, von dem Namenlosen Jehova im Sein."

Ende

Mitschriften aus dem Jahr 1895

[Aus dem Nachlass von Gustav Meyrink][156]

Pfingst Sonntag 1895[157]

Salomon: „Zeiten sind vergangen u. kommen nicht wieder zurück. Darum sind wir eingegangen in den Pfingsttagszauber, dass Alles das erfüllt werde, was der Geist der Geister gesagt durch der Propheten Wort, die Zeit der Verheißung, die sich erfüllt in uns Menschenkindern. Da wird die Sonne nun fortan strahlen; denn der Geist wird befestigt im Menschen, u. wo dieser ist, schwindet aller Irrtum. Denn das wahre innere Wort wird erschallen u. wird Wahrheit sein. Auf, auf, seid zum Dienste bereit. Auf! Horchet auf den Geist, der in euch lebendig wird. Nehmt von ihm Kraft u. Stärke an; dann werdet ihr Alle die Nacht durchbrechen u. in euch Allen wird der Pfingsttag erwachen. Wachet auf! Seid immer auf der Wache, denn es ist an der Zeit.

Salomon: „So höret denn Alle, daß Johannes auch das Recht vertritt u. in der Wahrheit dienet, dem Geiste darum nehmet hin von ihm das Wort, das er euch zugesprochen. Denn Johannes, mein treuer Zeuge, spricht der Herr, ist berufen, daß er durchgehe in der Freiheit u. thue des Geistes Willen. D. h. Johannes thut was er thut, es ist sein Recht.

Johannes: „Segne zur Pfingsttags- Herrlichkeit alle! Seid stark! Vergesst nicht das Heil das euch gesandt! Seid doch stark, das ist euer Leben immerdar.

Johannes: Der Knecht: „Der Zauber liegt in dem, daß man erkennt, daß Mensch, Mensch ist! Sehet, in Allen ist das Reis, das quellt zur Geburt, u. ihr wollt waisen?

Seid doch immer im Recht, dann hört auf die Gerechtigkeit. Denn wahrlich, wahrlich, ich sage euch: „Der Liebeszauber hört auf

---

156 Die auf den folgenden Seiten wiedergegebenen Texte befinden sich nicht im Nachlass von Emil Bock, sondern sind aus dem Nachlass von Gustav Meyrink hierher übernommen worden.
  Nachlass Gustav Meyrink XV 2c; Bayerische Staatsbibliothek München Dateien td50606_00001.jpg bis dt50606_00010.jpg Blatt 5f
157 Ostern waren in diesem Jahr am 14.April 1895, Pfingsten am 2.Juni.

da, wo Recht ist im Recht, denn die Gewalt der Menschen kann nichts vermögen, es ist ihr Himmelreich. Ihr Himmelreich ist immerwährend da wo sie sind u. es ist überall ein Recht, daß herrschet das Ganze u. entblößet u. das ist wahre Freiheit zum Recht.

Dippelshof, 4. Juni 1895 **(Pfingst Montag)**

Johannes: Wort, Wort, wo ist dein Hort?
Spricht die Liebe: Überall da, wo ist Liebe im Hort dann gibt's ein Wort u. siedeln sich an viele Menschen zum Hort zum Wort überall. Denn Johannes der Täufer ist nicht umsonst gekommen, er ruft in der Zwingburg: „Kommt herbei! Wo die Thäler schweigen, dürfen wohl die Berge reden.
Sie sollen rufen: „Herbei!" Denn die siebente Stunde ist gekommen u. ich klingle an, d.h. ich schelle aber gewaltiglich u. rufe: „Kommt doch herbei!"
Kurz ist die Zeit aber lang ist der Wahn u. da ruft Niemand wieder „Herbei". Denn wisset ihr Kinder: Da seid ihr überall aber das „Da" höret auf, sobald ihr kommt in euer Sein.
Euer Sein ist Nichts, wohl daß es vergehet, denn die Vergänglichkeit hebt nicht auf das Omega, das Ende.

Salomon: Die Zeit vergehet, wie der Sonnenschein unter den Wolken sich verbirgt. Darum bleibet nicht in der Zeit gehet über in die Geistesweise. Geist, Kraft, die du Alles belebst im Sein zum Werden, zum Leben in der Unsterblichkeit, u. alles beleuchtest! Darum wird es die Welt erfassen mit Macht u. Gewalt, daß die Sonne immerdar scheine, d.h. daß immer sei die Wahrheit im Menschen.
Trachtet nach dem innern Worte; lasst euch aber nicht verführen zu glauben, ohne Überzeugung.
Im Ersten im Zweiten wenn das Wort Macht angenommen in euch, wird immer es Wahrheit sein. Darum werdet zum Wort. So ihr ganz zum Worte geworden, ist die Zukunft euch offenbar, u. der Geist spiegelt sich in seinem eigenen Licht. Das sage ich euch: Lernet verstehen in der Zeit der Weisheit die Stimme des Herrn.

Johannes: Das Wort ist Salomonus Hort, u. auch seine Weihe. Überall wo es klingt, wird Kraft u. Stärke sein. Hört doch auf, ihr armen Sterblichen, den Menschen zu sehen. Gehet an die Quelle u. trinket lebendiges Wasser. Das Wasser des Lebens quellt nur da, wo Wort & Worte ist.

Das sage ich euch nicht zur Lehre aber bedenket es um der Weisheit willen für euch selbst. Wo wäre denn die Offenbarung, wenn sie nicht das Wort geboren hätte. Im Anfang war das Wort d.h. Alpha. Am Ende war das Omega d.h. Siegeshort. Überall wo das Wort des Geistes quellt sei Licht sei Kraft sei Stärke im Namen Mensch". Er heisst „Stärke".

Salomon: „Zum Segen der Pfingsttagsfeier sei euer aller gedacht. Der Herr Zebaoth spricht „Ich bin Macht u. Kraft u. Stärke in euch; das wird die Weihe sein in der ihr rufen sollt. Ich im Eins, spricht der Erlöser, ich werde senden den hl. Geist u. werde ihn ausgießen auf alles Fleisch, daß sie da seien Alle, die ich erwählet. Königliche Priester u. priesterliche Könige nach der Ordnung Melchisedek's. Auf diesen Thron sollt ihr euch setzen, wo das Wort Macht angenommen u. offenbar werde wiederum die Liebe Gottes.

Salomon: „Freuet euch u. frohlocket, denn des Herrn Tag ist angebrochen. Es wird nicht mehr Abend; wir sind am Morgen, gehen zur zwölften Stunde. Da ist die Zahl, wo die Götter uns dienen, d.h. die inneren Geister". Glaubet u. sehet, es ist uns offenbar, dass die Zeit der Weisheit ihren Höhepunkt erreichen wird.

Sie sind immerdar, wo Liebe quellt, sie sind nicht mehr im Schlafe.

Wir haben sie geweckt in uns.

So die Braut immer ihr Kind angezogen u. geschmückt uns entgegengekommen u. das Salböl über unsere Häupter u. Hände ausgegossen, da ist Wahrheit, in der Wahrheit offenbar in Wort u. That.

Allhier sei es offenbar.

Darum seid ihr alle fröhlich im Herrn ihr Brüder u. Schwestern; denn so Knechte gesegnet sind, werdet auch ihr gesegnet sein u. „Werden" in Geisteskraft.

Wir müssen Lichter haben, die mit uns leuchten in der Finsternis der Welt; denn ihr gehört das Zeugnis, daß sie zum Glauben kommen, die da wohnen auf Erden.

O du liebe Mutter Erde, hebe dich hoch empor u. bewahre dein Geschlecht vor dem Untergang; denn die Himmel haben es nicht vermocht, hernieder zu steigen auf die Erde; aber die Knechte sind gesandt, um zu leuchten überall, damit Alles Licht werde.

Vom Licht, im Licht u. zum Licht steigt empor mit Adlerskraft der wahre Geist = Mensch.

Halleluja! Dem Herrn sei die Ehre."

Johannes: „Zum Pfingsttagsmorgen will ich reden! Hört doch an das Heil! Es quellet überall da!

So denn du bist immer noch im Gesetz sage ich: Halte ein! Höre auf, Richter zu sein!

Sei doch uns gnädig überall.

Sei du stark in uns, nur das ist das Feine, die Quintessenz vom Ganzen u. das heißt:

Alpha u. Omega.

Salomon: Zum wahren Gericht gehet hin u. sehet nicht den Menschen an, denn es ist der Stundenzahl, in der Johannes gehet. Es ist sein, was ihnen zugerechnet vom Herrn.

Ich sage: er hat sein Recht nach Innen, u. nach Außen das Gesetz. Wer da wider das Recht gehet, der fällt nieder u. wird bleiben immerdar.

Johannes, mein Zeuge ist ein gewaltiger, der voran gehet in seinem Recht. Jeder sehe nicht den Menschen, sondern den Geist in ihm, was da wird im Schmerz geboren.

Notiz vom August 1896

I   Heim 7.Aug.1896[158].

<u>Johannes</u>: Tobias, der Wahre.

Nach dem Lichte suche deinen Führer, deinen Engel, der
in [?] dir ist. Wache du auf.
Die Schläfer # die sehen, die Blinden.
Nun ist deine Zeit gekommen. Daß du wachst,
daß du siehest und hörest wirst du lernen.
Das habe ich dir gesagt, zur wahren Menschenwürde.

<u>Salomon</u>: So der Nebel vom Tale entschwindet
und die Gipfel der Berge berührt,
dann, Tobias, steige auf, umarme sie,
die wahre Jungfrau, die aus deinem Innern emporwächst
und gedeihet zu deinem Sieg.
Unsterblichkeit ist des Menschen Ziel.
Höhere Natur zeige sich in Tobias
und vergehe niemals wieder,
denn daß er zeuge von Dir, Herr der Kraft,
Macht und Herrlichkeit.

II

<u>Johannes</u>: (Die Liebe)

Denn Du, Tobias wirkst und arbeitest nicht für Dich allein.
So ich sage ein Licht aus meinem Hause ist's
Kraft für Kindeskinder;
aber ich will, daß man in meinem Hause bleibe,
denn ich habe es gebaut.

158 Nach diesem Einschub aus dem Nachlass von Gustav Meyrink
kommt in den folgenden Texten die Fortsetzung aus den Notizen
von Hübbe-Schleiden, Nachlass Emil Bock.

Und niemandem soll es Eigenthum sein,
denn nur dem, der da steht in meinem Bunde,
d.h in unserer Liebe.
In ihr ist Alles, was das Menschliche gebiert,
was das Unwesentliche empfängt
und was zur Klarheit führt im gläsernen Meer.

Salomon: Tobias
laß' dich begraben, damit du auferstehest in dem Seinen,
d.h. in dem Zukünftigen des Geistes Werdens.
Triumph dem Jehova [?],
der auch gebären [wird] in Dir
und wieder gebären zum Ewigen.
Der Ewige spricht
und wer zu mir kommen will,
der habe sein Zeugnis bei sich;
dann werde ich ihn aufnehmen als einen Sohn
zur Herrlichkeit.

Die Stimmen erschallen.
Die Mächte wallen
die Horden ziehen;
und wer sich wecken [?] will,
der ziehe mit und klage nicht wider sich.
d.h. wider das Ich, das ihn geleitet, geführet,
und bringet zum Licht.
Wenn alle Götter verstummen,
dann ist das Wort immerdar das Selbe [?],
das dünget das Menschenherz
und viele salbet,
daß Licht werde am (im) Baume der Erkenntnis.
Licht triumphiere,
denn du hast durchdrungen der Menge Jünger
und wirst sicher sein in den Hüllen,
die Du zu Deinem Dienst erkoren.
Preis und Halleluja sei Dir in Ewigkeit.

Abbildungsverzeichnis

Bildernachweis:
Fotostudio Sienz, Kempten: Abb. 1, 5 und 7
Der Autor: Abb. 6
Museum Zumsteinhaus Kempten: Abb. 8
Rudolf Steiner Archiv, Dornach: Abb. 9, 10 und 12
Roger Heil: Abb. 15
Alle anderen Abbildungen sind dem Manuskript
entnommen.

IV Quellenangaben

Die hier abgedruckten Briefe von Alois Mailänder an Wilhelm Hübbe-Schleiden entstanden in der Zeit zwischen dem 4.Januar 1885 und dem 31.Dezember 1900. Nur sehr wenige Texte sind von Mailänder selbst geschrieben, die meisten wurden von verschiedenen Schreibern nach den Worten von Mailänder verschriftlicht. Dabei halfen verschiedene Personen: Nikolaus Gabele, der Schwager von Alois Mailänder, Johann Ebner (= Noah) und Karl Ebner (=Adam), Giulia von Pott (ab 1892) und weitere, nicht identifizierte Mitglieder des Hauskreises. Alle hier dargestellten Briefe, Notizen und Aufzeichnungen befinden sich im

Nachlass von Emil Bock, Standort 021/1/5
in den Mappen 27–29 (= Hübbe-Schleiden /
Mailänder) im Rudolf Steiner Archiv, Rüttiweg 15
in 4143 Dornach, Schweiz.

Sie werden mit freundlicher Genehmigung des Rudolf Steiner Archivs hier zum ersten Mal veröffentlicht.

Die Aufzeichnungen aus den Jahren 1890 bis 1896 befinden sich im

Nachlass von Gustav Meyrink; Meyrinkiana XV 2c
in der Bayerischen Staatsbibliothek in München.

Die Briefe wurden von den Handschriften nach dem Vier-Augen-Prinzip in Maschinenschrift übertragen. Orthographische Glättungen wurden nur selten und sehr behutsam vorgenommen. Auf den Einsatz künstlicher Intelligenz wurde gänzlich verzichtet. Nicht lesbare Worte erhielten einen Stellvertreter (#).

Februar 2025

Erik Dilloo-Heidger und Christine Eike